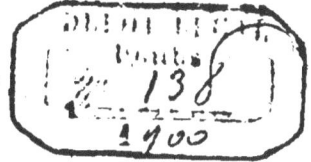

SOUVENIRS POLITIQUES

DU

COMTE DE SALABERRY

SUR

LA RESTAURATION

1821-1830

PUBLIÉS

POUR LA SOCIÉTÉ D'HISTOIRE CONTEMPORAINE

PAR

LE COMTE DE SALABERRY

SON PETIT-FILS

I0126544

TOME II

PARIS

ALPHONSE PICARD ET FILS

LIBRAIRES DE LA SOCIÉTÉ D'HISTOIRE CONTEMPORAINE

Rue Bonaparte, 82

25.

1900

SOUVENIRS POLITIQUES

DU

COMTE DE SALABERRY

SUR LA RESTAURATION

SOUVENIRS POLITIQUES

DU

COMTE DE SALABERRY

SUR

LA RESTAURATION

1821-1830

PUBLIÉS

POUR LA SOCIÉTÉ D'HISTOIRE CONTEMPORAINE

PAR

LE COMTE DE SALABERRY

SON PETIT-FILS

TOME II

PARIS

ALPHONSE PICARD ET FILS

LIBRAIRES DE LA SOCIÉTÉ D'HISTOIRE CONTEMPORAINE

Rue Bonaparte, 82

25.

1900

BESANÇON. — IMP. ET STÉRÉOT. DE PAUL JACQUIN.

SOUVENIRS POLITIQUES

LIVRE III

CHAPITRE PREMIER

Ouverture de la session de 1826. — Adresse au Roi. — Accusation portée contre le *Journal du Commerce*. — Le *Journal du Commerce* traduit à la barre et condamné. — Attaques des journaux de l'opposition. — Arlequinade de M. de Chateaubriand. — Loi sur l'indemnité de Saint-Domingue. — Loi du droit d'aînesse. — Hommage des Jacobins, dits libéraux, à la Chambre des pairs. — Discussion du budget. — Discours de M. Agier. — Réponse de M. de Clermont-Tonnerre. — Agier *la Sacate*; couplets. — Discours de M. de Villele. — Ministère de la justice : affaire Ceccaldi. — Ministère de l'intérieur : prisons. — Réclamation de M. Agier.

Telle était la disposition des esprits à Paris quand la session de 1826 s'ouvrit pour la Chambre élective. On arriva des provinces fort lentement. Le premier jour, la Chambre ne fut pas complète; le second jour, il n'y avait que 221 votants, sur lesquels, pour la présidence, M. Ravez eut 172 voix; M. Chilhaud de la Rigaudie, 170; M. le prince de Montmorency [1], 155; M. de Courtarvel, 141; M. de la Bouillerie [2], 110; M. de la Bourdonnaye, 53. La

---

1. Anne-Louis-Christian, prince de Montmorency, maréchal de camp, député de la Seine-Inférieure de 1815 à 1827, pair de France le 5 novembre 1827; né en 1769, mort en 1844.
2. François-Marie-Pierre Roullet, baron de la Bouillerie, député de la Sarthe de 1815 à 1818 et de 1820 à 1827, intendant général de la maison du Roi, pair de France le 5 novembre 1827; né en 1764, mort en 1833.

plupart des journaux avaient mis 103, par la difficulté du président d'âge à bien articuler; l'erreur fut relevée le lendemain : il fallait 111 pour être au vœu de la majorité sur 221. On remit au lendemain M. de la Bouillerie, qui passa. Mais la nomination à la présidence, sauf M. Ravez, n'était que de forme et honorifique. Comme indication des forces respectives, les cinquante-trois voix de M. de la Bourdonnaye étaient cependant significatives : elles faisaient préjuger la valeur numérique de la double opposition. Le nombre de votes pour la vice-présidence fut plus instructif. Le 3 février, sur 216 votants, majorité 109, M. de Martignac eut 169 voix; M. de Vaublanc, 158; M. Descordes, 148; M. Carrelet de Loisy [1], 138; M. de la Bourdonnaye, 39. La proportion des forces relatives peut donc s'évaluer de 39 à 169, abstraction faite des absents qui allaient arriver.

L'adresse en réponse au discours du Roi fut adoptée à une grande majorité, et fut remarquable en ce qu'elle signala les sentiments et l'opinion de la Chambre élective à l'égard de la licence de la presse : « Votre Majesté « veille à tous les intérêts; elle saura défendre les inté- « rêts publics, même de leurs propres excès, et les proté- « ger tous contre une licence effrénée qui, sans respect « pour les choses les plus saintes et les personnes les « plus sacrées, répand chaque jour ses poisons corrup- « teurs, et s'efforce d'altérer dans leurs sources nos affec- « tions et nos croyances. »

Cependant, M. le garde des sceaux présenta à la Chambre des pairs deux projets de loi, l'un sur les délits commis par des Français dans les échelles du Levant, l'autre

---

1. Auguste-Bernard Carrelet de Loisy, député de Saône-et-Loire de 1820 à 1827; né en 1764, mort en 1838.

sur les successions et substitutions, autrement dit le droit
d'aînesse.

En même temps, le ministre des finances, président du
Conseil, apporta à la Chambre des députés le projet de
loi relatif à la répartition des 150 millions destinés à
l'indemnité des anciens colons de Saint-Domingue, et le
compte rendu des motifs qui ont déterminé le ministre à
contresigner l'ordonnance royale qui a déclaré l'indépendance de cette île.

Le 20 février, on accusa à la tribune le *Journal du
Commerce* d'offenses graves envers la Chambre, et on
parla en ces termes :

Avant de commencer vos travaux législatifs, je viens vous
prier de me permettre de remplir un devoir : je réclame solennellement, en vertu des articles 2 et 15 de la loi du 25 mars
1822, la juste punition des offenses de tel folliculaire qui a
exploité non pas la liberté mais la licence de la presse, en
essayant de déverser, par la calomnie et la diffamation, le
mépris sur la Chambre des députés, sur un des trois pouvoirs
de la monarchie en France.... Un journaliste a osé dire, dans
sa feuille du 17 décembre dernier, en parlant de la Chambre
des députés : *Le corps dont le public devait attendre une pro-
tection spéciale, quoique armé d'immenses pouvoirs, ne s'en
est servi qu'au profit d'intérêts personnels qui, malheureusement, se sont trouvés en concurrence avec les intérêts du pays :
cela seul eût rendu ce corps inhabile à remplir ses fonctions
légales, si sa composition et les accusations dont il est chaque
jour l'objet n'affaiblissaient pas singulièrement le crédit dont
il aurait besoin pour accomplir sa mission. Dans son état actuel, il n'est plus guère qu'un embarras pour le ministère
aussi bien que pour la nation.*

La même feuille a dit, le 11 décembre, de la Chambre des
députés : *Qu'il n'était pas étonnant qu'elle fût considérée
comme un corps protecteur par les gens de cour et les servi-*

teurs de l'administration...., et que l'organisation, la compo-
sition et les actes de la Chambre semblent en faire le tuteur
naturel des courtisans et des commis.... Et pour qu'il soit
mieux compris que l'outrage s'adresse non pas à nous individus, mais à nous collectivement, un des trois pouvoirs de
l'État, le journaliste a soin de terminer en disant : *Quand*
nous parlons de la Chambre comme corps politique, nous
n'avons pas l'intention de manquer à ses membres comme
citoyens.

« La proposition de M. de Salaberry est-elle appuyée?
« — Oui, oui, s'écria-t-on de toutes parts. »

M. de Lézardière, *le Vendéen*, attacha le noble grelot
de l'opposition royaliste, soi-disant : il bavarde et vote
le rejet. M. de Blangy me soutient. M. Benjamin Constant
veut prolonger et feint de prendre une accusation légale
pour une proposition. Le président Chifflet s'oppose à
l'ajournement, observant, ce que tous ces malins savaient
bien, qu'il ne s'agit que d'appliquer la loi au délit. Hyde
de Neuville, Casimir Périer, Méchin, Sébastiani, Bourdeau, La Bourdonnaye, fraternisant ensemble, remportent
l'insigne avantage de ne pas juger séance tenante mais le
lendemain : victoire digne de semblables alliés.

Le 21 donc, MM. Méchin, Royer-Collard, Agier, Benjamin Constant, Sébastiani, Humann [1], Lézardière parlent,
en rangs serrés, contre la proposition de mise en accusation. Quels accouplements honteux! Le président Chifflet,
le vicomte Dutertre [2], de Laage [3], Beauvoir, Fadatte de

1. Jean-Georges Humann, député du Bas-Rhin de 1820 à 1827, de l'Avey-
ron de 1828 à 1830; né en 1780, mort en 1842.

2. Alexandre-Maximilien, vicomte du Tertre, maréchal de camp, député
du Pas-de-Calais de 1824 à 1830; né en 1774, mort en 1851.

3. Jérôme de Laage, député de la Charente-Inférieure de 1824 à 1827; né
en 1777, mort en 1856.

Saint-Georges[1], Sirieys[2], Castelbajac[3], Simonneau[4] protègent l'accusation. Rouillé-Fontaine, Dudon, Bonnet[5], malins en neutralité armée, élèvent des questions incidentes. On vote la traduction du *Journal du Commerce* à la barre, dans la personne de son éditeur responsable, à la majorité de 189 voix contre 110 sur 299 votants. Les ministres députés s'abstinrent de voter; l'accusateur n'eut garde de s'en abstenir. La représentation fut pour le 1er mars.

Il faut savoir que le pauvre hère nommé éditeur responsable d'un journal n'est que très peu rétribué, sauf les temps de malheur, tels qu'emprisonnement, où on le paie moins mesquinement, ce qui lui fait toujours désirer le maximum de la peine, l'amende ne le regardant pas.

Le 1er mars, l'éditeur responsable, nommé Cardon, et son avocat, nommé Barthe[6], apparurent à la barre, dressée au côté gauche de la Chambre. M. Barthe ne fut pas trop inconvenant, sauf deux ou trois mensonges établis dans l'intérêt de sa cause et de son client. C'était une récidive : le quidam avait déjà été condamné deux fois, à la requête du ministère public, à trois et six mois de détention. Il s'agissait de le déclarer d'abord coupable : il fut déclaré

1. Charles-Jacques Fadatte de Saint-Georges, député de l'Aube de 1824 à 1827, préfet des Côtes-du-Nord de 1827 à 1830; né en 1779, mort en 1854.
2. Jean-Jacques-Félix Sirieys de Mayrinhac, député du Lot de 1815 à 1816 et de 1820 à 1830; né en 1775, mort en 1831.
3. Marie-Barthélemy, vicomte de Castelbajac, député de la Haute-Garonne de 1815 à 1817, de 1819 à 1820 et de 1821 à 1827, pair de France le 5 novembre 1827; né en 1776, mort en 1868.
4. Étienne-François Simonneau, député d'Eure-et-Loir de 1824 à 1827; né en 1781, mort en 1860.
5. Louis-Ferdinand Bonnet, avocat, député de la Seine de 1820 à 1822 et de 1824 à 1827, conseiller à la Cour de cassation en 1826; né en 1760, mort en 1839.
6. Félix Barthe, ministre de la justice sous le gouvernement de Juillet; né en 1795, mort en 1863.

tel. Sur 342 votants, 213 'dirent oui; 129 dirent non. Il
s'agit ensuite d'appliquer la peine. Le maximum était de
toute justice, vu la récidive : trois ans de prison et
20,000 fr. d'amende; elle était payée par la clique jaco-
bine et industrielle libérale. M. Casimir Périer s'était
proclamé lui-même un des fondateurs et protecteurs de
cet *engin* révolutionnaire. Le minimum a été adopté par
188 voix sur 339; 151 voix votant contre toute condamnation. Ainsi le *Journal du Commerce* en fut quitte pour un
mois de prison et 100 fr. d'amende.... Quelle mansuétude!
Mais la niaiserie appartient à beaucoup d'honnêtes gens
aujourd'hui, et il pouvait arriver pire : c'est qu'il ne fût pas
condamné. S'ensuit-il qu'il ne fallait pas mettre en accusation de pareils insolents? c'est ce qu'aucun bon esprit,
ce qu'aucun esprit juste n'a pensé. Il fallait signaler et
punir le dévergondage, le débordement, la licence de la
presse, enhardie à ne plus rien respecter par l'ignorance,
l'imprévoyance, la malice ou la politique de la première
Cour royale de France, celle de Paris.

Voici comment le *Journal des Débats* avait attaqué et
envisagé les droits que le Roi tient de sa naissance :

L'autorité légitime doit remplir les conditions de son existence : elle est coordonnée avec les légitimités nationales, et
si la religion, les institutions, l'intégrité du territoire, la con-
servation de l'existence nationale ne peuvent plus se concilier
avec l'autorité légitime, alors on voit de ces révolutions que
veut l'ordre céleste; le sceptre est transféré de la maison de
Saül à la maison de David, car il faut que la société subsiste;
elle seule est revêtue du caractère de légitimité absolue; elle
seule est nécessaire au monde et est émanée de Dieu!!!

Voici comment un auxiliaire, le *Journal du Commerce*,
apprend à quelle époque et à quels signes il juge que

l'heure de la réprobation de l'autorité légitime est arrivée :

Arriver à la puissance par le crédit, et au crédit par le développement des ressources nationales, tel est le système qui a sauvé la France de l'invasion étrangère, et qui l'a rendue capable, après tant de calamités et en si peu de temps, de prétendre au plus haut degré de puissance et de prospérité où elle soit jamais parvenue. Le système de crédit n'a triomphé que *grâce à l'ordonnance du 5 septembre; mais, depuis la loi d'indemnité et celle du sacrilège,* le crédit est menacé d'imminentes atteintes; la loi d'indemnité a réveillé toutes les haines de la révolution ; la loi du sacrilège, celle des communautés religieuses sont plus directement et plus sèchement menaçantes.

Le 10 décembre 1825, la même trompette révolutionnaire chantait victoire et proclamait le triomphe de sa faction :

Ils ne veulent donc pas comprendre, disait-il, que l'attitude calme et le langage réservé du parti national a pour cause même le sentiment de sa force, que le mouvement et le bruit ne lui sont pas nécessaires pour arriver à son but.

Le 18 décembre, le même journal avait attaqué impudemment, ouvertement, la religion et la légitimité ; et quant à ce qui regarde la légitimité :

La légitimité, avait-il osé dire, est l'application des notions de justice appliquées à certains faits de l'ordre politique.... Depuis 1814, c'est-à-dire depuis la restauration de la monarchie en France, depuis la fondation du pacte dit de la sainte alliance qui consacre la légitimité solidaire des souverains, depuis 1814 on revendique comme un droit le privilège d'administrer le matériel et même le moral des sociétés, et on appelle usurpateurs tous les concurrents qui se présentent avec ou sans l'autorisation des peuples pour exercer ce privilège si dangereux et si envié que l'on nomme légitimité. Les peuples se sont étonnés d'abord de cette singulière prétention.... Ils se sont avisés ensuite qu'on se moquait de leur simplicité dans les chancelleries, et ils ont traité les manifestes comme des pièces sans valeur et sans conséquence morale.... On respecte la justice, mais on se détache des formules ; on écoute ceux qui professent la vérité, et l'on méprise ceux qui prêchent le mensonge : on n'encense plus de vaines idoles.

Le 19 janvier, le même soi-disant organe de l'opinion nationale destituait les monarques et les hiérarchies monarchiques :

Ce n'est plus un seul homme, dit-il, ou une classe privilégiée, qui donnerait désormais l'impulsion à la société : ce serait la société entière, s'améliorant et s'élevant sans cesse par le concours de tous les efforts individuels. La souveraineté du peuple exprimerait bien notre pensée ; mais attendons que la délicatesse de nos oreilles permette à certains mots de rentrer dans le langage politique.

Forts de l'impunité, ces Salmonées révolutionnaires insultaient le trône à voix haute, par la bouche de leur Thersite Kératry, le *Courrier français :* il publiait son insolent manifeste, et proclamait, lui, la souveraineté du peuple, le 8 décembre, article *Souscriptions.*

C'est au milieu de tous ces attentats de la pensée écrite envers le trône et envers la religion ; c'est au milieu de ce débordement systématique de blasphèmes et d'outrages contre tout ce qu'il est du devoir de respecter, que le *Journal du Commerce,* pour mettre le sceau à ses mauvaises intentions et constater sa tendance à tout calomnier et avilir, s'attaque, le 7 et le 11 décembre, à la Chambre des députés, comme corps, comme pouvoir de l'État. La Chambre, heureusement, avait celui de punir les offenses qui la blessaient par la loi du 25 mars : elle a exercé ce pouvoir trop mollement, trop niaisement, de la part de plusieurs ; mais enfin justice a été faite. La religion et la monarchie ont été également outragées, ainsi qu'on l'a vu assez clairement, je présume : la Chambre a donné l'exemple pour les offenses qui la regardaient; elle ne pouvait rien au delà. Les injures d'un autre ordre demandaient vengeance au gouvernement du Roi. On verra plus tard ce qu'il a gagné à trop de mansuétude.

La loi sur la répression des délits commis dans les échelles du Levant fut présentée à la Chambre des pairs par M. le garde des sceaux. M. de Chateaubriand fit un petit pathos sur les Grecs, et dit ces phrases : « *Amendement.* Est réputée contravention, délit et crime toute part quelconque qui serait prise par des sujets et des navires français, et par des individus étrangers dans les pays soumis à la domination française, au trafic des esclaves dans les échelles du Levant et de Barbarie. »

Voici ce que le noble pair jugea à propos de dire à l'appui de son amendement, si réfléchi de sa part :

On dira que des chrétiens dans le Levant n'achètent pas et ne vendent pas des esclaves blancs. Mais n'ont-ils jamais nolisé de bâtiments pour les transporter du lieu d'où ils avaient subi la servitude au marché où ils devaient être vendus ? Ne sont-ils pas ainsi devenus les courtiers d'un commerce infâme ? N'ont-ils pas ainsi reçu le prix du sang ? Eh quoi! ces hommes qui ont entendu les cris des enfants et des mères, qui ont entassé dans la cale de leurs vaisseaux des Grecs demi-brûlés, couverts du sang de leurs familles égorgées, ces hommes qui ont embarqué ces chrétiens esclaves avec le marchand turc qui allait pour quelques piastres les livrer à l'apostasie et à la prostitution, ces hommes ne seraient pas coupables ? Ici il est évident que le complice est pour ainsi dire plus criminel même, car s'il n'avait pas, pour un vil gain, fourni des moyens de transport, les malheureuses victimes seraient du moins restées dans les ruines de leur patrie : eh! qui sait si la victoire ou la politique, ramenant enfin la croix triomphante, ne les eût pas rendues un jour à la religion et à la liberté?

A ce paragraphe, et à plusieurs autres de facture et de même *sensiblerie* factice, les niais de la Chambre des pairs ont pleurniché en vraies bonnes femmes. M. le vicomte Lainé, qui a tant de talent et si peu de jugement, cet excellent homme qui se croit royaliste parce qu'il a Madame et M. le duc d'Angoulême dans le cœur et la république de Platon dans la tête, M. Lainé soutint l'amendement la larme à l'œil, et l'amendement, aussi impolitique qu'étranger à l'intention de la loi, passa à la majorité de 85 voix contre 64. La loi fut retirée, et on eut une loi utile de moins et un déplorable scandale de plus. Encore s'il avait servi de leçon aux dupes! car le prototype des hommes d'État, le grand, l'illustre, l'incomparable Chateaubriand, a donné, dans cette occasion, une preuve de plus de son étourderie et de sa mauvaise foi.

Comment qualifier, en effet, la distraction étrange d'un écrivain, d'un législateur, d'un ancien ministre qui, après avoir déclamé contre la politique du gouvernement du Roi sur la question de l'esclavage, par exemple, *et de la faculté que possèdent les Turcs d'acheter et de transporter sur des bâtiments européens des esclaves noirs et blancs*, non seulement aurait oublié que le gouvernement avait pourvu à certains abus par une ordonnance pleine de sagesse et d'humanité, mais aurait manqué de mémoire au point de ne pas se rappeler que lui-même, lui seul, alors ministre du Roi, membre du Conseil où cette ordonnance fut délibérée, lui qui méconnaît, pour se les attribuer aujourd'hui, les principes philanthropiques de cet acte important, lui seul, répétons-le, se serait alors élevé contre la politique qui dictait cette ordonnance, au point d'expédier, comme ministre des affaires étrangères, à tous les consuls français dans le Levant des instructions contraires dans leur application à l'esprit de l'ordonnance royale et à l'esprit de l'amendement même qu'il imagine aujourd'hui comme remède à un mal déjà réparé, comme grief contre le ministère auteur de cette réparation!!!

Les lecteurs auraient droit de répondre par l'incrédulité à cette assertion : ils ne se persuaderaient pas qu'on essayât de se faire de la popularité aux dépens de la vérité et de soi-même, car il ne résulte pas autre chose des faits.

Le 18 janvier 1823, et les Grecs étaient déjà depuis long-temps en délicatesse avec les Turcs, le Roi a rendu, sur la proposition de M. le ministre de la marine (M. de Clermont-Tonnerre), une ordonnance *qui défendait aux capitaines français d'affréter leurs navires pour transporter les prisonniers que le sort de la guerre faisait tomber entre les mains des belligérants sur les mers du Levant, et qui étaient réduits par leurs vainqueurs à la condition d'esclaves.*

Cette ordonnance satisfaisait donc à l'objet que l'amendement de M. de Chateaubriand était censé se promettre. Le *Journal des Débats* en convient, et par cela même, d'un côté il avoue que l'amendement était superflu, et de l'autre que M. le garde des sceaux avait eu raison de dire qu'aucun abus de ce genre n'existait, puisqu'en effet l'ordonnance du 18 janvier avait pourvu à sa répression, et qu'il n'y avait pas eu lieu à l'application des peines qu'elle prononce. Mais il est à croire, ajoute le journal compère de M. le vicomte, que cette ordonnance, rendue lorsque M. de Chateaubriand faisait partie du Conseil, le fut par son influence. Mieux vaudrait un sage ennemi. Bertin de Vaux a rendu là un joli service à son patron en lui donnant ce coup d'encensoir : c'est précisément le contraire.

Le 12 mars 1823, trois ans jour pour jour avant le fameux amendement proposé par M. le vicomte de Cha-

teaubriand, pair de France, le ministre des affaires étrangères, le même M. le vicomte de Chateaubriand, adressa
aux consuls français dans le Levant des instructions
ayant pour objet de leur faire bien comprendre que l'ordonnance du 18 janvier *était purement de circonstance et
ne s'appliquait en aucune manière au transport des
esclaves que les Turcs ont coutume d'acheter tant au
Caire qu'à Tripoli de Barbarie, en Circassie et en Géor-
gie, pour leur service personnel et celui de leurs maisons,
et dont ils se font ordinairement accompagner dans leurs
voyages.* Voilà donc la traite des blancs et des chrétiens
dûment autorisée dans les instructions de M. de Chateaubriand, ministre des affaires étrangères, par exception
à une ordonnance royale !

Qu'arrive-t-il en mars 1826 ? Le gouvernement du Roi
propose une loi sur la répression des délits commis dans
les échelles du Levant ; il n'y comprend pas un crime
déjà prévu, déjà réprimé par une ordonnance spéciale.
Un amendement est proposé, avec emphase et solennité,
pour satisfaire un besoin déjà rempli, et il est proposé
par qui ? par l'auteur même des instructions qui, dans
le temps, avaient contrarié le plus ouvertement le principe
généreux de l'ordonnance. Et les développements de l'o-
rateur sont une longue déclamation contre le gouvernement dont il ne fait plus partie, et parce qu'il n'en fait
plus partie, heureusement. Et son amendement est l'hommage le plus involontaire et le plus flatteur à l'ordonnance du 18 janvier, comme l'adoption de cet amendement
est la condamnation formelle de l'auteur dans ses instructions du 12 mars 1823. Et les trompettes libérales
font entendre des fanfares de triomphe ! Et le bruit de
ces trompettes étourdit le héros de la fête au point qu'il
oublie ce qu'il a écrit, ce qu'il a signé, ce que vingt-six

consuls ont reçu et enregistré ! Mais chut ! Le bruit de ces
fanfares a fait oublier aussi à M. le ministre de la marine
d'alors, pair de France, présent aux débats, que l'ordonnance du 18 janvier 1823 avait été présentée par lui. Mais
il ne s'agit ici que de l'étourderie, de la mauvaise foi et
des odieux moyens de M. de Chateaubriand pour obtenir
à tout prix la popularité.

Que faut-il donc au public des gens de bien pour être
détrompé sur le compte d'un pareil charlatan ? Jusques à
quand s'obstinera-t-on à juger en lui les actions par
l'homme et non pas l'homme par les actions ?

Le véritable projet de loi portait sur le mode de répartition entre les colons à indemniser. La question soulevée
de la reconnaissance de l'indépendance d'Haïti et l'assi-
milation qu'on feignait d'établir entre Saint-Domingue,
perdue de fait depuis trente ans, et les provinces du territoire français en inaliénabilité, était jugée par l'article 14
de la Charte et par l'article 73 : c'était une discussion de
luxe qui portait à faux.

Les attaquants opposés à la loi d'indemnité proprement
dite furent les ministrophobes Agier, Bacot, Berthier,
Beaumont, Hyde de Neuville, La Bourdonnaye, Bertin de
Vaux, Cambon, Sébastiani, Leclerc de Beaulieu, Saulot,
Charencey, Duparc [1] ; les colons les touchaient fort peu. Le
sens commun, la bonne foi, l'intérêt de l'État, la justice et
l'humanité avaient pour défenseurs dans cette question
MM. Gautier [2], Dupille [3], Alexis de Noailles [4], Humann,

1. Constantin-Frédéric-Timoléon, comte du Parc de Barville, député de
la Manche de 1815 à 1816 et de 1822 à 1827 ; né en 1759, mort en 1833.

2. Jean-Élie Gautier, député de la Gironde de 1824 à 1831 ; né en 1781,
mort en 1858.

3. André-Jacques-Auguste, baron du Pille de Berticher, député de l'Oise
de 1824 à 1827 ; né en 1763, mort en 1842.

4. Alexis-Louis-Joseph, comte de Noailles, député de l'Oise de 1815 à
1816 et de la Corrèze de 1824 à 1831 ; né en 1783, mort en 1835.

Ricard (de Toulouse) [1], Fouquier-Long [2], Sesmaisons [3],
Castelbajac, Sirieys, Saint-Géry, Bergevin [4], Casimir
Périer, Piet, Saint-Cricq [5]. La loi passa, à 243 boules
blanches contre 70 boules noires; nombre des votants, 315;
majorité, 173, part faite à la mauvaise foi, au bavardage
et au scandale du côté de la caravane soi-disant royaliste,
à la tête de laquelle était donc M. Agier, susnommé; on
le trouvera toujours présent au scandale.

Cependant la loi du droit d'aînesse, présentée aux pairs
comme le corps éminemment aristocratique, éminemment
monarchique, y éprouvait des difficultés que n'eût pas
offertes la Chambre élective; mais il aurait toujours fallu
que les nobles pairs en connussent, et sans doute le préciput légal eût été repoussé par eux. M. de Saint-Roman [6],
M. de Montalembert [7] et M. de Rougé [8] ont parlé pour la
loi du gouvernement. La question se réduisait à ceci :
l'esprit révolutionnaire est dans la loi actuelle, on vous
propose, au nom du Roi, d'y substituer l'esprit monarchique; ou, en d'autres termes, la loi révolutionnaire ne
connaît pas d'inégalité de partage, mais le père de fa-

1. François-Louis-Charles de Ricard, député de la Haute-Garonne de
1820 à 1827; né en 1761, mort en 1832.

2. Louis-Frédéric-Gilbert-François Fouquier-Long, député de la Seine-
Inférieure de 1824 à 1827; né en 1780, mort en 1842.

3. Louis-Humbert, comte de Sesmaisons, député de la Loire-Inférieure
de 1815 à 1816 et de 1820 à 1827, pair de France le 5 novembre 1827; né en
1777, mort en 1836.

4. Auguste-Anne Bergevin, député du Finistère de 1824 à 1827; né en 1753,
mort en 1831.

5. Pierre-Laurent Barthélemy, comte de Saint-Cricq, député de Seine-et-
Marne, puis des Basses-Pyrénées, de 1815 à 1833, ministre de l'agriculture
et du commerce du 4 janvier 1828 au 8 août 1829; né en 1772, mort en 1854.

6. Alexis-Jacques Serre, comte de Saint-Roman, pair de France le
17 août 1815; né en 1770, mort en 1843.

7. René-Marc-Marie-Anne, marquis de Montalembert, ministre plénipo-
tentiaire, pair de France le 5 mars 1819; né en 1777, mort en 1831.

8. Bonabes-Louis-Victurnien-Alexis, marquis de Rougé, pair de France
le 17 août 1815; né en 1778, mort en 1838.

mille peut en établir et faire un préciput. La loi monarchique qu'on vous propose, reconnait l'inégalité de partage, mais le père de famille peut, par des actes ou dispositions, maintenir le partage égal. Le préciput légal
établi dans la loi nouvelle a été rejeté à la majorité de
120 voix contre 94; et les noms les plus bizarrement
accouplés se sont trouvés dans les 120 opposants. Et le
Code civil, entaché de l'esprit révolutionnaire, qui ne
fait que permettre la disponibilité du préciput légal, reste
toujours en vigueur. C'est ainsi que la majorité de la
Chambre des pairs de 1826 fait de la monarchie ! La loi
du droit d'aînesse se réduisit donc à l'article 3, devenu
seul et unique, prit le nom de loi des substitutions, qu'on
étendit au second degré inclusivement. Ce fut toujours
cela de gagné, monarchiquement parlant. Ainsi mutilée,
elle passa à la majorité de 160 voix contre 53.

Mais la Chambre des pairs n'en reçut pas moins l'ovation libérale : elle avait rejeté le droit d'aînesse, auquel
renonçaient, dans leurs pétitions, tels en France qui n'a-
vaient ni familles, ni patrimoines, ni bien-fonds. Tous ceux
qui criaient *vive la charte !* au mois de juin 1822, *vive la
Cour royale !* quand elle acquittait les *carbonari* du *Constitutionnel* et du *Courrier* comme d'orthodoxes défenseurs
des libertés de l'Église gallicane, tous ceux qui criaient
vivent les patriotes de 89 ! au convoi du général Foy, tous
ces mêmes habitués, croisés contre le droit d'aînesse,
criaient *vivent les bons pairs ! à bas les jésuites !* Et, pour
l'instruction des pairs niais, M. l'abbé prince de Rohan [1],

---

1. Louis-François-Auguste de Rohan-Chabot, duc de Rohan à la mort de
son père, le 8 février 1816, lui succéda à la pairie. Veuf de M⁽⁾ de Serent, il
entra le 20 mai 1819 au séminaire Saint-Sulpice et reçut la prêtrise le
1ᵉʳ juin 1822. Nommé peu après vicaire général de Paris, il fut promu, en
1828, à l'archevêché d'Auch, puis, en 1829, à l'archevêché de Besançon et
nommé cardinal le 5 juillet 1830 ; né en 1788, mort en 1833.

pair de France, en habit ecclésiastique, reçut un coup de pied dans le c.., accompagné d'un *vivent les bons pairs!* On le prenait pour un prêtre à son habit.

Le 11 avril, la loi dite des substitutions, adoptée par la Chambre des pairs, nous fut apportée par M. le garde des sceaux. Tous les membres de la commission chargée de l'examen furent des jurisconsultes et des magistrats. Méchin, Revelière, Labbey-Pompierre, Benjamin Constant, Duplessis-Grénédan, Girardin, etc., jugèrent à propos de se coaliser systématiquement pour combattre la loi des substitutions, toujours par les mêmes motifs. La loi n'en passa pas moins à une grande majorité, et laissa la tribune à la discussion du budget, vaste champ qui permet de parler de tout, excepté du budget même. Que l'opposition soi-disant royaliste s'est fait d'honneur dans cette scandaleuse discussion!... Ils sont montés l'un après l'autre sur la tribune, comme sur des tréteaux, pour s'y exposer, par leur mauvaise foi, moins encore au ridicule qu'à l'animadversion publique dans la Chambre.

Le scandale commença le 15 mai : les premières sottises sortirent de la bouche de M. Agier, toujours le plus pressé de mal dire comme de mal faire. En qualité de guerrier qu'il se croit, étant dans la garde nationale, il s'est rué sur le ministre de la guerre : « L'armée, a-t-il dit en pro-
« près paroles et écrites, l'armée laisse apercevoir un
« grand découragement parmi les soldats et les sous-offi-
« ciers; très peu de rengagements; parmi les officiers,
« beaucoup de démissions.... Une autre cause du décou-
« ragement parmi les officiers, c'est le peu de justice qui
« préside à la distribution des grades.... Je sais très bien
« que de pareils abus ne peuvent avoir lieu qu'à l'insu de
« M. le ministre de la guerre, qui aime trop l'armée pour
« ne pas l'encourager; qu'à l'insu de l'honorable direc-

« teur du personnel, pour qui je professe la plus grande
« estime et le plus sincère attachement ; mais enfin voilà
« certainement ce qui existe, et *il suffit d'écouter dans*
« *les régiments de la ligne et dans ceux de la garde pour*
« *reconnaître la vérité à cet égard.* »

Agier avait avancé qu'il y avait eu neuf cents démissions données. M. le garde des sceaux lui répondit, en
l'absence de M. de Clermont-Tonnerre, qui était à la
Chambre des pairs, et lui prouva qu'au lieu de 900 il n'y
en avait eu que 45. L'improvisation de M. le garde des
sceaux fut aussi noble qu'éloquente, et l'indiscret orateur
n'eut pas à se louer de cette première semonce. (Voyez
Moniteur du 17 mai.) Il a soutenu de nouveau qu'il avait
raison de dire 900 démissions, et a fini, malheureusement
pour lui, par ces belles paroles : « Si M. le garde des
« sceaux veut prendre la peine de se rendre dans les ca-
« sernes, il peut aller écouter aux portes des chambrées
« de la garde royale : il saura la vérité. » De violents
murmures répondirent à tant d'impertinence.

Mais, dans la séance du jeudi 1ᵉʳ juin, à l'occasion du
budget de la guerre, M. de Clermont-Tonnerre releva
M. Agier du péché de paresse, un peu trop vivement peut-
être ; mais le patient n'avait que ce qu'il méritait : « Un
« des orateurs a cherché à excuser des expressions qu'il
« avait employées, mais il a confirmé les faits. Cet orateur
« a indiqué qu'on pourrait entendre des choses répréhen-
« sibles dans les chambrées de la garde royale, de cette
« garde fidèle, l'exemple et l'élite de nos troupes ; de cette
« garde qu'on a présentée avec tant d'injustice comme
« l'objet de la jalousie du reste de l'armée, tandis qu'elle
« n'est pour elle qu'un objet d'émulation et d'espérance.
« Je n'ai qu'une chose à répondre : c'est que, si cet ora-
« teur allait lui-même dans les chambrées de la garde, et

« qu'il osât y proférer ce qu'il a prétendu qu'on y pourrait
« entendre, il se souviendrait longtemps de l'indignation
« qu'il y aurait excitée. »

Il y eut un rire général. Au milieu de cette hilarité, dans
les tribunes publiques ou dans la loge des journalistes,
je ne sais où enfin, on entendit des commentateurs articuler : « Il aurait la savate. » Le terrible Agier voulut
prendre à partie le folliculaire, qui répéta le propos. Je
crois qu'il aurait jeté le gant à toute la salle. On dit que
ce hanneton envoya un défi à M. de Clermont-Tonnerre,
qui lui aurait répondu qu'il n'avait jamais pris un portefeuille pour un bouclier, et qu'il était à ses ordres. La
preuve que ce n'est pas vrai, c'est que M. Agier se porte
très bien et ne paraît même pas s'être *désheuré* dans les
quarante-huit heures qui ont suivi ce jour critique. Il
n'est resté au pauvre Agier que le nom d'Agier *la Savate*,
la confirmation de son brevet d'étourdi, de suffisant,
d'homme nul, de bavard, auquel il faut joindre les noms
d'ingrat et de drôle qui lui viennent de la bouche du Roi.

Les couplets suivants furent faits à son sujet.

Air : *Connaissez-vous tous les on dit?*

Vous voulez savoir ce que dit
Maint collègue intrépide
Qui croit en poumons, en esprit
Surpasser Monsieur Hyde ?
Ils sont tous, ma foi,
Plus ultras que moi
Qui le suis, je m'en flatte.
En tête est celui
Qu'il faut aujourd'hui
Surnommer *la Savate*.

Chaque jour il dit : Après moi,
Il faut tirer l'échelle ;
Messieurs, je suis l'ami du Roi
L'ennemi de Villèle.

Oui, de bonne foi,
Messieurs, croyez-moi,
Depuis longtemps je date.
Il ne me vaut pas,
Tenez, j'en fais cas
Comme de *ma sacate*.

Messieurs, je suis vraiment du bois
Dont on fait les ministres.
Messieurs, je vous l'ai dit cent fois :
Les vôtres sont des cuistres ;
Allons, prenez-moi.
Messieurs, croyez-moi,
En rien je ne me flatte,
De chacun vraiment
Le petit talent
Tiendrait dans *ma sacate*.

Je puis conduire à votre choix
Ou la flotte ou l'armée,
Être chef de vos gens de lois.
J'ai fait ma renommée.
Élie en cadeau
Laissa son manteau.
J'ai bien mieux, je m'en flatte,
Car Chateaubriand,
Messieurs, en partant,
M'a laissé *sa sacate*.

Or, j'ai dit au petit Clermont,
Fort mal nommé Tonnerre :
« Vous n'êtes rien qu'un rodomont,
« Mal vu des gens de guerre.
« Oui, quand nos soldats
« Sont entre deux draps,
« Sans bas et sans cravates,
« Écoutez pour voir,
« Aux portes le soir,
« Les mains dans *vos sacates*. »

Messieurs, vous m'avez entendu :
C'était parlementaire ;
Or, Messieurs, que m'a répondu
Ce vrai foudre de guerre ?
Si ce n'est pas lui,
Malheur à celui

Qui tombe sous ma patte ;
On a dit de moi,
J'en donne ma foi :
« Il aurait *la savate*. »

Moralité

Bridoison dit : Ces choses-là,
On les dit à soi-même ;
Celui qui nous les répéta
Fut un vrai Nicodème,
Car c'est d'après lui
Que chacun ici,
L'œil sur son omoplate,
Rira tour à tour
Et dira bonjour
A.... *la Savate*.

Dans cette discussion du budget, les hostiles semblaient payés par les ministres pour leur fournir des occasions de triomphe et d'applaudissements.

On peut lire dans le *Moniteur*, séance du 16 mai, le dis-cours où M. de Villèle commença ainsi :

La Chambre peut croire que je ne monte pas à la tribune pour disculper l'administration actuelle d'avoir séparé les royalistes de l'orateur qui vient d'être entendu (l'incomparable Lézardière, l'héritier collatéral du nom vendéen). Je viens examiner si, au milieu des griefs qu'il a articulés, il en est un seul qui puisse tendre à jeter sur le gouvernement du Roi les soupçons qui ont été inspirés à l'orateur par une prétendue tendance que nous aurions à nous éloigner des institutions que le feu Roi nous a données et que le Roi actuel a juré d'observer comme lui.

Et il finissait son véridique tableau de la France, à l'in-térieur et à l'extérieur, par cette péroraison :

Les ministres, vous dit-on, sont égarés par l'enivrement du pouvoir ; je ne crains pas d'en appeler à vous, Messieurs.

Descendez dans votre conscience, et vous direz avec nous que, dans l'état de liberté entière et complète dont jouit le pays, le rôle qu'ont à remplir les ministres n'est pas tel qu'on puisse craindre pour eux l'enivrement. Si quelques craintes sont senties par ceux qui, comme vous, tournent leurs vues sur les intérêts les plus sacrés du pays, j'en suis sûr, c'est bien plutôt de voir les ministres céder au dégoût de pareilles fonctions que de les voir enivrés par le pouvoir.

Au milieu des applaudissements universels, Benjamin Constant et Casimir Périer crient à M. de Villèle : « Et la censure ? » Ce fut une bonne fortune pour lui.

Je demande à répondre à cette interpellation, dit-il. Une seule fois la France a joui de la liberté la plus complète de la presse ; peut-être pourrais-je dire que cette liberté a dégénéré en licence : c'est depuis que l'administration actuelle a été appelée par le Roi que la France jouit de cette liberté. Cependant, on nous parle de craintes sur le rétablissement de la censure. Je ne balancerai pas à exprimer ma pensée tout entière sur ce point. Si la censure n'est pas nécessaire au repos du pays, elle n'aura pas lieu ; si elle lui est nécessaire, nous ne balancerons pas à la proposer au Roi, et nous l'obtiendrons.

Le 22 mai, nouvelle parade. Le Gilles du jour fut le formidable chef de l'opposition en personne, et voici ce que l'oiseau sinistre vint déclarer et déclamer.

Messieurs, la justice est le premier besoin des peuples et la sauvegarde des gouvernements. Sans son action tutélaire, la société serait dissoute ; le droit de la force, consacré par l'impunité, régnerait par la puissance du glaive dont l'autorité se serait dessaisie.

Comment se fait-il que des vérités aussi triviales aient été mises en oubli, *depuis tant d'années*, par les ministres du Roi ? Comment se fait-il que, placé hors de la loi commune par de

simples déclarations ministérielles, un département tout entier, la Corse, voie *l'action de la justice paralysée entre les
mains des magistrats, et que le glaive de la loi, confié au
garde des sceaux de France pour venger la société outragée,
ne soit entre ses mains qu'une arme destinée à protéger le
crime et l'assassinat?*

Murmure général. On crie : « C'est trop fort! » Le garde
des sceaux dit : « Que le glaive de la loi ne soit plus entre
« les mains du garde des sceaux qu'une arme destinée
« à protéger le crime et l'assassinat...., c'est bien votre
« phrase?.... » La Bourdonnaye dit : « Je ne la révoque
pas. » Il relit sa phrase. De nouveaux murmures l'inter-
rompent : « Messieurs, j'ai des arrêts de Cour et des pièces.
« — Les arrêts de Cour ne sont pas des actes émanés du
« garde des sceaux. — M. le garde des sceaux aura le
« droit de me répondre. — Il a le droit d'être profondé-
« ment affligé et singulièrement étonné de voir de pa-
« reilles attaques dirigées contre un ministre du Roi qui
« ne les a jamais méritées. — Si je ne devais pas prouver
« ce que j'ai dit, je ne l'aurais pas avancé. »

Tout ce pathos se réduisit à faire un crime au garde des
sceaux, par la plus grave des inculpations qu'il soit possible d'élever, d'avoir, non pas arrêté le cours de la justice dans la poursuite et condamnation des Corses coupables du crime de *vendetta*, mais d'avoir écrit confiden-
tiellement au ministre de la guerre, qui provoquait un avis,
qu'il convenait de favoriser l'expatriation des bandits, et
qu'on pouvait leur promettre que le gouvernement ne de-
manderait pas leur extradition. La loi et les tribunaux ne
pouvaient les condamner que par contumace, car, l'assassinat par *vendetta* commis, le Corse coupable rejoignait
dans des montagnes inaccessibles les contumaces ses
semblables. Ils en sortaient pour vivre de brigandage et

de crimes nouveaux, dans l'état de guerre où un premier
assassinat les avait mis hors de la société. Dans cette
perplexité, condamnés qu'ils étaient par les tribunaux, le
général et le préfet accordaient et assuraient l'expatriation
à ceux des condamnés contumaces qui la demandaient,
avec promesse qu'on ne solliciterait pas leur extradition
des gouvernements étrangers, sardes ou italiens. C'était
assurément garantir le repos des Corses paisibles que de
les débarrasser du voisinage et de la crainte continuelle
de ces misérables que la justice ne pouvait pas atteindre.
Voilà le fait qui, loin de fournir matière à l'accusation,
n'appelait que des éloges de sagesse et de prudence sur
le préfet de la Corse et sur le général commandant de
l'île ; blâme ou louange qui ne regardaient pas M. le garde
des sceaux. La haine ne voit ni ne réfléchit ; on en jugera
par le fait même exposé par M. de la Bourdonnaye, dépouillé de ses commentaires qui appartenaient à sa rage
et non à la vérité.

Le nommé Ceccaldi, condamné à la peine de mort par
contumace le 29 janvier 1821, demande et obtient, le
27 novembre 1822, du vicomte de Suleau [1], préfet de Corse,
un passeport à l'étranger, sous le faux nom de Padovain.
Au lieu de s'embarquer à N., ou en allant s'y embarquer, il est pris à l'île Rousse, point sur lequel la gendarmerie n'avait pas été prévenue. On le conduit dans les
prisons de Bastia. Tout prouve que cette autorisation pour
Ceccaldi avait été demandée par le lieutenant général
commandant l'île, parce que Ceccaldi, coupable de *vendetta*, s'était abstenu depuis de tout attentat contre les

1. Louis-Ange-Antoine-Élisée, vicomte de Suleau, préfet de la Corse
(1822), de Vaucluse (1824), de la Vendée (1827), de la Moselle (1828), conseiller d'État et directeur des domaines le 2 avril 1830, sénateur du second
Empire en 1853 ; né en 1793, mort en 1871.

habitants et contre la force publique. Il fut conduit à Bastia et livré à la justice, par ce malentendu de lui ou de la gendarmerie : « La position de cet homme devenait affreuse, dit le préfet, vicomte de Suleau, dans sa lettre du 27 mai 1826; porteur d'un passeport sur la foi duquel il avait cessé de se garder, sa tête pouvait tomber sur l'échafaud, et l'on aurait pu croire que l'autorité qui le lui avait accordé n'aurait fait que lui tendre un piège. Que cette autorité (le préfet et le général) n'ait rien négligé pour prévenir un pareil résultat; qu'elle soit intervenue avec instance; qu'elle ait réclamé avec chaleur du chef du ministère public le coupable que des circonstances aussi peu ordinaires lui avaient livré; qu'après la décision de la Cour qui devait juger contradictoirement le contumace, mais qui se refusa avec mesure à connaître d'une question préjudicielle qu'on n'aurait jamais dû lui soumettre; qu'après cette décision le préfet se soit empressé *de prescrire les dispositions nécessaires pour l'expatriation définitive du contumace Ceccaldi, c'est ce qu'on comprendra facilement.* »

Il ne revint à M. de la Bourdonnaye de cette odieuse et absurde attaque que le blâme et l'indignation.

Allons, monsieur Hyde de Neuville, à votre tour : après Furioso, Paillasse.

« Messieurs, dit le transfuge de 1815, je veux parler « de l'état de nos prisons : presque partout en France, « excepté à Paris, on y est en arrière des autres nations.... « *Écoutez quelques pages du rapport d'un magistrat, et* « *vous verrez dans quelle situation se trouvent les pri-* « *sons de la France.* »

Ici M. Hyde de Neuville lit dans un livre des détails si affreux, que l'épisode d'Ugolin dans le Dante paraîtrait un tableau de l'Albane. — « De qui est l'ouvrage ? » s'écric-t-on avec stupeur. — M. Hyde reprend, avec une admirable bonne foi et de la voix la plus solennelle :

« Il est d'un homme très sage, qui remplit le devoir
« d'un bon Français en prévenant l'administration que
« *nos prisons ne sont pas surveillées* comme elles de-
« vraient l'être. Toutes les âmes sensibles qui compatis-
« sent au malheur de leurs semblables penseront avec
« moi que nous ne nous occupons pas assez en France du
« sort des prisonniers. » M. le garde des sceaux demanda :
« Quel est l'auteur de l'ouvrage ? A quelle époque a-t-il
« été publié ? — Je dois dire, dit le loyal comte de Bem-
« posta, que le cachot dans lequel a été trouvée la mal-
« heureuse femme dont j'ai parlé n'existe plus. » On
rit : Ah ! voilà déjà une amélioration. « Mais, dit le mi-
« nistre de l'intérieur, à quelle époque l'ouvrage a-t-il
« paru ? » M. Hyde faisant la sourde oreille : « Je ne vous
« ai lu, dit-il, que la description générale, je n'ai pas voulu
« entrer dans les détails des faits isolés. — Mais, dit M. le
« garde des sceaux, vous me permettrez de demander le
« nom de l'auteur de l'ouvrage et l'époque de sa publica-
« tion. — L'ouvrage, dit M. Hyde, l'ouvrage est de M. N.,
« conseiller à la Cour royale de Paris ; l'auteur doit inspi-
« rer toute confiance. » — M. de Martignac lui cria : « Mais
« à quelle époque ? » L'orateur, acculé, fit semblant de
faire connaissance avec la date pour la première fois : « Il
y a huit ans, » dit-il ingénument. Un rire universel s'a-
dressa à cet impudent jongleur de tréteaux forains. Il ne
voulut pas avoir le dernier et tomba de bêtises en bêtises.
« Messieurs, dit-il, je soutiens ce que j'ai avancé, parce
« que je l'ai vu il n'y a pas un an. — Où ? lui cria-t-on.
« — Dans mon département. Je n'accuse personne ; je
« suis heureux d'apprendre que depuis six ans on a réparé
« tous ces abus. »

Voilà les chefs de l'opposition royaliste hostile! Pour les qualifier, il ne s'agit, comme on voit, que de les laisser parler. Nous pourrions bien dire à Charles X ce que Sully disait à Louis XIII : « Sire, quand le roi votre père dai-
« gnait m'appeler pour conférer sur les grands intérêts de
« l'État, il renvoyait dans l'antichambre les bouffons et
« les baladins. »

C'est en jetant une pareille poudre aux yeux que les trois notabilités hostiles vidèrent leurs gibernes à l'attaque du budget, c'est-à-dire de nos ministres. La conclusion fut digne de l'exorde : La Bourdonnaye demanda un congé, et fut prendre les eaux avant que la loi de finance fût votée ; le fiel l'étouffe. Le budget passa fort bien sans lui, sans eux : il fut voté à la majorité de 287 boules blanches contre 43 noires ; total, 330 votants.

Le général en chef ayant demandé un congé, on aurait cru que messieurs de l'opposition soi-disant royaliste allaient dire comme Rabelais : « Tirez le rideau, la farce est jouée. »

M. Agier nous réservait une petite pièce : il s'est avancé sur la scène le 4 juin, et il a dit gravement : « Je
« demande la parole pour le rappel au règlement, au rè-
« glement qui doit assurer la dignité de la Chambre. Un
« journal a blessé cette dignité en rapportant une portion
« du discours de M. le ministre de la guerre. Voilà le
« passage du discours prêté à M. le ministre de la guerre :
« Que l'orateur aille écouter aux portes des chambrées ;
« s'il osait y proférer ce qu'il a prétendu qu'on y pourrait
« entendre, il se souviendrait longtemps de l'indignation
« qu'il aurait excitée. — Une voix (ajoute le rédacteur du
« journal) : *Il aurait la savate.* »

Ainsi parla, pour la dernière fois, M. Agier. Ses derniers mots parlementaires furent : « Il aurait la savate. »
Hélas! pourvu que le nom ne lui en reste pas !

CHAPITRE II

Le dernier événement qui signala l'année 1826 fut le jugement définitif du fameux marché Ouvrard, ou plutôt l'acquittement des nobles pairs qui se trouvaient impliqués dans le procès.

M. de Talleyrand disait sans rire : « Dans toute cette affaire, je ne vois qu'un innocent. »

Les malins de l'opposition royaliste n'ont pas cherché autre chose qu'un coupable, le président du conseil.

La commission a parlé clairement : « La subsistance « de l'armée n'était pas compromise : rien ne forçait l'ad- « ministration à se jeter dans les bras d'un spéculateur ; « rien ne l'autorisait à s'écarter du système que le mi- « nistre avait indiqué ; et, dans la nécessité même d'en « adopter un autre, il avait au moins des précautions « à prendre pour ne pas se précipiter dans un abîme en « cherchant à éviter un péril ; or, les faits et le calcul « disent que les marchés faits avec le munitionnaire, au « lieu de sauver l'armée, ont compromis la fortune pu- « blique. »

Voilà ce qu'a signé la commission d'enquête.

Messieurs de l'opposition royaliste en demandaient une grands cris : ils ne l'auraient pas mieux choisie. Six hommes ennemis des fripons et des dilapidateurs : le maréchal Macdonald [1], M. de Villemanzy [2], M. Daru, M. de Vaublanc, M. de la Bouillerie, l'amiral Halgan. Les prévenus ont été traduits à la Cour royale : la Cour royale, voyant des pairs compromis, a renvoyé à la Chambre des pairs, selon l'article 34 de la Charte.

La chose est jugée ; des prévenus sont absous, et rien ne les empêche de mener.... leur fiacre. — Cependant, des faits sont des faits. Les faits avérés appartiennent à l'histoire ; et, comme je ne suis pas le barbier du roi Midas, je ne confierai pas aux roseaux de la Phrygie ce qui est à ma connaissance. Mais l'ignorance des faits positifs, la prévention, la haine des personnes, les réticences, ont rendu mystérieuse cette déplorable affaire, dite des marchés Ouvrard.

On voulait trahir, on voulait voler. Je me suis dit : Mais si l'on voulait faire sur la Bidassoa ce qu'on avait fait à l'île de Léon, à quoi servaient ces plans de volerie ? Il n'y avait pas de guerre, et on fraternisait avec les révolutionnaires d'Espagne. Sans doute, mais la conspiration était éventuelle, subordonnée aux probabilités, et on avait ainsi deux cordes à son arc et deux mines à exploiter. Si la conspiration militaire réussissait, la monarchie était renversée, et les Riego français pêchaient en eau trouble et n'avaient qu'à se baisser pour en prendre, étant devenus maîtres de tout ; mais tels et tels, véhémentement soupçonnés de dilapidations, ne pouvaient pas être conspirateurs. Non, mais ils n'étaient pas dans le secret ; ce n'étaient que des niais, à qui on n'avait parlé que

1. Jacques-Étienne-Joseph-Alexandre Macdonald, duc de Tarente, maréchal de France, pair le 4 juin 1814 ; né en 1765, mort en 1840.
2. Jacques-Pierre Orillard, comte de Villemanzy, pair de France le 4 juin 1814 ; né en 1751, mort en 1830.

d'argent. J'ai développé toute la trame de la conspiration militaire dans les premiers chapitres de ces essais, je n'y reviens que pour rappeler que j'ai prouvé que M. le maréchal, en rajeunissant l'armée par les soldats, en y mettant une grande majorité d'officiers fidèles, en faisant arrêter l'aide de camp, le commensal *carbonaro* du chef d'état-major, avait déjoué un plan qui n'était qu'un projet, et, par son arrivée à l'armée, avait sauvé la monarchie et servi le prince lui-même, qui est à cent lieues de se douter de ce qu'il doit au maréchal en gloire, en succès, en salut. Nous parlerons donc du double système organisé pour trahir et pour bien voler ; et l'indiscrétion des dilapidateurs est une preuve aussi scandaleuse qu'incontestable. Ce sera cependant sous la forme dubitative que je présenterai les questions que j'ai résolues depuis bien longtemps contre les coupables innocentés solennellement.

Est-il vrai que le comité directeur de Paris existe ?

Est-il vrai que les complices de Berton, les Nantil, les Fabvier, associés des ventes carbonaristes, aient été vus sur la Bidassoa le drapeau tricolore en tête ?

Est-il vrai que le nommé Lostende, aide de camp, commensal de Guilleminot, fût un habitué, un affilié de ces réunions appelées ventes ?

Est-il vrai que le ministre de la guerre ait, sur la demande du prince, indiqué Guilleminot comme un chef d'état-major d'une capacité reconnue, mais d'une fidélité douteuse ?

Est-il vrai que tous les antécédents, les relations, les opinions du général Guilleminot confirmaient ce jugement ?

Est-il vrai qu'avant son départ, l'intime commensal de Guilleminot, le sieur Lostende, ait dit devant le capitaine Ar...., mon ami, qui le rencontra en maison tierce, qu'il marchait à son grand regret et déplaisir contre des hommes qui défendaient la plus belle cause, les descamisados ?

Est-il vrai que la diligence arrêtée au mois de mars 1823, avec le général Piat [1] et autres officiers amis de Berton et de Fabvier qui allaient à Bordeaux sous de faux noms, n'allait dans le Midi que pour donner le signal à tous les frères et amis de faire coïncider leur soulèvement avec les correspondants de Mina et de Fabvier qui devaient faire l'appel à la révolte sur toute la ligne de Perpignan à Bayonne ?

Est-il vrai que ce général Piat était un officier sans nom, devenu général sous Bonaparte, habitué des ventes et chargé de la propagande dans les casernes, où il parlait aux soldats de leurs vieilles guerres, de leurs campagnes communes, c'était la précaution oratoire, fréquentant surtout la caserne de la gendarmerie de Saint-Martin, où il ne paraît pas qu'il eût trouvé jour à aborder la question ?

Est-il vrai que la caisse mise sur la diligence, à l'adresse de M. de Lostende, au quartier général, contenait des aigles, des boutons à l'aigle, des cocardes tricolores et autres insignes révolutionnaires ? que d'autres envois du même genre étaient arrivés à leur destination, car dans cette dernière caisse il n'y avait de caractéristique qu'un aigle, des épaulettes même sans étoiles et beaucoup d'aunes de ruban ?

Est-il vrai que, lorsque, sur cette masse d'indices, le ministre, averti, envoya M. de Lusignan, son aide de camp, arrêter à Bayonne M. de Lostende, aide de camp de Guilleminot, est-il vrai, dis-je, que Guilleminot, voyant

1. Jean-Pierre, baron Piat, général de brigade en 1813, mis en disponibilité à la Restauration et en retraite en 1824; né en 1774, mort en 1862 sénateur du second empire.

arriver chez lui Lusignan à une heure du matin, soit
devenu blanc comme sa chemise ? Est-il vrai, enfin,
qu'aussitôt que l'aide de camp de M. le maréchal eut
expliqué qu'il arrivait à pareille heure pour ne pas
donner l'éveil, et qu'il venait par ordre arrêter et em-
mener à Paris le sieur Lostende par tels et tels motifs,
est-il vrai qu'aussitôt Guilleminot ait sauté en bas de son
lit et ait embrassé Lusignan les larmes aux yeux et l'appelant son cher enfant ? Ce que je sais, c'est que je tiens
le fait de M. de Lusignan lui-même.

Est-il vrai que le marché Ouvrard ne fut pas d'urgence,
ainsi que le prouve et le soutient la commission d'enquête ?

Est-il vrai que M. Sicard fut nommé intendant général
de l'armée d'expédition uniquement parce que Bordesoulle,
l'ami intime du maréchal et de la maréchale, persuada au
duc de Bellune qu'il ferait une chose fort agréable à M. le
duc d'Angoulême s'il lui proposait M. Sicard pour intendant général ? Est-il vrai qu'ensuite, profitant de sa
position auprès du prince, il a été lui persuader qu'il
ferait une chose fort agréable à M. le maréchal s'il voulait
bien accepter M. Sicard pour intendant général ? De sorte
que le ministre et le prince, qui ne se souciaient ni l'un
ni l'autre de M. Sicard, ont cru se faire plaisir réciproquement.

Est-il vrai que l'intendant militaire Joinville [1] a déclaré
et avoué à M. le maréchal, devant Perceval et devant
Martineau-Deschênes [2] présents, *qu'on* lui avait offert
cent mille écus pour être intendant général ; que, par

<hr>

1. Le baron de Joinville, intendant militaire en chef le 15 décembre
1814, président du comité consultatif pour l'administration de la guerre.
2. Martineau des Chesnez, directeur de la comptabilité générale au
ministère de la guerre.

réflexion, on convint qu'il aurait les cent mille écus,
mais qu'il valait mieux, pour le succès du plan de dilapidation, que l'intendance générale fût donnée à Sicard,
homme faible, qu'on effraierait et manierait facilement,
et que lui, Joinville, serait appelé ensuite pour donner
plus de consistance aux actes consentis par l'homme de
paille ?

Est-il vrai que, dans une aussi importante déclaration,
le rapporteur de la Chambre des pairs, M. Portalis [1],
n'ait fait nul compte ni mention de la présence des deux
témoins Perceval et Martineau, et qu'il se soit contenté
dans son rapport d'établir que M. le maréchal avait re-
proché à Joinville de lui avoir fait tel aveu et que l'intendant militaire Joinville avait nié le fait, sans avoir
jugé à propos d'appeler, d'entendre deux témoignages
aussi accablants ?

Est-il vrai que c'est le général Bordesoulle qui, dans la
perplexité factice où le prince se trouvait par le prétendu
défaut d'approvisionnements, a présenté M. Ouvrard
comme l'homme unique, l'homme à ressources ?

Est-il vrai que, six semaines avant la campagne, le
patron et l'introducteur de M. Ouvrard, le général Bordesoulle, priait ses amis de lui trouver une terre, déclarant
qu'en faisant appel à toutes ses ressources, il ne pouvait
pas mettre plus de deux cent cinquante mille francs? Oui, la
chose est vraie ; mais voici le curieux : « A qui Bordesoulle
« a-t-il dit cela? demandait-on. — C'est à M. d'Andigné [2]. »
M. d'Andigné, interpellé, dit : « C'est à M. de Bruges [3]. »

---

1. Joseph-Marie, comte Portalis, conseiller à la Cour de cassation, pair
de France le 5 mars 1819; né en 1778, mort en 1858.

2. Sans doute Louis-Marie-Auguste-Fortuné, comte d'Andigné, maréchal de camp, pair de France le 17 août 1815; né en 1765, mort en 1857.

3. Le comte de Bruges, lieutenant général, aide de camp de Monsieur,
comte d'Artois, puis du roi Charles X.

M. de Bruges leur aurait dit : « Eh ! mes amis, je ne
« bouge plus de mon fauteuil à bras ; je ne ne pense plus
« qu'à finir de vivre ; ne me donnez pas le tourment de
« paraître dans ces débats-là comme témoin. Je ne me
« souviens plus, à l'occasion de cette terre à acheter, s'il
« m'a dit : C'est tout ce que je peux ; je crois qu'il m'a dit :
« C'est tout ce que je veux y mettre que quarante mille
« écus. » Je *peux* ou je *veux* ne rappellent-ils pas merveilleusement l'obligeante ponctuation faite au profit de
ce juge de Charles Ier sur son vote écrit :

> Si alii consentiunt, ego non dissentio.

Voilà le Roi condamné !

> Si alii consentiunt, ego non. Dissentio.

Voilà le Roi absous !

Est-il vrai qu'au retour de cette courte campagne d'Espagne, où lui et ses associés faisaient jouer à la baisse à
Paris par leurs gens d'affaires pendant le siège de Cadix,
est-il vrai, dis-je, que ce général ait sur-le-champ fait
l'acquisition d'une propriété de la valeur de....?

Est-il vrai que le général Guilleminot, major général
de l'armée, en ait fait autant ?

Est-il vrai que M. Filleul-Baugé, le sous-chef de l'entreprise Ouvrard, adjudant du château de Fontainebleau,
avant d'être promu à la dignité de munitionnaire, était en
compte courant avec l'entrepreneur des pots de chambre
de Paris à Fontainebleau et de Fontainebleau à Paris pour
le transport de sa femme, de ses filles et de lui, et en arrière de 400 francs, ce qui ne suppose pas une grande
opulence ? Est-il vrai qu'au retour de la campagne il soit
arrivé à Fontainebleau en berline, en poste, courriers
en avant ; qu'il ait acheté incontinent une terre, près de

Nemours, de la valeur dé....; qu'il ait marié de suite une
de ses filles avec une dot de...., en déclarant qu'il donnerait pareille somme comptant à chacune des autres?

Est-il vrai que le général Guilleminot ait été fait pair
de France et ambassadeur à Constantinople?

Est-il vrai que le général Bordesoulle ait été fait pair de
France?

Est-il vrai que, la Chambre des pairs ayant innocenté
mais non pas lavé du soupçon ces hommes évidemment
prévenus d'avoir été traîtres, faibles, intrigants et fripons, M. le général Guilleminot est encore ambassadeur?
M. le général Bourdesoulle est encore gentilhomme d'honneur de Monsieur le Dauphin, et enfin M. Filleul-Baugé
encore adjudant de Fontainebleau?

Cependant, par un déplorable contraste, M. le duc de
Bellune, qui a les mêmes ennemis qu'a eus M. le duc de
Feltre et pour la même conduite, M. le duc de Bellune a
dû offrir et a offert sa démission de major général de la
garde. Notre bon Roi l'a refusée, dit-on; il a, dit-on, déclaré qu'il ferait connaître toutes ces vérités au prince
son fils, aussi cruellement abusé.... *Amen :* je le croirai
quand je le verrai.

L'esprit de dilapidation dont la campagne d'Espagne a
donné un si bel exemple a préoccupé tous ceux qui ont
touché à ce vil métal qui fait donc les malheurs et les
crimes du monde. Le prince généralissime n'est pas le
seul qu'on ait fait dupe. Le public compte quelques malins et un bon nombre de niais.

Je reviens à parler du comité grec et des Grecs, dont
la parade philanthropique et la spéculation financière tire
à sa fin. Ces misérables, qu'on s'obstine révolutionnairement à appeler un peuple, commencent à déniaiser et à
désenchanter leurs plus robustes admirateurs, dont beau-

coup n'étaient certes pas des hommes de peu de foi. Le
produit des quêtes européennes a eu le même succès et
a été dans les mêmes poches que celles du Texas. Les
quêteuses des Grecs portaient les mêmes noms que celles
du Champ d'asile. Il fallait donc le vouloir pour se mé-
prendre sur l'intention et le but de ces appels à la crédulité publique. En Angleterre, il est prouvé que le fonds
des souscriptions, au lieu d'aller en Grèce, a servi à payer
les folles dépenses de leurs agents d'affaires à Londres,
et le général Lallemand [1], aux États-Unis, a douze mille
louis par an de traitement. Ce qui arrive en Grèce en
espèces est volé par les chefs éphémères qui se disputent
et s'enlèvent tour à tour le gouvernement à Napoli de
Romanie et ne s'étend pas plus loin que ses portes. Bientôt on ne saura plus ni les noms ni le nombre de ces gouvernants qui ne gouvernent rien. Leur envoie-t-on du fer,
des boulets, des canons? ils brisent les affûts pour faire
leur feu, abandonnent les pièces dans le sable, et vous
disent insolemment : « C'est de l'argent qu'il nous faut. »

Voici l'extrait d'une lettre écrite par un officier supé-
rieur français, que son enthousiasme pour la cause des
Grecs avait entraîné dans leur pays, et qui, pendant plus
d'un an, a plus d'une fois exposé sa vie pour cette cause :

On dit que les Grecs sont chrétiens; quant à moi, je demande où sont parmi eux les honnêtes gens. La discorde est
leur état habituel. L'argent, s'approprier l'argent aussitôt
qu'il en paraît dans le pays, ils n'ont pas d'autre passion :
leurs querelles n'ont pas un autre sujet. Achille ne boude plus
Agamemnon pour une esclave, mais pour une bourse d'argent.... On assure que l'Angleterre a proposé aux chefs du
gouvernement de reconnaître Maurocordato comme hospodar

1. Frédéric-Antoine, baron Lallemand, lieutenant général; né en 1774,
mort en 1839.

de la Morée.... L'Eubée 'devait échoir en partage à Fabvier;
mais il ne se contente pas d'un si modeste apanage : il se
donne pour le fils naturel de Bonaparte; il lui faut le titre
d'empereur ou celui de dictateur au pis aller. En attendant,
les carbonari de tous les pays se rangent sous son drapeau
et ne connaissent pas d'autre chef. Devinez la piété de ces
chrétiens et les pratiques religieuses auxquelles ils se livrent;
mais je défie votre imagination de se représenter toute leur
rage contre les Bourbons et les imprécations sanguinaires
dont cet auguste nom est l'objet parmi eux [1].

Il est de notoriété publique que l'Europe entière, les
Anglais, les Français, les Autrichiens ne sont occupés
aujourd'hui qu'à protéger leur marine marchande avec
leurs vaisseaux de guerre contre ces Grecs qui, à quelques Souliotes près qui rougiraient d'être Grecs et sont
ces invincibles montagnards de l'Albanie, fils des soldats
de Scanderbeg, contre ces Grecs, dis-je, qui, pirates, forbans, corsaires sans lettres de marque, attendent sur la
pointe d'un rocher l'apparition à l'horizon d'un vaisseau
marchand isolé, montent sur un mistic, s'emparent du
butin, et massacrent souvent les passagers et les matelots
pour ne pas laisser de traces et de témoins de leurs
crimes.

Ainsi, dans le drame déplorable appelé la cause hellé-
nique, se trouvent, dans un mouvement perpétuel, les
Grecs des îles, les Grecs de la terre ferme, qui n'ont ni les
mêmes mœurs, ni le même caractère, ni les mêmes intentions. La Grèce sert de théâtre à des aventuriers, des
intrigants, des fripons de toute nature, indigènes ou
étrangers. Au milieu apparaissent quelques caractères
primitifs, quelques vertus sans influence et sans puis-

1. *Gazette de France*, 15 juin 1826.

sance pour donner une impulsion qui domine. Beaucoup commandent, tous se jalousent, se haïssent et se trompent; personne n'obéit qu'à sa volonté.

Le gouvernement civil, organisé de nom, eut quelque temps à sa tête un Grec du Fanar nommé Maurocordato, de la race des hospodars de Valachie; cet homme, fourbe et sans patriotisme, sourit au parti anglais, au carbonarisme, non pas par opinion, mais par calcul. Ami de Fabvier et de Porro, il n'est ou a l'air de n'être pour rien dans le gouvernement; il a quitté Napoli et attend à Hydra les événements et leurs chances.

Conduriotti, Grec hydriote, était le président du gouvernement quand Maurocordato était secrétaire général et ministre des relations étrangères; il est également retiré à Hydra.

Zaïmi, chef actuel du gouvernement grec, est l'ami de Maurocordato et de Conduriotti, souriant comme eux à Fabvier et aux Anglais.

Ipsilanti est chef militaire. Grec du Fanar aussi et de race d'hospodar comme Maurocordato, il serait Grec s'il y avait autre chose qu'une Grèce, montagnes, rivières, débris d'antiquités; aussi est-il ennemi de Maurocordato. Mais Ipsilanti est sans autorité sur les autres chefs et sans influence dans le gouvernement tel qu'il est.

Colocotroni est un vieux Grec de la Morée, ancien boucher, ennemi de Maurocordato et disposé à être Grec s'il y avait un esprit public; il se bat, et, par précaution, ce soldat de fortune a fait passer sept millions à Zante et à Cerigo.

Le seul, à ce qu'il paraît, qui n'y apporte pas de vues intéressées et n'ait pas d'arrière-pensées, c'est Canaris, un des chefs de la marine grecque; ennemi implacable des Turcs, il se bat pour son pays, est connu pour son désin-

téressement, dédaigne les dépouilles et gémit de la piraterie qui déshonore la cause qu'il sert. Il paraît que
Canaris et Nikita sont deux chefs aussi braves qu'estimables.

Au milieu de cet assemblage d'hommes figurent les artisans de discordes, de complots et d'intrigues, que l'espoir de faire fortune a appelés dans ce malheureux pays.
Tous les chevaliers de l'industrie diplomatique spéculent
domiciliés en Grèce. Pozzo di Borgo [1], Capo d'Istria,
M. Lynard, le duc Dalberg, Saint-Aulaire, Decazes, Piscatory [2], selon les étages qu'ils habitent, travaillent pour
faire roi de Grèce le fils du roi de Suède. Cela permettrait
de mettre au jour une convention tacite entre la Russie et
la Suède : une renonciation formelle de la famille de Gus-
taffson tranquilliserait Bernadotte et sa dynastie.

A côté, Sébastiani, Lameth, le général Roche, les Vita-
lis, voire même M. Eugène d'Harcourt, veulent asseoir
sur le trône grec le duc de Nemours. Dieu aidant, le
trône de Naples pourrait advenir à un d'Orléans de ses
frères ; l'Espagne ne saurait fuir à un troisième.... Le père
et son aîné en expectative roi et dauphin de France!!!

Au milieu de tous ces intrigants, Fabvier cherche à
mettre dans la balance le sabre de Brennus, que celui
qu'il appelle si gaiement l'Empereur son père lui a légué
apparemment. Il a une oreille pour Ibrahim, par l'intermédiaire de M. de Rigny ; une pour le pacha d'Égypte,
par l'entremise de M. de Livron ; une pour la Porte otto-
mane, par Guilleminot, Lostende, ses amis et féaux ; il
est écouté et écoutant, recrute des carbonari européens
et prétend à tout pour attraper au moins quelque chose ;

---

1. Charles-André, comte Pozzo di Borgo, né en 1764, mort en 1842.
2. Théobald-Émile Arcambal Piscatory, député et pair de France sous
le gouvernement de Juillet ; né en 1800, mort en 1870.

il y a un parti de traverse qui chuchote pour l'ordre de
Malte ; et, pour que rien ne manque à cette combinaison
bouffonne, on soutient que c'est lord Cochrane qui vient
agir dans ce sens-là.

Les fameux sont tous repris de la justice royale euro-
péenne. C'est un comte Porro, un des chefs des carbonari
d'Italie, pendu à Milan en effigie, factotum de Fabvier,
recruteur et directeur des volontaires carbonari échappés
de tous les pays de l'Europe.

Vient naturellement après lui le Fabvier du 19 août, de
la conspiration de La Rochelle et de toutes celles faites et
à faire contre les Bourbons, le Fabvier du maréchal Marmont [1], de M. Decazes, le Fabvier de Lyon, le digne acolyte de M. Salmon dit Senneville : je suis étonné qu'il n'ait
pas cet enfant de l'Isère pour son payeur général. M. Fabvier est le général des troupes régulières qui font un
corps de 1,500 hommes qu'on appelle une armée : ce ra-
massis tricolore est, comme son chef, en observation à
son profit éventuel politique ou pécuniaire. Il est curieux
de savoir qu'en attendant que l'écheveau se démêlât, le
général Fabvier voulut se nantir d'un point d'observation,
d'une place de retraite, et débarqua dans l'Eubée pour
s'emparer de Caristo. Au lieu de surprendre les Turcs, il
fut surpris, mis en déroute, et acculé au bord de la mer.
Sans vivres et réduit à n'exister que de tortues et de ci-
trons, il allait, sous quarante-huit heures, se rendre à
discrétion, lui et ses pareils. Sans doute, Omer Vrione
allait envoyer à Constantinople, dans le même sac, les
têtes de Fabvier et d'une quarantaine de Français de sa
trempe et de son école, contumaces échappés à la justice

---

1. Auguste-Frédéric-Louis Viesse de Marmont, duc de Raguse, maréchal
de France, pair de France le 4 juin 1814 ; né en 1774, mort en 1852.

dans la mère patrie; il en est arrivé tout autrement : l'é-
trange successeur du brave et fidèle amiral Halgan, le
contre-amiral de Rigny, neveu de l'abbé Louis [1], commandant des forces navales dans le Levant, a forcé le corsaire
grec Vasso, qui ne courait que sur les Turcs, à réunir
toutes les embarcations disponibles pour aller délivrer
Fabvier et son élite de bandits révolutionnaires. Fabvier
et ses hommes, échappés à leur sort, sont devenus des
marins forbans, et, à l'aide des mistics qui leur avaient
servi de refuge, ils ont fait, pendant plusieurs semaines,
la piraterie pour se refaire des avaries et mécomptes de
l'expédition d'Eubée. Il est vrai que, pendant ce temps,
Fabvier n'avait pas été inquiéter Ibrahim sur ses derrières,
pendant le siège de Missolonghy, ainsi qu'il en avait reçu
l'ordre du gouvernement grec; il est vrai que, pour achever de dérouter l'observateur éloigné de toutes ces intrigues armées, de toutes ces combinaisons formées par
l'intérêt du moment, il est vrai de dire, comme il est
curieux de remarquer, que, dans ce même temps, les Maï-
notes, les Grecs des montagnes, vendirent le passage sûr
et libre de leurs défilés tant de milliers de piastres, pour
tant de semaines, à Ibrahim, qui voulait revenir par le
chemin le plus court de Missolonghy à Tripolytza sur
Napoli.

Je suppose que M. Eugène d'Harcourt, le plénipoten-
tiaire du Comité grec de Paris, voyait un méprisable parjure, un coupable ennemi des Bourbons en 1823, dans le
contumace Fabvier, le frère d'armes des Berton et autres
carbonari de France. C'est dans le camp de Fabvier, de
cet étrange défenseur de la croix, changé de nature appa-

---

1. Joseph-Dominique, abbé-baron Louis, député, ministre des finances
jusqu'au 19 novembre 1819; né en 1755, mort en 1837.

remment pour avoir changé d'air, que le philanthrope niais, dit Eugène d'Harcourt, est allé chercher un refuge contre l'hospitalité grecque dès qu'il est entré dans les eaux de Napoli de Romanie. « Dans une pareille société, si vous vous heurtez contre les Turcs, Dieu vous garde du pal, monsieur Eugène! Vous êtes un niais; croyez-moi, faites-vous passer pour un fou : les musulmans les respectent. »

Étonnez-vous donc que les ministres du Roi, qui ne sont ni des fous ni des niais, aient vu de bonne heure ce qu'on veut bien appeler les Grecs des mêmes yeux que tous les gens de bon sens qui, de près ou de loin, ont eu le moindre rapport avec eux. Mal attaqués, mal défendus certes depuis trop longtemps, leur lutte avec les musulmans donne le change à cette niaiscrie presque universellement à la mode en Europe aujourd'hui. Sans doute, la voix de l'humanité conseille, commande de sauver de l'extermination la population de cette malheureuse contrée où se trouve exposée au massacre, à l'esclavage, une multitude désarmée de vieillards, de femmes et d'enfants ; mais il y a loin de cette intervention miséricordieuse, tardive dans mon opinion et dans mes vœux, il y a loin de ce sentiment juste et religieux à déclarer le roi de France et ses ministres coupables de n'avoir pas pris fait et cause dans une querelle aussi suspecte. Si le gouvernement avait, je le suppose, pris les armes pour les Grecs, les mêmes hommes qui l'incriminent pour ne l'avoir pas fait auraient dit en vociférant contre lui : « Un Turc est un « homme comme un autre; ce sont les bigots, les jésuites, « qui protègent des hommes parce qu'ils s'appellent chré- « tiens. Est-ce ainsi que le gouvernement protège les in- « térêts du commerce, qu'il respecte le droit des gens ? il « se met en hostilité en pleine paix avec la Porte otto-

« mane auprès de laquelle il a un ambassadeur, dans un
« pays où nous avons des consuls, des commerçants.... »
Enfin, dans leur ardeur de blâme contre le ministère, je
n'aurais pas été surpris d'entendre les journaux libéraux,
ou leurs protecteurs à la tribune, s'écrier pour dernier
reproche : « Au lieu d'envoyer notre argent en Grèce,
« pourquoi le ministère, qui est royaliste, ne secourt-il pas
« plus libéralement les Vendéens ? » Il a échappé à ces
Messieurs des inconséquences plus saugrenues.

Mais la palme à cet égard appartient aux journalistes
de l'opposition royaliste hostile : ils vont m'en fournir
quelques exemples.... On les croira datés de Charenton.
Il est de fait que, depuis trois ans, la commère Michaud
perd la tête. Sa *Quotidienne* est et a toujours été très
ennuyeuse : « Ce n'est pas parce qu'elle est de mon frère
« (dit Michaud, l'imprimeur [1]), mais il m'est impossible de
« la lire. » Mais la question, c'est que ce pauvre Michaud
est vraiment atteint de la monomanie qui subjuguait
J.-J. Rousseau. L'un croyait, dès qu'un invalide le regardait, que c'était un homme aposté par l'armée d'ennemis
qu'il voyait sans cesse : ainsi le pauvre Michaud est convaincu depuis trois ans qu'il est épié, suivi jour et nuit,
et partout, tellement qu'il se croit obligé d'avoir dans ses
promenades un gros bâton qu'il appelle son chasse-mou-
ches ; sans cela il en serait assailli, tandis qu'armé il les
voit toujours, mais.... de loin !!!

« Les ministres nous écoutaient, dit la *Quotidienne*,
« avant qu'ils fussent parvenus au pouvoir : depuis qu'ils
« y sont arrivés, ils ont cessé de nous entendre. » (Traduction.) « Moi, l'opinion royaliste, j'écoutais les mi-

---

1. Louis-Gabriel Michaud, imprimeur du Roi, puis libraire à partir de
1817, éditeur de la *Biographie universelle*; né en 1772, mort en 1858.

« nistres avant qu'ils fussent parvenus au pouvoir : je les
« ai même écoutés un moment après qu'ils y furent par-
« venus ; mais je ne les écoute plus, par la raison que je
« trouve qu'ils sont en place depuis trop longtemps, et que
« la magie du gouvernement monarchique constitution-
« nel, c'est : chacun à son tour.

« Comment, dit la *Quotidienne* à ses niais, comment
« tout ce que nous demandions dans l'intérêt de la mo-
« narchie leur paraissait-il juste et nécessaire? et comment
« tout ce que nous demandons aujourd'hui leur paraît-il
« insensé ou inutile ? »

Parce que, leur répond le bon sens, vous avez obtenu
ce que vous demandiez, et que ce que vous demandez aujourd'hui détruirait ce que vous avez obtenu. Vous demandiez que la religion, la morale, qui n'est sans la religion qu'un système arbitraire, fussent environnées d'un
rempart que l'audace et le cynisme ne pussent franchir
impunément, et vous avez divinisé la licence de la presse,
et vous avez fait alliance avec les impies, et vous avez
donné l'exemple du mépris de l'autorité.

Vous demandiez une réparation solennelle de toutes les
iniquités révolutionnaires. Et quand la loi d'indemnité a
été proposée, il n'est sorte d'entraves que vous n'ayez ima-
ginées pour la rendre inexécutable dans la pratique ; et
vous avez attaqué ouvertement, miné sourdement, livré à
la dérision et au discrédit le fonds qui servait de base et
de garantie à l'indemnité. Enfin, expliquez-vous ; ce que
le ministère a fait, est-ce trop, est-ce trop peu ? qu'atten-
dez-vous de lui ? Qu'il prête au sacerdoce tout l'appui de
la puissance publique ? demandez aux libéraux vos alliés
s'il ne l'a pas fait. Qu'il aide l'État à payer la plus sacrée
de ses dettes ? mais il ne le peut sans le crédit, et le
crédit est le point de mire de toutes vos attaques. Comme

si votre ultimatum était un sécret, comme si chacun ne le traduisait pas par ce proverbe banal, emprunté de la Révolution : « Ote-toi de là que je m'y mette. » C'est par ces tristes motifs que, sous l'habit du matin de la commère Michaud, la France royaliste s'agite violemment, et contre qui ? contre ceux qui furent ses chefs, contre ceux qui n'ont pas cessé d'être ses interprètes, mais *qu'une volonté toute-puissante*, il faut bien le dire, retient encore dans les pénibles fonctions de modérateurs et de guides.

L'*Aristarque* le prend sur un bien autre ton. Ce fondé de pouvoirs d'une demi-douzaine de malcontents disait le 24 septembre 1825 :

Le ministère actuel est sorti des rangs du parti royaliste ; il se compose sans doute de tout ce qu'il y avait de plus faible et de plus médiocre en tous points dans ce parti ; mais n'importe, il est nominalement royaliste. Son chef a constamment siégé parmi les royalistes : ceux-ci l'ont porté, poussé aux affaires ; M. de Villèle est leur ouvrage. Ils peuvent bien aujourd'hui en éprouver quelque honte, mais ils ne peuvent pas le nier, parce que c'est un fait incontestable. Ce ministère, depuis qu'il est placé sous la direction exclusive de M. de Villèle, a fait des fautes, il en a fait d'énormes, en grand nombre, et il n'a pas fait autre chose que des fautes. Il est démontré que de tous ceux qui se sont succédé depuis la Restauration, il est le plus incapable.

Les voies ainsi préparées, voici ce que le même fidèle organe de la vérité disait le 19 janvier 1826 :

Un ministère fidèle et déconsidéré tombe : MM. de Villèle, Corbière, Peyronnet, le duc de Bellune, le vicomte de Montmorency lui succèdent ; la France applaudit : c'est le premier ministère royaliste que la seconde Restauration ait donné à la France. Ainsi commença la fortune du ministère ; *on sait quel usage ils ont fait du pouvoir : on sait tout ce qu'ils ont fait contre la France, on ne connaît rien qu'ils aient fait pour elle ! ! !*

Mais voici le plus curieux :

Par quelle fatalité ces hommes sont-ils donc parvenus au pouvoir ? par quels titres de recommandation ? quels services éclatants avaient-ils rendus à la chose publique ? quels talents supérieurs avaient-ils déployés ? quels traits de courage et de dévouement avaient attiré sur eux les regards de la nation ? quels antécédents parlaient pour eux ? que faisaient-ils aux époques de nos désastres révolutionnaires ? où étaient-ils quand, au péril de nos têtes, nous défendions la cause du trône ; quand, pour le soutenir, nous avions quitté parents, amis, patrie, fortune, tout ce que la nature et la société ont de plus précieux et de plus cher ? Où étaient-ils quand nous bravions les échafauds, que nous gémissions dans l'horreur des prisons, que nous traînions notre vie dans les proscriptions ; quand, par nos courageux écrits, nous combattions les factions liguées contre l'autorité légitime ?

Ici le bout d'oreille de l'âne passe sous la peau du lion dont il ne craint pas de se revêtir. M. de Lalot s'est amusé ici à se peindre en hercule français ; il se fait modestement une auréole des actes glorieux auxquels il n'a pris aucune part. Ce paon resterait, avec sa huppe, exposé sans queue à la risée publique, si mes collègues de 1815 et moi nous arrachions à son plumage qu'il nous dérobe ce qui nous appartient en propre. A l'armée de Condé, à la Vendée, M. de Lalot, qui le prend si haut, était-il, même comme Sosie, avec les bagages ? Sur quels échafauds est-il monté avec nos parents et nos amis ? Dans quels cachots a-t-il été jeté avec eux ? A-t-il subi mandats d'arrêt, surveillance, comme le moindre de nous qui est très loin de se croire le droit de se vanter comme lui ? Ouvrons donc sa biographie, et nous y verrons qu'il fut

condamné à mort par contumace, au 13 vendémiaire, pour
une fort belle et courageuse conduite : qu'a-t-il fait de
plus qu'un soldat de Charette ou du prince de Condé ? De
là jusqu'en 1814, je vois qu'il a coopéré longtemps au
Journal des Débats, et publié un ouvrage intitulé : *De la
Constitution et des lois fondamentales de la monarchie
française*, « ouvrage recommandé dans les journaux
comme remarquable par le style et l'étendue des recherches [1]. »

Ce peu de marques de gloire lui donne-t-il donc le droit
de s'écrier : « Non, les hommes ne manquent point en
« France, comme se plaît à le dire la livrée folliculaire
« des ministres. Frappez la terre, et il en sortira mille
« financiers plus habiles que M. de Villèle, mille admi-
« nistrateurs plus éveillés que M. de Corbière, mille
« politiques, mille hommes d'État plus éclairés que ceux
« qui tiennent le timon des affaires. » Sur les mille,
nous ne compterons pas M. de Lalot ; tout ce qui a été dit
plus haut, par lui-même ou par son biographe, ne prouve
sa spécialité qu'en dissertations et en harangues. Et, dans
la session de 1826, les hommes d'État La Bourdonnaye,
Hyde et Agier nous ont donné la mesure de leur bonne
foi et de leurs talents ; il faut que la monarchie se recrute
en ministres ailleurs : sur le millier de M. de Lalot, voilà
une soustraction de quatre que nous sommes obligés de
faire.

La *Quotidienne* du 3o décembre 1825 fait des aveux tout
à fait dépouillés d'artifice : « Le ministère a perdu la con-
« fiance, la foi de son parti ... ; il est uniquement occupé
« de son ambition personnelle et *ne satisfait aucune des
« ambitions raisonnables et légitimes*. »

---

1. *Biographie des hommes vivants.*

A la bonne heure, ma commère! il n'y a pas là d'amphi-
bologie ; cela s'appelle parler !

Mais, pour mettre sur le front de ces prétendus types
de l'opinion royaliste, écrivains publics, le sceau de l'inconséquence, de la mauvaise foi et de l'impudence, je
veux finir par les citations louangeuses du *Journal des
Débats* envers le ministère, depuis le 16 décembre 1821
jusqu'au 6 juin 1824, époque de l'expulsion du ministère
de son patron, M. de Chateaubriand.

Nous avons entendu dire comme tout le monde que le ministère, au point du départ, aurait pu suivre une autre route,
aurait pu présenter des lois autrement modifiées, aurait pu
réparer un plus grand nombre d'injustices; mais n'a-t-il pas
rencontré de ces sortes d'obstacles que l'on n'aperçoit bien
que lorsqu'on est placé au pouvoir (18 janvier 1822)?

La seule chose que nous sachions avec certitude, c'est qu'il
ne nous est plus permis de garder la neutralité; le ministère
actuel sera constitutionnel sans embrasser les erreurs révolutionnaires, et monarchique sans tomber dans le despotisme
royal. (*Idem.*)

Ce ministère a de plus l'immense avantage de remplir les
conditions du gouvernement représentatif : il est sorti de la
majorité de la Chambre des députés, et il appartient à l'une
des deux grandes opinions qui divisent la France. (*Idem.*)

Que l'on se rappelle l'état de la France à l'époque de la
Restauration : que fallait-il pour la faire respecter? En confier
la défense et la garde aux amis éprouvés du prince et de son
auguste ouvrage. Des lois faites et exécutées par des députés,
par des ministres, par des magistrats franchement royalistes,
franchement constitutionnels, voilà pour la France le seul
port de salut qui lui soit ouvert, et nous pouvons le dire
parce que nous avons pour nous l'autorité des faits et qu'à
des faits il n'y a rien à répondre — (Pardon, excuse, M. Royer-
Collard répond à cela : « Monsieur, je ne connais rien de si
méprisable qu'un fait. » Jusqu'à présent, on disait : « Il n'y a

rien de si entêté qu'un fait. » Mais l'honorable M. Royer-Collard a aussi imaginé des proverbes avec variations), — nous
tenons enfin, et pour la première fois depuis le retour du Roi,
ce système d'administration que nous avons appelé par nos
vœux et qui semblait échapper à notre espérance (5 octobre
1822).

Le *Journal des Débats* ne craint pas d'aborder la question de l'influence du gouvernement dans les élections, et
dit avec autant de justesse que de raison :

On a eu la bonhomie de faire un crime au ministère de
l'influence qu'il a exercée dans les élections, mais cette influence a été franche, ouverte, directe; le ministère l'avoue et
s'en glorifie. Il n'a point la pusillanimité de méconnaître son
ouvrage; il déclare qu'il suivra constamment le même plan,
qu'il ne regardera comme dignes de la confiance du gouvernement que ceux qui se réuniront à lui dans une communauté
de suffrages et d'action. Puisque la candidature est publique,
le gouvernement exige des hommes qu'il salarie et qu'il em-
ploie l'engagement de se réunir sur les candidats royalistes.
Ce n'est pas là, ce nous semble, un signe de faiblesse ou de
timidité : c'est la vigilance des premiers dépositaires du pouvoir, qui écartent l'ennemi, et qui appellent le concours des
sincères amis de la charte et du Roi (5 octobre 1822).

Courage, monsieur Bertin de Vaux ! tout cela est bien,
et cela est bien parce que cela est vrai. Mais l'apologiste
va de plus fort en plus fort.

Au nombre des améliorations successives qu'a reçues l'administration générale, n'oublions pas cette ordonnance qui,
en simplifiant la marche des affaires publiques, en assure la
responsabilité, prévient toutes les erreurs en finances.... Cette
ordonnance, due à *l'habile ministre* auquel l'exécution en est
confiée, est un modèle de prévoyance et de sagesse.... La présidence du conseil, dont le ministre des finances est mainte-

nant investi, a achevé de constituer le ministère : les actes du
gouvernement prendront, par une direction plus concentrée,
ce caractère si désirable dans les affaires publiques (5 octobre
1823).

En résumé (dit très justement le journal historique et qui
ne juge que sur les faits), état prospère des finances, unité
dans leur direction, fixité dans leur administration, confiance
dans le peuple, situation imposante dans nos relations étrangères, absence de toute loi d'exception, de toute mesure
extralégale, action sévère mais régulière de la justice, abat-
tement des factieux, répression des malveillants, force et courage rendus aux royalistes : tels sont les faits par lesquels
nous avons voulu répondre aux sophismes de l'esprit de
parti, aux déclamations des ennemis de la légitimité, et sur
l'authenticité desquels nous ne craignons pas d'invoquer le
témoignage des hommes qui, quoique jetés dans les rangs de
l'opposition, conservent cependant la réalité ou même les
simples apparences de la bonne foi (5 octobre 1823).

En effet, je puis attester qu'il y a peu de mois, des députés dits libéraux dans les rangs de l'opposition, conser-
vant, comme dit M. Bertin de Vaux, la réalité ou les simples apparences de la bonne foi, je veux dire MM. Benjamin Constant, Casimir Périer, Méchin et Girardin me
disaient, en parlant de M. de Corbière et de M. de Villèle : « Oh ! du côté de l'intégrité et de la probité, il n'y a
« pas le moindre reproche à leur faire. »

Comment se fait-il donc que M. Bertin de Vaux, qui
écrivait de si belles choses et de si vraies, qui faisait de
M. de Villèle un éloge si motivé, qui le proclamait *habile,*
loyal et *dévoué*, comment se fait-il qu'à ce portrait de
1823 il ait eu la pensée de substituer, le 1er décembre 1824,
le portrait que voici :

Une médiocrité intrigante et égoïste. Elle règne par la

corruption; elle administre par des fraudes ténébreuses; elle
s'appuie sur les intérêts les plus vils, sur une foule d'instru-
ments abjects, capables de tout; elle est liée à l'agiotage et à
toutes sortes de spéculations. Si, sans précaution, vous lui
arrachez l'État, sa proie, elle et ses adhérents se vengeront,
même aux dépens de la chose publique.

Le mot de l'énigme est, pour le *Journal des Débats*, que
son patron, M. de Chateaubriand, avait été chassé du ministère au mois de juin 1824, et, fond et formes, cet
homme ne l'avait que bien mérité. *Journal des Débats,
Aristarque, Quotidienne*, MM. de Chateaubriand, Bertin
de Vaux, Michaud, Hyde, Agier, La Bourdonnaye, ils
sont tous de la même famille.

Certes, ce sont là des intrigants et des intrigues de
coteries, ce ne sont pas là des complots; ce ne sont même
pas des dangers. Mais il en existe, il en existe d'imminents dans les attentats journaliers de la pensée écrite :
elle attaque aujourd'hui la religion et le trône, le matériel et le moral de la société, sur tous les points à la fois :
toutes les passions, tous les vices, déliés de leurs entraves salutaires, exploitent la licence de la presse, depuis
surtout le fatal acquittement du *Constitutionnel* et du
Courrier. Des myriades d'in-32, à dix sols, à cinq sols, pro-
pagent les mensonges historiques, les impiétés, les calomnies, les trivialités, tout ce qui doit enfin fausser l'esprit, dessécher le cœur, monter les têtes. Déplorables
compilations, dont les moins dangereuses sont celles qui
ne sont qu'obscènes : « Près de trois millions de volumes
« d'impiétés, de révoltes ou d'obscénités, publiés ou réim-
« primés en français et en espagnol depuis 1814, à l'usage
« de la grande, de la moyenne, de la petite propriété;
« pour les chaumières, les estaminets, les gardes-moulins
« et les cuisinières! » Quelles exclamations restent à faire,

aujourd'hui qu'on réduit en in-32 : *Touquet, la Charte sans le préambule*, Montesquieu tronqué, *la Pucelle* sans retranchements, et l'Évangile sans les miracles. Aucune fonction, aucune personne, aucun nom, aucun âge, aucun sexe n'est à l'abri de l'exposition en public et de la flétrissure qui appartient, par la grâce de l'écritoire, à quiconque prétend user de l'article 8 de la Charte, qui dit : « Les Français ont le droit de publier et de faire imprimer « leurs opinions, » en se conformant à des lois.... dont l'existence est pire que l'absence, car la pudeur publique y suppléerait. Bizarre et alarmante époque ! A l'âge où est la société en France, tous les esprits sont arrivés au point que les plus absurdes, les plus stupides calomnies ne paraissent que des médisances, un peu plus ou un peu moins vraies. Le caractère français offre le phénomène d'une société qui, attaquée ainsi au cœur, ne tombe pas en pourriture ; cependant le mépris des choses et des personnes va un train de poste ; la boue va trop haut, et la multitude n'a nulle part respecté longtemps ce qu'on lui a enseigné à mépriser : *Careant consules!*.... J'admets « qu'une volonté toute-puissante retient les ministres d u « Roi dans les pénibles fonctions de modérateurs et de « guides, » il n'en est pas moins vrai que les saturnales de la presse ont déjà beaucoup trop duré, et que les valets se croient les maîtres ; il est temps de dire : *Quos ego !*

Malgré la volonté toute-puissante née de cette incurable bénignité, le succès du plus petit acte de force doit enhardir à en montrer. N'a-t-on pas vu cet impudent abbé Louis puni d'avoir fait le tribun de club aux élections en 1822, lui ministre d'État? et le public n'a-t-il pas applaudi de le voir chassé du Conseil, sur le simple exposé de sa conduite par le préfet de police ? A-t-on eu à se repentir

d'avoir osé célébrer publiquement le jubilé de 1826 ?
N'a-t-on pas vu, malgré la licence signalée plus haut, la
population tout entière de Paris suivre les stations avec
recueillement et piété ? Dans les deux occasions où le Roi
s'est montré, tout Paris n'a-t-il pas offert un caractère universel de gravité et de religion ? Enfin, lorsque la cérémonie solennelle du 3 mai a terminé le jubilé de 1826
par la consécration du monument expiatoire de l'assassinat de Louis XVI, tout le peuple de Paris, qui, sur un
côté de Carrousel, se trouva livré à lui-même et sans
aucune haie de soldats, ne montra-t-il pas les sentiments
et le maintien les plus convenables, malgré les fausses
alarmes que les gens de Cour s'étaient crus en devoir de
donner au Roi et à son auguste famille ? Il faut convenir
que, dans cette immense population qui couvrait la place
Louis XV, qui regardait les larmes aux yeux et aux cris
de *vivent les Bourbons !* les enfants de France aux fenêtres
de l'hôtel de la Marine, ou qui tomba simultanément,
électriquement, à genoux avec le Roi au moment de la
bénédiction, il faut convenir, dis-je, que si cette population contenait beaucoup de lecteurs ou de lectrices de ces
détestables in-32, le germe de leurs poisons n'avait pas
fait grand effet. Il est à remarquer néanmoins que cette
propagation de menus libelles n'a eu lieu qu'après le
mois de mai ; que leur profusion, leur nature ultra-licen-
cieuse n'a frappé généralement que quelques semaines
après ; enfin, il est encore à remarquer, il est rassurant
de penser que les inventeurs, les vendeurs et les lecteurs
de ces épouvantables rapsodies habitent la moyenne
région, canaille demi-lettrée, demi-élevée, qui se croit au-
dessus du peuple parce qu'elle est au-dessous des riches,
matière qui n'est même pas électorale, petits blancs de la
monarchie constitutionnélle, rebut des Écoles de droit et

de médecine, et que les chefs de métiers, les artisans, le
peuple de Paris enfin, et plus encore le peuple des provinces et des campagnes, pourront être préservés du
mal avant d'en être atteints ; mais il ne faut pas de cordon sanitaire : il faut la pierre infernale.... L'appliquera-
t-on ?

Eh quoi ! le code criminel punit, hélas ! positivement
le vol avec effraction ou violence, et le coupable est quelquefois un malheureux dont le père, la mère, la femme
ou les enfants avaient faim ! Et, depuis un an notamment,
le gouvernement, les tribunaux, la législation, livrent par
la faiblesse, le silence, la connivence, livrent la société
tout entière, la morale, la religion, la monarchie, à une
nuée d'empoisonneurs publics, d'assassins à plume dont
pas un n'oserait se servir du sabre ou de l'épée, tout au
plus du poignard. Parmi tous ces misérables, les uns
jugulent la monarchie parce qu'elle a refusé de se perdre
pour satisfaire à leur orgueil, à leur ambition ou à leur
cupidité ; les autres se sont vendus au mensonge, à l'impiété, à l'esprit infernal des révolutions, parce que le gouvernement royal a refusé d'acheter leurs plumes. Termi-
nons donc ce déplorable tableau de 1826, en signalant à
l'indignation, à la pitié et au mépris des hommes paisibles, religieux, amis de la justice et de la vérité, ces misérables saltimbanques, jongleurs en doctrines, en fausses
accusations, en déclamations furibondes, qui tous exploitent le journalisme hostile au profit de leur intérêt personnel, à la honte du talent, mais aux risques et périls de
la chose publique en France. En méprisant les ouvriers,
on apprendra à mépriser leurs œuvres : la nomenclature
est fastidieuse, mais il n'importe.

CHAPITRE III

J'ai assez parlé, depuis le mois de décembre 1821, du *Journal des Débats* et de la *Quotidienne*. Parlons d'une plus scandaleuse notabilité, ou plutôt laissons parler M. de Chateaubriand lui-même, celui de 1826 (*Étoile* du 26 septembre 1826).

La troisième livraison des œuvres complètes de M. de Chateaubriand vient de paraitre, précédée d'une préface qui excitera chez tous les amis de l'illustre écrivain une sensation affligeante. M. de Chateaubriand est aigri; il écrit sur le ton de la plainte; les hommes et les choses paraissent l'affecter péniblement : mais, le croirait-on ? ce sont surtout les hommes et les choses qu'il avait regardés jusqu'ici d'un œil ami. Il manifeste des préventions, il élève des plaintes et des accusations dont M. de Montlosier lui a donné l'exemple, et dont les organes avoués de la Révolution l'applaudissent avec une faveur qui, certes, après vingt ans d'atroces injures, n'est pas le moins curieux ni le moins triste des contrastes auxquels ce siècle paraît réservé.

« Je sais parfaitement, dit-il, que cette préface et les notes critiques de l'*Essai* ne changeront point l'opinion de la génération présente. Ceux qui aiment l'*Essai* tel qu'il est (*Essai his-*

torique sur les révolutions, ouvrage de la jeunesse de M. de Chateaubriand) seront peut-être contrariés par les notes ; ceux qui trouvent l'ouvrage mauvais ne seront point désarmés. Ces derniers regarderont mes aveux comme non avenus, et reproduiront leurs accusations avec une bonne foi digne de leur charité. Au fond, ces prétendus chrétiens ne disent pas ce qui leur déplaît. Ne croyez pas que ce soit le philosophisme de l'*Essai* qui les blesse ; ce qu'ils ne peuvent me pardonner, c'est l'amour de la liberté qui respire dans cet ouvrage. Sous ce rapport, les notes ne feront qu'aggraver mes torts : loin d'être entré dans le giron de l'*absolutisme,* je me suis endurci dans ma faute constitutionnelle ; qu'importe alors que je me sois amendé comme chrétien ? Soyez athée, mais prêchez l'arbitraire, la police, la censure, la sage indépendance de l'antichambre, les charmes de la domesticité, l'humiliation de la patrie, le goût du petit, l'admiration du médiocre : tous vos péchés vous seront remis. » (Et plus bas :) « Je ne fais point métier et marchandises de mes opinions : *je suis chrétien,* sans ignorer mes faiblesses, sans me donner pour modèle, sans être persécuteur, inquisiteur, délateur, sans espionner mes frères, sans calomnier mes voisins. »

A qui ces reproches insultants s'adressent-ils ? Quels sont ces chrétiens contre lesquels M. de Chateaubriand est si amer aujourd'hui ? De bonne foi, y a-t-il dans la société d'autre opinion dominante que celle des deux partis, dont l'un a toujours applaudi avec transport M. de Chateaubriand, défenseur de la religion et des institutions sociales, dont l'autre l'a poursuivi jusqu'à ces derniers temps de la haine la plus furieuse et des plus intolérables injures ? Les positions de ces deux partis n'ont point changé ; cependant quelque chose de singulier se passe sous nos yeux : le parti si longtemps ennemi de M. de Chateaubriand le félicite hautement et exalte avec transport un nom jusqu'à ce jour odieux ; les amis de l'il-

lustre écrivain, ses amis constants, ceux qui se sont toujours honorés de son nom et de sa gloire, ceux qui gardent son image comme l'ornement de leur demeure, qui
s'encouragent encore à ne pas perdre une espérance si
longtemps satisfaite, sont pénétrés d'étonnement et d'afflic-
tion, s'interrogent et se récrient, se plaignent avec viva-
cité et douleur d'un changement subit, d'un éloignement
sans motifs, des dispositions peu équitables de M. de Chateaubriand à leur égard. Car, il ne faut pas cacher la vérité
sous les paroles, c'est le parti religieux qu'incrimine
M. de Chateaubriand. Qu'on ne parle pas d'un tiers
parti : l'impiété resterait indifférente à ce débat; mais
elle ne s'y est pas méprise : elle ne connaît pas de milieu
entre elle et ce que vous attaquez, et dès qu'elle a vu vos
coups s'égarer, ses bras vous ont été ouverts, et elle n'a
plus désormais voulu voir en vous un ennemi. C'est qu'en
effet, je le répète, la société est encore telle que la Restauration l'a trouvée. D'étonnantes défections ont, il est
vrai, fortifié l'un des partis et affaibli l'autre, mais il n'y
a toujours que deux bannières : sous l'une marchent les
amis de la religion et de la paix publique ; sous l'autre
la secte puissante qui a pour but, assez hautement proclamé, une révolution d'État assise sur une révolution
religieuse. Parcourez la France, regardez ce que vous
voyez, écoutez ce que vous entendez : les choses sont assez
manifestes. Elles ont cependant changé depuis quelques
années, direz-vous peut-être, et on ne peut nier que le
pouvoir religieux ne nous cerne de tous les côtés. Non :
si l'on considère l'état général de la société et les choses
sous leur point de vue, on reconnaîtra qu'elles n'ont point
changé. En quoi diffèrent-elles, je le demande, de ce
qu'elles étaient sous le *Conservateur?* Les jésuites, la
Congrégation, noms terribles, étaient déjà ce qu'ils sont

aujourd'hui. Le parti religieux a-t-il perverti ses voies ?
Manifeste-t-il des prétentions insolites ? On l'en accuse,
et vous paraissez vous joindre à cette accusation; mais de
quoi pourrez-vous l'accuser dont vous ne l'ayez vous-même
justifié ? Il désire que l'éducation soit confiée à une corporation religieuse ; vous avez dit : « Il n'y a aucun doute
« que l'éducation publique ne doive être remise entre les
« mains des ecclésiastiques et des congrégations religieu-
« ses aussitôt que l'on pourra : c'est le vœu de la
« France. » Le parti désigne à cet effet l'institut des jésuites; vous avez dit : « L'éducation ne s'est jamais bien
« relevée depuis leur chute. » Les affaires ecclésiastiques
ont été remises sous la direction d'un évêque : vous avez
appelé cette mesure de tous vos vœux, et vous vous êtes
indigné de voir « le prêtre sous l'autorité du laïque, la re-
« ligion sous la surveillance du siècle, et la distribution
« du pain des martyrs confiée à ceux qui le pétrissaient
« avec l'ivraie et ne vendaient pas même à bon poids le
« pain amer. » Quelques évêques ont pris place à la
Chambre des pairs : vous avez demandé, à l'exemple de
M. de Montlosier [1], que « la pairie appartînt aux sièges
« de tous les archevêchés de France, qu'il y eût dans la
« Chambre des pairs le banc des évêques, comme il existe
« dans la Chambre des lords en Angleterre. » Vous avez
même désiré voir entrer des ecclésiastiques dans la
Chambre des députés : vous avez exprimé le vœu que
« le clergé fût propriétaire et non pensionnaire ; qu'on
« lui rendît ses domaines non vendus ; qu'il fût organisé
« et eût un conseil administratif. » Vous avez demandé
qu'on lui rendît les registres de l'état civil, qui, en d'au-

1 François-Dominique de Reynaud, comte de Montlosier, député en
1789, pair de France en 1832; né en 1755, mort en 1838.

tres mains, ne sont, avez-vous dit, « qu'un catalogue d'es-
« claves pour la loi, et de conscrits pour la mort. » Enfin,
pour résumer, vous avez écrit ces paroles : « Toutes les
« propositions des députés de la Chambre de 1815, rela-
« tivement au clergé, non seulement étaient justes autant
« que morales, mais encore éminemment politiques. »

Certes, ce sont ces mêmes vœux et ces mêmes prétentions qui soulèvent aujourd'hui contre nous tant de vieilles
haines, tant de récentes apostasies. Ce sont là ces excès
contre lesquels la faction révolutionnaire prétend s'auto-
riser de votre nom lui-même et de votre réprobation. Ce
parti qu'elle veut proscrire, et que vous accusez, affecte-t-il
quelque chose de plus ? que dis-je ! n'est-il pas bien loin
de posséder encore ce que vous demandiez vous-même
pour lui ? Quelle subite terreur est donc venue vous saisir ?
Où avez-vous donc vu « qu'on se soit engagé dans une
« route de perdition, qu'on prétende faire prospérer la
« religion par l'extinction des lumières, qu'on nous me-
« nace d'un retour à des choses impossibles ? » — Ah ! ce
que je vois, et ce qui m'épouvante, ce sont les progrès
gigantesques du parti qui appelle la génération présente
à une grande et universelle révolution, qui s'est grossi
de nos défections, qui s'avance bannières déployées avec
le plus rapide mouvement que les siècles aient vu, enflé
de l'espoir prochain d'un triomphe secondé par les plus in-
concevables trahisons, et par le repos coupable de ceux qui
se renferment dans leur tente et refusent de le combattre.

Oui, vous auriez bien plus de raisons de vous écrier
aujourd'hui qu'en 1819 : « La religion, où est-elle ? elle
« n'élève point l'enfance ; on ne lui confie point l'infir-
« mité et la vieillesse ; on lui dérobe l'innocence et le
« malheur. Ce n'est qu'en bravant les persécutions que
« les missionnaires parviennent à prêcher la parole de

« Dieu. La liberté de la pensée existe pour tous, excepté
« pour le pasteur qui instruit son troupeau. Nous ne dou-
« tons pas que l'Europe ne soit menacée d'une révolution
« générale, par la raison que le christianisme s'affaiblit
« et que toujours la chute d'une religion a entraîné la
« chute des empires. »

Ce terrible progrès du mal vous étonne encore aujour-
d'hui. N'en cherchez pas d'autres raisons que la perver-
sion des esprits par la licence et les doctrines de licence ;
l'essor donné à cette révolution, en pleine activité aujour-
d'hui, a acquis un effrayant redoublement, secondé qu'il
est par cette scission déplorable qui, armant en France
les ressentiments de quelques hommes contre les dépositaires du pouvoir, n'a plus laissé voir aux gens de bien
alarmés qu'une lutte sans dignité d'intérêts personnels
mécontents dans cette opposition systématique et violente
acharnée contre une administration qu'il ne s'agit pas
dans ce moment d'accuser ni de défendre. Cette opposition, dans l'aveugle emportement de sa colère, aban-
donnant pour l'attaque des personnes la défense des doctrines, a compromis par cette coupable défection les plus
sacrés intérêts.... Que dis-je? nous l'avons vue, nous la
voyons, en haine des hommes, abjurer lâchement ses
propres doctrines, se traîner, misérable transfuge, d'un
camp dans l'autre, couvrir l'infamie par le sophisme, et
balbutier des mots déshonorés pour mendier contre les
objets de sa haine l'alliance de la Révolution et de l'impiété. Le *Journal des Débats* a donné ce honteux spectacle : événement le plus humiliant de notre époque, et
dont l'opinion vous reproche de n'avoir pas séparé avec
éclat votre nom et votre cause.

Voilà la raison de nos maux : pourquoi s'aveugler à en
chercher une autre?

« On a livré le pouvoir, dites-vous, à une petite cote-
« rie hypocrite, qui amènera une seconde fois et pour
« toujours la ruine du trône et de l'autel. » — Que ce ton
est peu digne ! mais que la pensée l'est moins encore !....
Oui, ne nous lassons pas de le répéter, si l'autel et le
trône sont renversés encore une fois, ils le seront par ce
mouvement terrible des esprits qu'une licence trop en-
couragée emporte depuis dix années dans toutes les voies
du doute, de l'indépendance, de l'indifférence ou de la
haine pour la religion, d'une cupidité insatiable, sans
cesse excitée par les basses doctrines qui ont renfermé
dans l'horizon terestre tout l'avenir de l'homme, effacé
la notion du bien et du mal, et détruit le lien des consciences, le frein des passions et la sanction du droit. Vous-
même vous l'avez dit cent fois, et vous avez poussé d'é-
loquents gémissements ; vous avez appelé au secours de
la société toutes les âmes généreuses, tous les amis de
l'ordre, tous les pères de famille jaloux de sauver l'avenir
de leurs enfants ; et nous trouverions dans vos écrits cent
pages d'éloquentes réfutations de tout ce que vous venez
de dire aujourd'hui. Comment ne voyez-vous plus ce que
vous avez vu ? Comment avez-vous découvert des périls
que vous-même à cette époque taxiez d'imaginaires ? Ah !
nous souffririons trop de découvrir l'injustice d'une irritation personnelle dans un pareil langage. Mais comment
les paroles suivantes ont-elles pu sortir de la bouche de
M. de Chateaubriand ?

« Où sont les talents qui venaient jadis au secours des
« principes religieux et monarchiques quand ils étaient
« attaqués ? Repoussés, ils se retirent, et laissent le com-
« bat à l'intrigue et à l'incapacité. »

Quoi ! dans une lutte où il s'agit de la religion et de la
monarchie, M. de Chateaubriand compte ses intérêts pour

quelque chose !.... On l'a repoussé ! ! ! Mais la voix de la
monarchie et de la religion expirantes (il nous les représente ainsi) ne le rappelle-t-elle pas ? ne crie-t-elle pas
plus haut que ses ressentiments et que ses intérêts ? « Qui
« remplit ses devoirs, disiez-vous il y a peu d'années,
« s'attire l'estime ; qui cède à ses intérêts est peu estimé.
« Élevez nos hommes politiques à ne penser qu'à ce qui
« les touche, et vous verrez comme ils arrangeront l'État.
« Par la morale des intérêts, l'âme humaine perd sa
« beauté, la vertu ses leçons, l'histoire ses exemples ; il
« y a des pertes triomphantes à l'envi des victoires. »

Ainsi, pour réveiller les plus nobles sentiments, on n'a
qu'à recourir à vos propres écrits ; on est toujours sûr d'y
trouver une page pour l'honneur et pour le devoir ; mais
ce langage ne contraste-t-il pas avec celui que vous tenez
aujourd'hui ?

« Derrière nous, dites-vous, une jeunesse ardente attend
« ce que nous lui laisserons, pour le modifier ou le briser
« selon sa force, car elle ne continuera pas nos destinées.
« Dans cette position, tout homme sage doit songer à lui ;
« il doit se séparer de ce qui nous perd, pour trouver un
« abri au moment de l'orage. »

Et pour trouver grâce au moment de cet orage qui se
forme, n'en doutez pas, et contre les principes que vous
professiez naguère, et contre les hommes que vous ap-
peliez alors vos amis, vous vous écriez : « Je ne suis
« point chrétien par patente de trafiquant en religion ;
« mon brevet n'est que mon extrait de baptême. J'ap-
« partiens à la communion générale, naturelle et pu-
« blique de tous les hommes qui, depuis la création, se
« sont entendus d'un bout de la terre à l'autre pour prier
« Dieu. »

Que de réflexions se présentent ici !.... Nous ne les dé-

velopperons pas; mais nous ne pouvons pas nous empêcher de dire que les deux dernières lignes signifient
beaucoup trop ou ne signifient rien.

J'ajouterai qu'il y a une justice à rendre à M. de Chateaubriand : c'est qu'il n'y a pas chez lui d'hypocrisie
religieuse, et je prends à la lettre sa déclaration au siècle
et à la postérité : « Je ne suis pas chrétien, dit-il, par
« patente de trafiquant en religion ; mon brevet n'est que
« mon extrait de baptême. »

A mon tour, moi, je ne suis pas, plus que lui, *persé-*
cuteur, inquisiteur, délateur, je n'espionne pas plus
que lui mes frères et je ne calomnie pas plus que lui mes
voisins; je veux pourtant apprendre au petit nombre
d'amis qui me liront pourquoi je suis convaincu de la
franchise de sa profession de foi, et il faut que je fournisse
ici les preuves à l'appui. *Son brevet de chrétien est son*
extrait de baptême. Ce gentilhomme breton, qui recélait
un illustre écrivain, s'est marié fort jeune et par incli-
nation. Il a dû enlever sa femme, m'a-t-on dit ; et, comme
elle se faisait scrupule de le suivre avant qu'un prêtre les
eût mariés, on dit qu'elle crut se marier devant un saint
homme ayant les pouvoirs ; ce ne serait qu'une étourderie
de sous-lieutenant dont le brevet de chrétien est son
extrait de baptême ; et puis cela s'est régularisé ensuite.
Je ne l'ai pas vu, mais je sais qui me l'a dit, et, de plus,
qui pourrait me le confirmer.

M. de Chateaubriand, en revenant du Meschacébé, avait
fait son *Essai historique sur les révolutions;* il cherchait
sur quel sujet il marcherait, la plume à la main, à la gloire
littéraire. Il paraît qu'il se proposait d'écrire contre la
religion ; il paraît qu'en véritable ami et en homme de
goût, M. de Fontanes, qu'il consulta, lui dit que le
chemin de l'impiété était trop battu. C'est ainsi que Rous-

seau dut au baron d'Holbach son premier prix remporté
à l'Académie de Dijon ; ainsi, nous devrions à M. de
Fontanes le *Génie du christianisme*/Mais poursuivons :
voici ce qui appartient *proprio motu* à M. de Chateaubriand, déjà écrivain illustre, devenu secrétaire d'ambassade à Rome, et là, comme en France, ayant le brevet de
chrétien dans son extrait de baptême. Un Moldave, ou Va-
laque, nommé Stamati, consul de France à Rome, s'était
avisé de traduire *Atala*. A l'apparition de l'illustre, il se
hâta de lui faire hommage de cette production ; le littérateur était marié, avait une jolie femme, laquelle eut un
enfant dont l'auteur d'*Atala* fut le parrain. Il se chargea
d'aller parler au curé de San-Lorenzo di Encina ; il y
eut des difficultés sur le nom de sainte que le parrain
voulut donner, le nom romantique d'Atala : discussion
vive.... « Ce qu'il faut, dit l'auteur du *Génie du christia-*
« *nisme*, baptisez, monsieur le curé, baptisez comme vous
« l'entendrez : tout cela sont des momeries de vous à
« moi.... » Le curé de Rome baptisa ; mais autres temps,
autres mœurs. Mlle Atala Stamati, devenue Mme ...., vint à
Paris voir son parrain, ministre des affaires étrangères
en 1823. Il n'eut rien de si pressé que de lui recommander
de changer ce nom profane d'Atala ; mais il n'eut rien
de moins pressé que de faire quelque chose pour sa fil-
leule...., et elle n'eut que cela. — C'est là M. de Chateaubriand, dont le brevet de chrétien est dans son extrait de
baptême en 1804.

Encore quelques mots sur M. de Chateaubriand ; j'ai de
la place ici pour mettre son portrait en pied ; il est peint
par lui-même : nous l'entendrons parler, nous le verrons
agir ; y a-t-il un moyen de plus de le bien connaître, et de
ne pas pour cela l'en admirer et estimer davantage ?

M. de Chateaubriand nous redonne ses œuvres com-

plètes; ce qu'il appelle une préface est à la tête de chaque
livraison : « J'ai entrepris, dit-il, les mémoires de ma vie
(observez que je copie le *Courrier français*, son digne
panégyriste, samedi 17 juin); « j'ai vécu, dit-il, j'ai vu, j'ai,
« j'ai, j'ai. » Peu d'hommes ont le *je* plus en recommandation que lui ; le *je* est le tic caractéristique des fats. Les
grands hommes n'ont jamais commencé leurs phrases par
je sans y être obligés ; les gens d'esprit même n'aiment
ni à l'employer ni à l'entendre. « Le *je* m'est odieux à
« moi-même, » disait le spirituel prince de Ligne ; mais
M. de Chateaubriand est beaucoup plus et beaucoup moins
qu'un homme d'esprit ; il est pire. « Deux poids, dit-il,
« qui semblent attachés à ma fortune la font monter et
« descendre dans une proportion égale. On me prend,
« on me laisse, on me reprend ; dépouillé un jour, le
« lendemain on me jette un manteau pour m'en dépouiller
« encore. Accoutumé à ces bourrasques, dans quelque port
« que j'arrive, je me regarde toujours comme un navi-
« gateur qui va bientôt remonter sur son vaisseau, et je
« ne fais à terre aucun établissement solide. Deux heures
« m'ont suffi pour quitter le ministère et pour remettre
« les clefs de l'hôtellerie à celui qui devait l'occuper....
« Il m'a toujours manqué pour réussir une passion et un
« vice : l'ambition et l'hypocrisie. »

Ainsi M. de Chateaubriand n'a ni ambition ni hypocrisie.

Quand M. de Montmorency donna sa démission par
enfantillage, M. de Chateaubriand, son ami, fut celui qui
l'y engagea le plus fortement, l'assurant qu'on serait dans
l'impossibilité de le remplacer, et que, s'il avait un successeur, ce ne serait certainement pas lui. Le successeur immédiat de M. de Montmorency fut M. de Chateaubriand. Le même jour, M. de Montmorency rencontra ce

véritable ami, qui ne connaît, dit-il, ni l'ambition ni l'hypocrisie ; et comme il lui témoignait son étonnement :
« Que voulez-vous, mon ami, lui dit M. de Chateau-
« briand qui venait de le sacrifier, le Roi me l'a ordonné :
« un serviteur dévoué ne sait qu'obéir. »

Il n'y a eu, malgré ces apparences qui paraissent odieuses ou vulgaires, ni ambition ni hypocrisie de la part du
noble écrivain vis-à-vis de son noble ami ; conséquent
avec lui-même, il s'est souvenu qu'il avait écrit dans la
Gazette de France, au sujet des lettres et des gens de lettres : « On ne fait point une grâce aux écrivains de talent
« en les investissant des charges de l'État ; ce sont eux,
« au contraire, qui, en acceptant ces charges, font à leur
« pays une véritable faveur et un grand sacrifice [1]. »

M. de Chateaubriand dit qu'il n'est ni ambitieux ni hypocrite. Dans ce même chapitre sur les gens de lettres, à
l'aide du *moi* et du *je* qu'il a à commandement, il nous
avoue qu'il a ce qui s'appelle du courage : « Les hommes
« de lettres, dit-il, que la Révolution a moissonnés ont
« tous déployé à la mort du sang-froid et du courage. S'il
« faut en juger par soi-même, je le dirai avec la franchise
« naturelle aux descendants des vieux Celtes : soldat,
« voyageur, proscrit, naufragé, je ne me suis point aperçu
« que l'amour des lettres m'attachât trop à la vie. Pour
« obéir aux arrêts de la religion ou de l'honneur, il suffit
« d'être chrétien et Français. » M. de Chateaubriand a
prouvé suffisamment qu'il n'était ni l'un ni l'autre : il reste
courageux comme sa plume ; car, s'il a émigré en Amé-
que dès 1790, son épée est vierge. M. de Chateaubriand
est un homme de lettres à qui tout ce qui est belliqueux
sourit : « J'avoue, dit-il *item*, que je n'entends pas parler

1. *Spectateur français*, t. IV, p. 273.

« de sang-froid de chevalerie, et quand il est question de
« tournois, de défis, de castilles, de pas d'armes, je me
« mettrais volontiers, comme le seigneur Don Quichotte,
« à courir les champs pour réparer les torts. » (*Item.*)

M. de Chateaubriand, dont la plume est si chevaleresque, qui s'est montré le champion de la royauté partout
ailleurs que sur les champs de bataille, ce champion spéculatif, mais qui se confesse toujours soumis à l'instinct
belliqueux, a trouvé heureusement l'occasion de se satisfaire sans danger : les Pères de la Terre Sainte l'ont reçu
chevalier du Saint-Sépulcre. Il faut l'entendre lui-même
raconter, avec sa modestie connue, ce grand événement
de sa vie littéraire : « Ils me prièrent, dit-il, d'accepter
« l'ordre du Saint-Sépulcre. On tira du trésor les éperons
« et l'épée de Godefroy de Bouillon ; le Père gardien me
« chaussa les éperons, me frappa trois fois l'épaule avec
« l'épée en me donnant l'accolade. Que l'on songe que
« j'étais à Jérusalem, dans l'église du Calvaire, à douze
« pas du tombeau de Jésus-Christ, à trente du tombeau
« de Godefroy de Bouillon ; que je venais de chausser
« l'éperon du libérateur du Saint-Sépulcre, de toucher
« cette longue et large épée qu'avait maniée une main si
« noble et si loyale ; que l'on se rappelle ces circonstan-
« ces, ma vie aventureuse, mes courses sur la terre et sur
« la mer, et l'on croira sans peine.... » qu'il y avait de
quoi rire. Avec votre vie aventureuse, monsieur le vicomte, vos courses sur terre et sur mer, vous pouviez
croire sans peine que vous étiez à l'effet chaussant les éperons de Godefroy de Bouillon ; mais vous offriez en effet
le contraste le moins héroïque et le plus ridicule. N'en
déplaise à votre vanité, oublions Jérusalem, l'église du
Calvaire, le tombeau de Jésus-Christ et la présence d'un
Révérend Père gardien, et convenez que vous ressembliez

à Don Quichotte se faisant donner l'ordre de la chevalerie : encore le chevalier de la Manche prit-il la chose au
sérieux. Vous avez dû bien rire, moins bien pourtant que
ceux qui ont lu ou qui liront ce singulier récit dans votre
immortel ouvrage ; car ceci n'empêche pas qu'il ne soit
aussi intéressant que remarquable. La France royaliste et
chrétienne reconnaît tous vos titres littéraires ; l'hommage
qu'elle refuse à vos vertus, le *Courrier français* ne vous
le rend-il pas avec usure? C'est une juste compensation.

« La publication des œuvres complètes de M. de Chateaubriand, dit le *Courrier* du 17 juin 1826, est un événement dans sa vie ; elle est une preuve éclatante de la popularité qu'une grande disgrâce politique *noblement sup-
portée* (il est railleur, le *Courrier*) a ajoutée à son talent.
Quelle que fût sa réputation littéraire, ce n'est pas à l'époque de son pouvoir, ni parmi les hommes de son parti,
qu'il eût trouvé l'empressement dont il a reçu depuis
quelque temps des témoignages si nombreux. »

Faites prendre à Ladvocat, votre libraire, les témoignages si nombreux de l'empressement libéral pour autant
de souscriptions, et, comme vous n'êtes pas le chevalier
sans reproche, vous direz : « Rien n'est perdu fors l'honneur. »

Mais tout ceci n'est qu'une parenthèse pour servir et
valoir ce que de raison ; elle ne vient qu'appuyer la
profession de foi de celui qui juge à propos de dire au
public : « Mon brevet de chrétien est dans mon extrait
« de baptême [1]. »

Après ce personnage, il faut redescendre à ses auxiliaires, qui manient comme lui l'instrument universel de

[1] Voir note complémentaire, à la fin du chapitre, p. 95.

ruine et de dissolution sociale appelé *liberté de la presse*; il faut revenir jusqu'à satiété au journalisme et aux journalistes.

Voici d'abord la quotité des abonnements *en province*, payants ou non payants :

Constitutionnel	11,538
Courrier français	1,682
Journal du Commerce	1,619
Quotidienne	4,069
Journal des Débats	4,210
Aristarque	443

A Paris

Constitutionnel [1] . . . .

Courrier français . . . .

Journal du Commerce . . . . .

Quotidienne . . . .

Journal des Débats . . . . .

Aristarque [2] . . . .

1. Les chiffres manquent dans le manuscrit.

2. Alfred Nettement, dans son *Histoire du Journal des Débats* (t. II, p. 73), a donné les chiffres suivants pour l'année 1824 :

« Le gouvernement avait pour lui six journaux : la *Gazette*, qui comptait 2,300 abonnés; l'*Étoile*, qui en comptait 2,749; le *Journal de Paris*, 4,175; le *Drapeau blanc*, 1,900; le *Moniteur*, 2,250, et le *Pilote*, 925. Tous ces journaux réunis formaient un effectif de 14,344 abonnés.

« L'opposition avait également six journaux : le *Constitutionnel*, qui réunissait, à lui seul, 16,250 abonnés; le *Journal des Débats*, qui en avait 13,000; la *Quotidienne*, organe de la contre-oppostion de droite, comptait 5,800 lecteurs; le *Courrier français*, 2,975; le *Journal du Commerce*, 2,380, et l'*Aristarque*, 925. Tous ces chiffres réunis formaient un total de 41,300 souscripteurs attachés aux journaux de l'opposition.

« La différence en faveur de cette dernière était donc de 26,926 abonnés.

« Cette différence devait aller en croissant, et toujours dans un sens hostile au pouvoir. A la fin de 1825, la presse de l'opposition avait 44,000 souscripteurs, et la presse du gouvernement était réduite à 12,580. »

Tel est le nombre des journaux hostiles, et certes on ne peut se défendre d'un sentiment d'étonnement en voyant que le gouvernement du Roi a la complaisance de trans·porter sans frais, d'un bout du royaume à l'autre, la correspondance quotidienne de ces ennemis publics avec leurs complices ou avec leurs dupes.

Voici les noms de ces illustres écrivains, de ces docteurs en droit public, de ces hommes d'État nés qui font chaque nuit gémir la presse, la bonne foi et le bon sens, et qui s'intitulent l'opinion publique.

Voici le personnel, sauf erreur :

Le Constitutionnel

COLLABORATEURS

Étienne.	Tissot.
Buchon [1].	Andrieux [2].
Berville.	Fiévée [3].
Léon Thiessé.	Salvandy.
Évariste Dumoulin.	Le duc Dalberg (associé
Beaudoin jeune.	libre).

Le Courrier français

COLLABORATEURS

Kératry.	Cauchoix-Lemaire.
Chatelain.	Odilon-Barrot.
Arnold Scheffer [4].	Mérilhou.
Isambert.	Berville.

1. Jean-Alexandre Buchon, éditeur de la *Collection des chroniques nationales*, né en 1791, mort en 1846.

2. François-Guillaume-Jean-Stanislas Andrieux, membre de l'Académie française, né en 1759, mort en 1833.

3. Joseph Fiévée, publiciste, né en 1767, mort en 1839.

4. Arnold Scheffer, frère d'Ary, le célèbre peintre, collaborateur du *Globe* et du *National*, puis rédacteur en chef du *Commerce*, né en 1796.

Le Journal des Débats

COLLABORATEURS

Fiévée.	Guizot.
Salvandy.	Barante.
Chateaubriand.	Royer-Collard.
Bertin de Vaux.	

La Quotidienne

COLLABORATEURS

Audibert [1].	Capefigue.
Soulier.	Larose.
Michaud.	

L'Opinion

COLLABORATEURS

Le fameux Arnault [2].	Arnault fils [6].
Étienne Jouy [3].	Castel [7].
Nép. Lemercier [4].	Chasles [8].
Emmanuel Dupaty [5].	Halévy [9].

1. Auteur d'une brochure intitulée : *Des avantages de la légitimité*, publiée en 1824.

2. Antoine-Vincent Arnault, de l'Académie française, né en 1766, mort en 1834.

3. Victor-Joseph Étienne, dit de Jouy, auteur des *Ermites* et d'une foule d'autres écrits, membre de l'Académie française en 1815; né en 1764, mort en 1846.

4. Louis-Jean-Népomucène Lemercier, membre de l'Académie française, né en 1771, mort en 1840.

5. Louis-Emmanuel-Félicité-Charles Dupaty, membre de l'Académie française en 1836, né en 1775, mort en 1851.

6. Lucien-Émile Arnault, poète tragique, né en 1787, mort en 1863.

7. Louis Castel, littérateur, l'un des éditeurs de la *Bibliothèque dramatique*.

8. Philarète Chasles, écrivain fécond, né en 1799, mort en 1875.

9. Léon Halévy, auteur de nombreux ouvrages de poésie et de théâtre né en 1802, mort en 1883.

La Pandore.

Le Globe.

Le Frondeur.

La Renommée.

Le Corsaire.

La France chrétienne.

Cette feuille périodique a été établie dans une intention indiquée par son titre. Aux termes de la loi, l'autorisation royale a été accordée à un M. Niel, de Saint-Étienne. L'autorisation royale est assurément personnelle dans l'esprit de la loi ; mais la lettre est muette à cet égard, et, dans cette soi-disant législation, le monde est tellement renversé que le privilège, la propriété de la *France chrétienne* avec l'autorisation royale ont été vendus cinquante mille francs par M. Niel, à qui ?.... à M. Benjamin Constant ! Depuis cette transformation de la *France chrétienne* en France révolutionnaire, il est inutile de dire que la rédaction surabonde de talent, d'esprit, de malignité. Chaque chapitre est une leçon de scandale, un texte d'outrages, d'insultes à la religion et au trône ; et c'est avec douleur, indignation, effroi et étonnement, que l'homme de bien le plus impassible lira l'article du 3 mai 1826, à l'occasion de la cérémonie expiatoire sur la place Louis XV, comparée, dans l'intention la plus criminelle, avec la fameuse revue de Bonaparte, au 3 mai 1812 ! ! !

L'Écho du soir.

Le but de toutes ces feuilles est de verser le mépris, le ridicule et la haine sur toutes les personnes, depuis les princes jusqu'aux fonctionnaires les plus minimes. Dans son grenier, chaque misérable mercenaire s'ingénie à trouver un calembour, une pasquinade plus ou moins gaie, plus ou moins spirituelle, qu'il échange pour dîner, à un écu la douzaine, chez l'entrepreneur de la feuille dite littéraire. Qu'importe à qui l'offense s'adresse : il faut que ces drôles dînent. Il faudrait être bien sévère pour se fâcher ou s'alarmer de lazzis pareils à ceux-ci :

« La femme du directeur de la police générale est jeune, jolie et pieuse : Mᵐᵉ Franchet, disent-ils, est de l'ancien régime, car elle dit tous les jours : mon rouge (Mont-Rouge) et mes mouches. »

On avait, à la fête du Trocadéro, coupé le ridicule de Mᵐᵉ de Lavau ; ils ont supposé qu'on l'avait volé, et ils ont dit : « Il y a ridicule et ridicule ; nous ne parlerons pas de ceux du jour ou du lendemain ; nous dirons seulement qu'un bien petit sac en soie a été perdu.... où ? à la prise artificielle du Trocadéro, et tant d'autres en ont eu ce jour là ; mais qui l'a perdu, ce ridicule ?.... la femme du préfet de police. Depuis ce jour, grâce à l'activité des recherches, les ridicules abondent chez M. de Lavau : mais, hâtons-nous de l'avouer, il n'y en a pas chez Madame. » Cela n'est que plaisant, mais ce n'est que pour amener ces deux alinéas du plus détestable esprit : « Il n'est bruit dans le monde que du sac ou du ridicule du Trocadéro. » Et tout de suite : « Soldats, vous portez tous dans votre giberne un bâton de maréchal, a dit un monarque ; soldats, vous portez tous dans votre giberne une chandelle romaine, a dit un grand tacticien. »

L'esprit révolutionnaire de 93 s'unit à l'esprit révolutionnaire bonapartiste, anarchiste, orléaniste, avec autant d'effronterie et d'impunité dans les vers que dans la prose. Tels fils de buveurs de sang sont, sur le contrôle de la faction, au rang des poètes ; parmi ces petits misé-

rables, je ne signalerai qu'un des collaborateurs des
Sidiennes, des *Jésuites*, de l'*Épître au président Séguier*,
de *la Villeliade*. Ce petit gueusasse appelé Méry, qui a
du talent pour la versification et applique avec esprit,
mais sans invention, ses réminiscences d'Horace et de
Virgile, est digne en tout de la faction qui le soudoie et
l'applaudit. C'est le rejeton franc d'une mauvaise souche :
son coquin de père était membre du comité révolutionnaire de Vendôme, serrurier faiseur d'horloges ; il était
aussi mauvais Français que bon ouvrier. Le fils a donc
pour talent et pour existence de mettre en assez bons
vers de mauvaises pensées ; Saint-Lazare le réclamerait,
comme ses maîtres Béranger, Jouy, Étienne et autres lau-
réats carbonari, s'il y avait un Saint-Lazare et une justice
royale. Si le poète Méry a de l'ambition, il a ce qu'il faut
d'esprit et l'esprit qu'il faut pour aller aux galères à trente
ans.

D'autres spéculateurs en écus, et surtout en morale, ont
entrepris une encyclopédie à l'usage de la petite propriété,
c'est-à-dire de la classe active, industrielle et ouvrière
qu'on peut utiliser les 10 août et les 2 septembre, quand
on leur a donné des idées. Certes, on peut s'en rapporter à des professeurs d'histoire et de morale tels que
MM. Bory Saint-Vincent [1], Chatelain, Magalon [2], Tissot
et compagnie, pour mettre convenablement à la portée
des petites intelligences dont l'éducation n'est pas faite
tous les éléments dont ces amis de l'ordre, de la religion
et de la monarchie légitime se proposent de composer
l'encyclopédie révolutionnaire intitulée *Bibliothèque du*

---

1. Jean-Baptiste-Georges-Marie Bory-Saint-Vincent, député pendant les
Cent-Jours, littérateur, né en 1780, mort en 1848.
2 Jean-Denis Magalon, littérateur, écrivain politique, né en 1794, mort
en 1840

XIX° siècle, 100 volumes in-12. Il suffit de lire leur prospectus pour ne pas douter de leurs intentions : « L'histoire, par exemple, ils se proposent de la refaire, parce
qu'elle a été corrompue dans ses sources; elle ne se présente que travestie et comme une image infidèle. » Et ce
n'est pas de l'histoire faite par Voltaire que ces messieurs entendent parler, c'est à sa manière et avec sa
bonne foi qu'ils écriront : « Ils ne s'accommoderont pas
aux exigences du moment et n'écriront pas sous une influence, ils feront, disent-ils, la somme de toutes les idées
justes, de toutes les notions positives, ils prendront pour
guides la raison et le bon sens, et ils laisseront dans l'oubli tout ce qui s'est perpétué par le préjugé et la mauvaise
foi; ainsi toute idée démontrée rigoureusement ou ayant
pour elle une sanction unanime viendra avec les idées
récemment émises se ranger parmi les conquêtes de l'intelligence humaine; l'agriculteur, le manufacturier, le
fabricant, l'artiste, le négociant, le commis, l'employé auront dans la *Bibliothèque du XIX° siècle* tout ce qui
leur suffit. » Signé tels et tels, au complet académique de
quarante, occupant tous une place distinguée dans la lit-
térature, dans les sciences et dans les arts, et même sur
la liste active des travailleurs du 2 septembre, tels que
M. Tissot !!!

Jésuites, ligoristes, Congrégation, missionnaires, prêtres, voilà les noms que vociférent les éternels ennemis de
la France royaliste et chrétienne. Toutes ces réunions se
composent d'hommes éminemment soumis à Dieu et à
ceux qui le représentent sur la terre. Ce sont tous des
hommes qui ont l'ambition et le devoir de servir Dieu,
de servir leurs semblables; ils y joignent l'ambition de
servir le Roi. C'est ce triple caractère de serviteurs de
Dieu et du Roi, comme d'amis des hommes, que les révo-

lutionnaires, ennemis de Dieu, du Roi et des hommes,
reconnaissent et poursuivent avec fureur dans les réunions ou congrégations qu'ils appellent jésuites, ligoristes,
missionnaires, prêtres, généralement parlant, Écoutez ces
bons loups devenus bergers, ils écument de colère contre
les jésuites parce qu'ils tuent les rois. Ce qu'ils appellent
la Congrégation [1], c'est le gouvernement occulte sous
l'influence duquel sont tous les fonctionnaires de l'État,
tous ceux qui ont des places ou qui veulent en avoir.
Quand on leur demande si le Roi, les princes, les ministres sont de la Congrégation si toute-puissante, ils répon-
dent que non. Or, comme il entre dans leur plan de
diviser la société en hommes qui ont des places et en
hommes qui n'en ont pas, mais qui sont censés en désirer,
tout individu qui remplit plus ou moins ses devoirs de
chrétien, qui suit de près ou de loin les commandements
de Dieu et de l'Église, qui tend le dehors de sa maison le
jour de la Fête-Dieu, s'il est surtout fonctionnaire public,
il est de la Congrégation, il est hypocrite et tartufe. Le
vrai royaliste constitutionnel est l'individu qui appelle
superstitions toutes les pratiques religieuses, momeries
toutes les démonstrations catholiques, qui appelle charlatans les ecclésiastiques qui prêchent la parole de Dieu,
ceux qui n'admettent d'évangile que l'évangile Touquet
et réduiraient leur brevet de chrétien à moins encore que
leur extrait de baptême ; ce sont ces hommes qui débla-
tèrent parce que ceux qui ne leur ressemblent pas se con
gréganisent pour embrasser et défendre l'autel et le trône.
Eux, au contraire, prétendent au droit exclusif de se
réunir en sociétés bibliques, en sociétés de la morale chrétienne, en loges de francs-maçons, en écoles spéciales

1. Voir le beau travail de M. Geoffroy de Grandmaison : *La Congrégation*
(*1801-1830*). Paris, Plon, 1889, un vol. In-8.

dont les plus déhontés factieux sont présidents connus, en comités directeurs, en ventes de carbonari. Et les amis de la religion et de la monarchie, qu'on attaque aussi ouvertement, ne se croiraient pas autorisés, que dis-je! ne seraient pas solennellement autorisés, appelés à se réunir, à se presser, à s'armer pour défendre le saint et royal palladium? L'union fait la force, les ennemis de Dieu le savent bien, les défenseurs-nés de Dieu et du Roi le savent aussi; comment les défenseurs officiels de la religion et de la monarchie l'ignorent-ils ou font-ils comme s'ils l'ignoraient? Ministres du Roi, *faites-vous une puissance publique des volontaires religieux, au lieu d'un embarras secret; ce sont des volontaires royaux : faites-en une gloire au lieu d'une excuse, et pavoisez ce drapeau au lieu de le dissimuler.*

Quelle est donc cette volonté toute-puissante, ennemie d'elle-même, qui retient encore des ministres, hommes de Dieu et du Roi, dans les pénibles fonctions de modérateurs et de guides?

Modérateurs, modèrent-ils l'audace, la démence de l'impiété et de l'esprit de révolte qui fermente partout dans les entrailles du sol français? Guides, guident-ils le zèle universel de tous les Français fidèles qui n'attendent qu'une direction, une impulsion, un emploi des moyens de salut qui sont sous la main du gouvernement du Roi? On a vu, au contraire, signaler à la police correctionnelle, par l'organe du chancelier de la Légion d'honneur, et détruire aussi gauchement qu'imprudemment la corporation religieuse, militaire, et d'autant plus utile et politique qu'elle était populaire, détruire, dis-je, la corporation, la congrégation appelée *Archiconfrérie royale du Saint-Sépulcre de Jérusalem,* la confrérie enfin dite du *Saint Sépulcre.*

Les membres de cette confrérie étaient en majeure partie de classe bourgeoise, éprouvés par leur fidélité, leur moralité, leur courage militaire ou civil, d'une grande influence de conseils et d'exemples dans le peuple royaliste et chrétien. Qu'importe qu'un ruban noir à leur boutonnière les flattât à porter, par sa ressemblance avec l'ordre de Malte ou l'ordre de Saint-Michel? Je ne sais si on retrouverait aux premiers rangs, à un autre 20 mars, les chevaliers de ces deux ordres ; mais il est certain que les confrères du Saint-Sépulcre, passés à l'examen du baron Lainé, auraient fourni leur phalange au moment du danger.

Le serment de ces royalistes chrétiens était simple et touchant :

« Je jure et promets de vivre et mourir dans la religion
« catholique, apostolique et romaine; d'être fidèle au Roi
« et à son auguste famille; de consacrer mon existence et
« ma fortune au soutien et à la défense du trône, et de
« m'opposer par tous les moyens qui sont en mon pou-
« voir à tous projets ou complots qui tendraient à le ren-
« verser. Je jure et promets de protéger la veuve et l'or-
« phelin; d'éviter le parjure, le blasphème, le sacrilège
« et l'homicide ; de fuir les lieux suspects et les personnes
« entachées de vices ou qui mènent une conduite scanda-
« leuse; enfin de me conduire d'une manière qui me
« rende irréprochable aux yeux de Dieu comme aux yeux
« des hommes. »

Après des hommes si bien disposés à défendre le trône et la religion, après avoir parlé des confrères du Saint-Sépulcre, parler de M. de Montlosier...., quelle transition!.... quelle chute! L'ordre des dates et la date d'un nouvel acte de démence antireligieux et antimonarchique le veulent ainsi.

Je ne sais pas si la ministromanie tient ce vieux membre de l'Assemblée constituante. M. de Montlosier, naturaliste, publiciste, économiste politique, historien, semble n'avoir jamais su ni ce qu'il voulait dire ni ce qu'il voulait. Dans les matières politiques, il laisse penser qu'il a écrit pour écrire, car il a offert constamment, dans ses ouvrages d'homme public, des idées très justes et des aperçus judicieux, à côté d'idées incohérentes, bizarres et quelquefois contradictoires. La couleur de son *Mémoire à consulter* [1] était prononcée. La teinte morose, chagrine, hargneuse d'un vieillard mécontent de tout et de tous dominait assez pour laisser un sentiment pénible aux royalistes qui honoraient son nom et son talent. Sa dénonciation aux Cours royales, relativement au système religieux et politique, pèche par la forme, ce qui compromet son jugement; mais elle pèche par le fond, parce qu'il est coupable dans la pensée, dans l'expression et dans le double effet qu'elles pourraient produire, ce qui fait douter des sentiments de toute sa vie. Qu'il en ait ou non l'intention, l'arrière-pensée, M. de Montlosier attaque la religion comme font les révolutionnaires ; car, avec les mêmes armes, avec les mêmes mots, il attaque les ministres de la religion, sous le nom générique de prêtres, ni plus ni moins que le *Constitutionnel* et le *Courrier;* mais, plus audacieux, plus pressé, plus indiscret qu'eux-mêmes, il sort des rangs où il s'est mis en ligne avec eux, et il a le triste honneur d'encourir avant eux la peine portée par l'article 2 de la loi du 25 mars 1822. M. de Montlosier ose une attaque formelle contre l'inviolabilité de la personne du Roi : voilà le corps du délit. Le fait consiste dans une

---

1. *Mémoire à consulter sur un système religieux, politique, et tendant à renverser la religion, la société et le trône.* Paris, A. Dupont, 1826, in-8. — Huit éditions parurent la même année.

tentative ayant pour but de présenter le Roi comme soumis au joug du sacerdoce, et l'obéissance qui lui est due
comme une sorte d'asservissement politique, en un mot,
comme *une honte*. J'ignore et je ne veux pas savoir si
l'auteur du fameux *Mémoire à consulter* a agi avec préméditation et de propos délibéré. M. de Montlosier, royaliste en 1789, en 1826 a passé toutes les bornes. Le ministère public a fait des réserves relativement à plusieurs
passages de la dénonciation aux Cours royales, qui lui ont
paru de nature à être inculpés; le ministère public est
bien et dûment averti.

Je ne sais pas si c'est avec préméditation et de propos
délibéré, si c'est par dépit ou par tempérament que
M. de Montlosier a causé tout ce coupable scandale;
mais certes il serait chassé sans être plaint de la confrérie
du Saint-Sépulcre.

Il y a donc cette différence entre M. de Montlosier, le
complice en paroles, en écrits imprimés, mais non pas en
for intérieur, des frères et amis qui le célèbrent et l'en-
censent; il y a, dis-je, cette différence que M. de Montlosier dit tout cela sans le penser, tandis que nos jacobins,
dits libéraux, pensent tout cela sans l'oser dire encore.
Un tel exemple, s'il est impuni, les encouragera; car il
faut reconnaître, à la louange de leur tactique, qu'ils se
permettent tout ce qu'ils peuvent sur le terrain des choses,
des doctrines, des pratiques religieuses; et Messieurs de
la Cour royale, sans pire intention sans doute que le royaliste et chrétien M. de Montlosier, leur ont bien laissé
prendre position, depuis l'affaire du *Constitutionnel* et du
Courrier, depuis la journée fatale du 5 décembre 1825.
Excidat illa dies! Pendant que M. de Montlosier dit, le
révolutionnaire marche. Recueillons les faits : quand le
chameau de la monarchie se sentira assez chargé, il se re-

lèvera sur ses quatre pieds ; en avant donc un autre scandale, pour que le *quos ego* royal ordonne aux débats de finir.

Un garde national est mis au Conseil de discipline et doit aller à l'hôtel Bazancourt pour avoir refusé de paraître à l'appel, un jour de Fête-Dieu, comme un simple garde national ; il a refusé, il pouvait se faire remplacer : d'ailleurs, la corvée n'était pas rude, il faisait beau. On l'a puni, mais fraternellement. La peine est légère ; on sait ce que c'est que vingt-quatre heures de prison à l'hôtel Bazancourt. Ce scandale avait une intention : il était préparé ; le *Courrier* manquait d'aliments irréligieux. Ce garde national était un malin, sous les habits d'un simple ; ce réfractaire était une notabilité du parti, le conseil spécial de nos journalistes dits libéraux : le célèbre M. Isambert, l'avocat à la Cour de cassation. Cité, il s'est défendu lui-même. Quel beau texte à déclamations et à blasphèmes gratuits ! C'est par conscience qu'il a volontairement désobéi à l'ordre de service ; la raison répugnait à escorter le Saint Sacrement, à marcher dans la bigote procession de la Fête-Dieu. M. Isambert ne s'appelle pas M. Dupin : lui se glorifie de ne pas être chrétien ; ce sont ses propres paroles qu'il faut entendre et recueillir.

« Un scrupule religieux, que je demande à n'être pas
« obligé de faire connaître publiquement, me défend de
« prendre part en mon particulier à la cérémonie dont il
« s'agit. » Le président lui a dit qu'il n'avait à considérer que l'ordre de service, et ne devait pas s'occuper du reste ; que le devoir du soldat était toujours d'obéir. Ce garde national a répondu « qu'il ne croyait pas au
« dogme de l'obéissance passive. Prenez garde, a-t-il dit,
« la question est plus grave que vous ne pensez ; il s'agit
« de la liberté de conscience. » -- « Déclarez-vous que

« vous êtes protestant? » lui dit un des juges. L'avocat
garde national se tourne vers le Conseil de discipline :
« Dois-je répondre? dit-il, dois-je faire ici un acte de foi?
« Messieurs, je vous supplie de ne pas faire violence en
« ma personne à la liberté des consciences. Je respecte
« les opinions religieuses qui ne sont pas les miennes ; je
« vous prie de faire attention qu'il ne s'agit pas ici d'un
« service municipal. » Il fut condamné à vingt-quatre
heures de prison. « Je demande, s'écrie-t-il, que le juge·
« ment constate quelle a été ma défense, que j'ai considéré
« le billet comme une simple invitation, et qu'un scrupule
« religieux m'a empêché de m'y rendre.... Monsieur le
« président, vous pouvez me condamner, mais vous ne
« pouvez pas supprimer ma défense! J'atteste ici tous les
« citoyens qui m'entendent : on ne peut me faire une si
« cruelle injustice. Vous avez violé la liberté de cons-
« cience! Sachez qu'il est des hommes qui aimeraient
« mieux mourir que de faire une lâcheté. Savez-vous ce
« que c'est que la conscience? — Qu'on le fasse sortir ! »
dit le président. Le garde national est sorti sur-le-champ,
donnant la main à un jeune fils qui l'accompagnait, et at-
tirant les regards de tous les assistants, qui lui portaient
un intérêt visible. Il n'y avait pas d'ostentation dans ses
manières ; il paraissait évidemment convaincu de tout ce
qu'il disait. Nous nous proposons de soumettre à nos lecteurs les réflexions qu'inspire un événement aussi étrange
dans le siècle où nous vivons. »

Telle est la scène ou parade dramatique, avec tous ses
accessoires, que le *Courrier français* du 30 juin s'est
amusé à donner au public de la capitale et des provinces;
scène convenue entre lui et son compère le garde national, si l'on veut, mais n'étant, au vrai, rien moins que
maître Isambert, spadassin politique, collaborateur et

conseil de tous ces libelles révolutionnaires appelés journaux.

Cette farce-là fut jouée au Conseil de discipline de la
garde nationale, pour bien établir qu'un soldat n'est pas
obligé d'obéir. Nous allons voir le même homme prêcher
la résistance envers l'autorité à tous les citoyens.

Dans la doctrine qu'il juge à propos d'établir, article
des *arrestations sur la voie publique*, qu'il appelle arbitraire (*Gazette des tribunaux*, 14 septembre 1826), voici
ce qu'il avance :

> La résistance est permise non seulement d'une manière
> passive, comme envers la gendarmerie, c'est-à-dire èn ce sens
> qu'on a le droit de refuser de marcher et d'appeler les citoyens
> pour constater les actes de violence dont on serait l'objet; mais
> elle pourrait être offensive, c'est-à-dire que la personne arrê-
> tée pourrait user de la défense personnelle et repousser la
> violence par la violence.... Il n'y aurait pas dans ce cas rébel-
> lion.... En résumé, c'est la faute des citoyens s'ils sont oppri-
> més par les agents subalternes de la force armée ou de la po-
> lice; c'est leur faute si, sommés illégalement de les suivre, ils
> ne résistent pas, en appelant à leur secours les citoyens pré-
> sents sur le lieu de l'arrestation, et qui sont, aussi bien que
> les agents de l'autorité, juges du flagrant délit.... Ils évite-
> raient toujours une injuste arrestation.... Je le répète en fi-
> nissant, il ne manque à chacun, pour faire respecter ses droits,
> que de le vouloir !

A travers tout ce brouillard, sans être optimiste, il est
pourtant impossible de ne pas apercevoir quelque bleu
dans le ciel. Les faits commencent à rassurer ceux qu'ont
effrayés le flux et le reflux des paroles écrites ou dites.
Aucune terreur des alarmistes systématiques ne s'est réa-
lisée, aucune menace des fanfarons de principes n'a eu
d'effet : du son, du bruit, des mots, mis au creuset des

semaines et des mois, n'ont laissé qu'un *caput mortuum*
de lie, sans rien faire lever de pernicieux. Rien ne va matériellement, administrativement mal; au contraire, le
positif est sain. actif et vigoureux ; le moral, l'intellectuel
est le seul attaqué, parce que, faute de lois, il est seul at-
taquable. Il faut bien le dire, le mal, la cause première
du mal est dans l'absence du courage *chez une volonté
toute-puissante qui retient les ministres du Roi dans les
pénibles fonctions de modérateurs et de guides.* Ce n'est
pas mener que d'aller devant le flot qui vous pousse, le
flot qu'on appelle lâchement la force des choses. Qu'on
frappe fort, pourvu qu'on frappe juste, et l'on verra recu-
ler, disparaître tous ces fantômes, que l'on croit des corps,
et qui finiraient par en prendre un. Exemple : M. l'archevêque de Paris a obtenu du Roi et de son auguste famille que la solennité expiatoire de l'assassinat de
Louis XVI terminerait le jubilé sur la place Louis XV.
Quel plus beau, plus religieux, plus touchant, plus auguste, plus paisible et plus silencieux spectacle pouvait
offrir la population de la capitale tout entière! Pas une
voix ne s'est élevée pour le scandale. Depuis Notre-Dame
jusqu'à la place Louis XV, depuis la place Louis XV jusqu'à Notre-Dame, par qui, autour du Roi et de sa famille,
des oppositions ont-elles été formées? De quelles craintes,
aussi fausses qu'injurieuses, ne les a t-on pas assiégés? Il
en sera de même de toutes les mesures que le Roi voudra
prendre sans demander d'avis à la triple circonvallation
qui l'entoure d'office, aux hommes enfin qui l'effrayaient
du 3 mai. L'ignorance, la crédulité et l'absence de caractère appartiennent aux plus honnêtes gens de la cour de
Charles X! *O cæcas hominum mentes!* Quand on pense
que tels d'entre eux en sont à jurer sur la *Quotidienne* et
à la croire comme l'Évangile, et qu'ils sont persuadés que

M. de Villèle et M. de Corbière ont une tendance aux
idées de la Révolution!!! Auront-ils donc toujours des
yeux pour ne pas voir? Ces hommes ne savent que sacrifier à la peur ; et, sous couleur de trembler pour la monarchie dans la personne du monarque, ils n'ont jamais
tremblé, ne tremblent et ne trembleront que pour eux-
mêmes. La pusillanimité des commensaux fait toute la
force de nos ennemis et de ceux du Roi. Que les ministres
proposent à la volonté toute-puissante une loi sur la licence de la presse pour le salut de la monarchie, une loi
seulement, la même que le conseil d'État de Genève vient
de faire publier pour le salut de sa république, tous les
commensaux vont vacciner leurs alarmes à la volonté
toute-puissante. Tout est là; tout est dans un « je veux »
et un *quos ego!*....

Voici l'arrêté du Conseil d'État de Genève :

ART. 1er. — Aucun écrit relatif à la politique extérieure, ou
qui en traiterait incidemment, ne pourra être imprimé dans le
canton sans l'autorisation préalable du Conseil d'État.

ART. 2. — Les dispositions de l'article précédent seront
applicables aux écrits polémiques en matière de religion.

ART. 3. — L'autorisation mentionnée dans l'article 1er sera
accordée, s'il y a lieu, sur une requête à laquelle sera joint le
manuscrit : ces deux pièces seront signées par l'auteur et par
l'imprimeur et seront déposées à la chancellerie.

ART. 4. — Les auteurs, imprimeurs, vendeurs ou distribu-
teurs d'écrits imprimés en contravention aux dispositions des
articles 1 et 2 seront déférés aux tribunaux, et pourront, par
le seul fait de cette contravention, être condamnés à une peine
qui pourra s'élever à deux mille florins d'amende et à une
année d'emprisonnement.

Ils pourront de plus être condamnés, pour le contenu desdits
écrits, à des peines plus graves et à des dommages et intérêts

s'il y a lieu d'en prononcer, d'après les dispositions des lois actuellement existantes [1].

N'en déplaise aux grands génies qui veulent voir autre chose dans la liberté, dans la licence de la presse que la souveraineté anarchique du peuple et des saturnales qui se couronnent par des 10 août et des 2 septembre, je maintiens que les sujets les plus heureux, grands et petits, étaient les Vénitiens du continent, et cependant ou plutôt parce qu'il y avait peine de mort contre quiconque parlait de politique ou de religion dans des écrits imprimés.

Quoi qu'il en soit, les faits ont repoussé les mensonges; la fureur se calme contre les jésuites, la Congrégation, les ultramontains. Les attaquants ont fini par en bâiller d'ennui eux-mêmes; ils ont soupçonné que la masse se divisait en une moitié indifférente, et une autre qui ne prenait pas le change et qui n'écoutait même pas des loups qui se disaient devenus bergers. L'indemnité des émigrés va aussi paternellement, aussi activement, aussi régulièrement que possible; j'en prends à témoin M. Méchin, qui a été le premier à me le déclarer de bonne foi et à me le prouver, pendant la session ordinaire. L'indemnité des colons sera payée par Haïti; elle en a la volonté, elle en aura acquis les moyens en crédit et en rentrées. Ce sont des faits qui ne sont contestés que par ceux qui ont juré de tout contester, ou par les vampires qui spéculent sur les alarmes qu'ils inventent et qu'ils ne partagent pas. Quinze millions de boni sur les recettes de 1826 vont être applicables, non pas à la contribution cette fois, mais aux chemins, à la marine, à la guerre, aux besoins du clergé. A l'inverse de l'an passé, on verra sans doute messieurs

1. *Moniteur*, 9 octobre.

de l'opposition royaliste hostile plaider pour les contribuables.

Cependant la cocote *Quotidienne* dit, le 22 novembre
courant :

> Les hommes de bien doivent se réunir comme autrefois
> pour proclamer les doctrines de conservation.... Il y aura
> peut-être plus d'un sacrifice à faire et à proposer pour amener
> tous les hommes royalistes et religieux à cette union si dési-
> rable.... Gardons-nous de faire ici à qui que ce soit un re-
> proche des idées personnelles qu'il a soutenues avec bonne
> foi. Nous avons vu, depuis quelque temps, des querelles dé-
> plorables, et peut-être des égarements dignes d'une grande
> douleur. Il faut ici considérer l'habileté du parti révolution-
> naire qui, longtemps vaincu par nos doctrines, en a enfin
> rompu le faisceau par ses manœuvres. Le parti royaliste au-
> rait dû remarquer la main d'où lui partaient ces opinions par-
> ticulières, sources de combats et de discordes entre des
> hommes d'une même opinion. Comment n'a-t-il pas vu que de
> telles querelles ne servaient que l'agrandissement de la cause
> libérale?.... Il faut voir enfin que, de quelque nom qu'on se
> serve aujourd'hui pour signaler les opinions, il n'y a vérita-
> blement dans la société, telle que la Révolution l'a faite, que
> deux divisions bien établies : celle des hommes qui veulent
> l'ordre et celle des hommes qui rêvent la destruction.

Que cela est bien dit ! Il n'y a que l'adresse à changer
à la lettre. Ces paroles s'adresseront alors avec justesse à
MM. de la Bourdonnaye, Hyde, de Lézardière, etc.

Par l'organe de la *Quotidienne*, l'opposition prétendue
royaliste *prend acte* des plaintes générales sur l'état de la
société; car qui a fait la société ce qu'elle est? — et
malheur donc au gouvernement, répond-elle; n'était-ce
pas à lui de nous réprimer? — *C'est de ceci qu'il faut
prendre acte.* Le gouvernement est le gardien des lois, il

est vrai; mais que la garde en est difficile quand la corruption est entrée dans les mœurs!

Un esprit d'indépendance brutale succède peu à peu à
cette vieille indépendance de l'honneur qui n'excluait pas
l'obéissance. Chacun se constitue juge de tous. Il n'est
point d'acte du gouvernement, que dis-je! il n'est point
de dogme tant religieux que politique qui ne subisse un
minutieux et trop perfide contrôle. On instruit les peuples
à ne rien respecter, et on veut qu'ils croient quelque
chose. La loi, c'est-à-dire la croyance, est tous les jours
traduite à je ne sais quel tribunal, justement appelé celui
de l'opinion. Par là, plus d'autorité possible, car qu'est-ce
que l'opinion? elle ne peut le dire elle-même. Qui déter-
minera son caractère? elle les réunit tous. Qui fixera ses
bases? avec des bases, elle se changerait en croyance.
C'est bien d'elle que le poète a pu dire :

Et solum constans mobilitate sua est.

Voilà par quels moyens on arrive à la dissolution.
Voilà comme, la loi étant dépouillée de son autorité, il ne
lui reste plus d'appui que la force. Croire, ou, ce qui est
la même chose, aimer, c'est le vrai principe de l'ordre;
craindre n'en est que l'occasion ou le supplément.

Une scission contre nature a singulièrement hâté le
succès du grand œuvre. Jusqu'à nous, c'était aux philoso-
phistes, aux libéraux, à la génération des révolutionnaires
qu'était dévolue la tâche de troubler et de corrompre.
Les peuples le savaient, et cette connaissance était par
elle-même un préservatif; mais aujourd'hui ceux qui se
disaient *conservateurs* sont les plus ardents à démolir.
C'est sous les drapeaux mêmes de la royauté que l'on
porte à la royauté les plus grands coups. Ceux qui les
avaient constamment suivis les souillent et les déchirent,

ce qui est pire que d'en arborer d'autres, car le public se laisse prendre aux signes. Nous avons dit plus d'une fois que les royalistes exclusifs faisaient autant de mal à notre France que les patriotes exclusifs : nous nous trompions, ils lui en font bien davantage.

Et que pourrait-il arriver de plus heureux aux ennemis de l'ordre que de voir un vétéran qui avait consumé sa vie au service de la vérité, de la royauté, de la religion, faire tout à coup volte-face et traduire devant les tribunaux la vérité comme trompeuse, la religion comme impie, la royauté comme révolutionnaire? puis, dans un redoublement d'audace, envahir le sanctuaire de la conscience royale, exposer aux dérisions le cilice de son Roi, l'oratoire où il offre en secret des vœux pour ses peuples, et s'écrier comme ce juge de l'Homme-Dieu : « Voilà l'homme! » Ce délire de l'orgueil, cette frénésie sacrilège, qui s'en est rendu coupable? un royaliste exclusif.

Je veux que vous n'aimiez pas la Révolution : que m'importe si vous la renouvelez? que vous protestiez contre le niveau des jacobins : que m'importe si je vois dans vos mains un niveau semblable? que vous désiriez l'anéantissement des semences du crime, si vous disposez tous les jours le terrain à les recevoir?

Ne dites-vous pas vous-mêmes que les beaux esprits du xviiie siècle furent les vrais auteurs de tous nos désastres? N'étendez-vous pas à Piron, à Grécourt, l'anathème que méritent Diderot et le baron d'Holbach? Pourtant, je ne vois pas dans Piron et dans Grécourt une seule ligne de politique; mais ils corrompaient les mœurs. Mais vous, ne les corrompez-vous pas d'une autre manière? Ils insinuaient la révolte par les sens, et vous par l'abus des mots. Il y a même cette différence, à leur avantage, que leur attaque était indirecte, et que l'âge, en avançant, emportait toutes les souillures dont ils avaient sali les jeunes imaginations.

Prenez donc acte de ceci : *Vous êtes des artisans de révolutions.*

NOTE DE L'AUTEUR

(Voir page 73)

Je croyais avoir à peu près tout dit pour, contre et sur M. de Chateaubriand, mais l'extrait suivant l'achève de peindre ; à lui le pompon :

« Parmi les hommes que la fatalité a fait apparaître comme des météores menaçants et remplir de leur bruit la moitié du siècle, une des premières places est légitimement due, par droit de bien et par droit de mal, à M. le vicomte de Chateaubriand. Voyageur et soldat, écrivain politique, journaliste, ambassadeur, ministre, ce personnage, après avoir joué les rôles les plus opposés, a trouvé le moyen, par l'inconséquence de sa conduite, la versatilité de ses idées, de se concilier l'amitié de ses ennemis naturels et de s'aliéner l'affection de ceux qui marchaient avec lui sous la même bannière, et cependant telle est la part que le décousu de sa vie lui a fait prendre au mouvement intellectuel et au mouvement matériel, que l'on peut avancer hardiment qu'il survivra à son époque comme un monument caractéristique de ce temps de ruines et de restaurations où l'esprit ne sait quelle imprudence il doit déplorer le plus, ou de celle qui renverse ou de celle qui reconstruit.

« Les circonstances, l'affranchissement de toutes les règles qui mettaient un obstacle aux prétentions de l'impudence et

de l'ambition, enfin ce je ne sais quoi qui fait qu'un homme
sort de la foule, ont servi merveilleusement M. de Chateaubriand. D'un seul bond il est sorti des forêts du nouveau
monde. A qui avait couché sous la cabane des Natchez, à qui
avait fumé le calumet avec les sachems des cinq nations, on
n'a pas demandé de diplôme ; il s'est dit homme d'État, on l'a
cru ; il a parlé haut, on a écouté ; il a commandé, on a obéi.
Ainsi va ce monde, où Panurge retrouverait toujours des mou-
tons : les masses seront toujours dupes de l'histrion qui saura
parodier la grande voix du commandement.

« Comme Warwick, il a élevé des monarques au trône, et
s'est fait un horrible jeu de les renverser. Soutien orgueilleux
des partis écroulés, il restait seul au milieu de leurs ruines
comme le génie de la destruction, et par je ne sais quel retour
satanique, il se prend d'un beau zèle, d'une sainte adulation
pour tous les malheurs, pour toutes les catastrophes que son
éloquence et sa vengeance d'amour-propre avaient préparées ; toute la vie de cet homme semble être le commentaire
vivant de l'injonction de saint Remi à Clovis : « Adore ce que
tu as brûlé, brûle ce que tu as adoré. » En effet, nous le
voyons, d'une main, soutenir le trône et, de l'autre, le secouer ;
tour à tour homme de roi, homme de peuple, chevalier du
vieux temps et presque héros de Juillet, contempteur de la
jeunesse et son thuriféraire, partisan de l'absolu et aux pieds
des vainqueurs aux barricades, tel se montre à nous ce composé de contrastes, cette antithèse personnifiée contre elle-
même, ce problème à résoudre du génie et de l'absurde de la
logique et de la déraison, qui remplit depuis longtemps un
rôle important dans le drame des nations....

. . . .

« La vie de M. de Chateaubriand, ses écrits, son rôle, sa
pensée, sa solitude même, tout en lui vise à l'effet ; son style a
de la couleur, de la saillie jusqu'au luxe et à la surabondance ;
ses dévouements, ses sacrifices, ses protestations se révèlent
par des saillies extérieures et une véhémence toute au dehors
qui correspondent merveilleusement à son genre de style.

Partout sa raison est l'esclave à genoux de son imagination et de ses passions; la folle du logis est sa maîtresse; l'imagination, faculté toute poétique, a besoin de contrastes et d'effets. De là une soif ardente de rapprochements inattendus et de grands mouvements, l'artifice mélodramaturgique des combinaisons, tout ce qui a fait sa popularité, tout ce qui compromettra plus tard la durée de ses œuvres; tout ce qui se retrouve aussi dans sa conduite, comme ministre, comme membre du Parlement, comme diplomate, comme homme de parti. Sans doute, la France, avec sa sensibilité vive et sa facilité à être dupe, a dû trouver admirable et couronner de gloire toutes ces poses d'acteur, tout le charlatanisme de pensées et d'actions; mais une telle gloire ne peut vivre que dans une telle atmosphère : les autres nations de l'Europe n'y comprennent rien, etc., etc.

« C'est un étrange spectacle que la vie d'un homme d'État qui se laisse dominer par la poésie; celle d'un diplomate que la folle du logis mène çà et là; celle d'un historien qui s'embarrasse moins des faits que des couleurs; celle d'un métaphysicien qui ne raisonne que par métaphores et par hyperboles : telle est la vie de M. de Chateaubriand. Il n'y a rien de solennel et de grave au monde, rien de noble et d'important qu'il n'ait défendu ou attaqué, ou plutôt qu'il n'ait défendu, attaqué tour à tour, non par des raisons, mais par des mots, non par la force de l'argumentation, mais par la beauté de la phrase : toute sa vie, tout son style, toutes ses démarches d'ambassadeur et de ministre ont été de pompe et d'éclat, nous allions dire de vanité. Le plus mauvais service que l'on pût rendre à ce grand homme, c'eût été d'abattre tous les obstacles, d'effacer toute opposition devant lui, de laisser un libre développement à sa parole, à sa puissance, à ses projets. La lutte est son élément, la controverse sa vie : l'opposition fait sa force; il eût été athée sous le règne de Bossuet.

« Je distingue trois hommes dans M. de Chateaubriand : l'homme littéraire, l'homme politique et l'homme ordinaire;

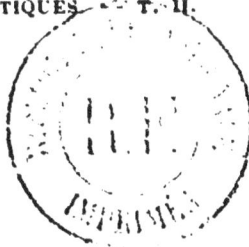

et par les hommes ordinaires, j'entends cette immense partie de la société qui n'est ni littéraire ni politique.

« Comme homme littéraire, je place M. de Chateaubriand au-dessus de tous les littérateurs de l'époque. J'admire son style, qui est toujours pur, bien qu'original ; j'admire ses pensées, qui sont toujours développées avec une netteté sans pareille ; j'admire aussi son imagination si brillante, quoique parfois désordonnée.

« Comme homme politique, je mets M. de Chateaubriand à la tête d'une troupe d'enfants dont il est le plus grand, dont il sera le plus sage, si vous voulez.

« Comme homme ordinaire, j'accorde à M. de Chateaubriand le droit, comme à tout le monde, de se tromper, de commettre des fautes, parce que nul n'est impeccable sur la terre, et je déplore les fautes, sans que mes regrets diminuent mon admiration pour l'auteur immortel du *Génie du christianisme* et des *Martyrs.* »

(Par Georges de Salaberry, mon fils.)

LIVRE IV

CHAPITRE PREMIER

La session de 1827 s'ouvrit le 13 décembre 1826. Les lois annoncées par le Roi dans la séance royale du 12 étaient un code militaire, un code forestier, une loi sur la police de la presse, une loi sur le jury, une loi sur la traite des noirs. M. Chilhaud de la Rigaudie fut le président d'âge. Il fallait être 215 pour délibérer, à la majorité plus une voix, sur 429 députés, et quoique 235 fussent à Paris, ce ne fut que le 16 qu'on obtint quatre nominations de candidats à la présidence.

M. Ravez, 170.

M. Chilhaud de la Rigaudie, 170.

M. le prince de Montmorency, 157.

M. le prince de Solre [1], 124.

Malgré les infamies mensongères répandues contre M. Chiflet, il eut, le 19, 110 suffrages, et M. de la Bourdonnaye 93 sur 217 votants. L'opposition représentée par 93 suffrages, quels progrès ! Au lieu de s'en tenir sur ce triomphe équivoque, La Bourdonnaye se représenta, pour la vice-présidence, comme cinquième candidat : sur 217 votants, il n'eut que 50 suffrages, et M. de Martignac en eut 182.

Cependant, le 21 décembre, les pairs apportèrent leur adresse, en réponse au discours de la Couronne. Le Roi avait dit : « J'aurais désiré qu'il fût possible de ne pas s'oc- « cuper de la presse; mais, à mesure que la faculté de « publier des écrits s'est développée, elle a produit de « nouveaux abus qui exigent des moyens de répression « plus étendus et plus efficaces. » Il était temps de faire cesser d'affligeants scandales, et de préserver la liberté de la presse du danger de ses propres excès. La noble Chambre n'a rien cherché de mieux à dire que : « Et nous « aussi nous aurions désiré qu'il fût possible de ne pas « s'occuper de la presse. »

Cette froideur systématique et insignifiante caractérisa la noble Chambre; mais voici ce qui la stigmatisa encore mieux. Dès l'année d'avant, à ma grande surprise, je l'avoue, je parlais à M. de Villèle des pairs, et de la nécessité monarchique d'en augmenter le nombre : « Sans

1. Emmanuel-Marie-Maximilien, prince de Croy-Solre, député de la Somme de 1820 à 1827, pair de France le 5 novembre 1827; né en 1768, mort en 1842.

« doute, me dit-il, car veux-tu savoir comment pensent
« tels et tels d'entre eux? Je m'efforçais de prouver à une
« de leurs Seigneuries, tête à tête, l'utilité d'une loi dont je
« lui communiquais les dispositions. — Très bien, me
« répondit-il en souriant, je vous entends de reste ; mais,
« si je vote pour cette loi, pour votre loi, que m'en re-
« viendra-t-il ? »

Notre adresse à nous fut plus colorée, moins bien
pourtant que je ne l'aurais désiré ; j'étais de la commission, et nous n'avons trouvé rien à redire à son ensemble.
Cela n'empêche pas que la discussion n'ait duré trois
jours. On n'y a pas changé un mot ; elle a été adoptée à
la majorité de 200 voix contre 30. Il est à remarquer
qu'elle a été discutée en comité secret, et que MM. Hyde
de Neuville, Lézardière, Beaumont ont jugé à propos de
faire imprimer et publier leurs diatribes, sans mention
de ce qui leur a été répondu.

Le 29 décembre, le Code forestier fut présenté ; il n'y
avait pas là matière à scandale.

Le même jour, M. le garde des sceaux apporta la loi
sur la police de la presse.

Ce fut l'avocat Bonnet qui fit le rapport.

La commission se trouva composée de MM. Miron de
l'Épinay, Dudon, Berbis [1], Maquillé, Sainte-Marie [2], Bonnet, Gautier, des Moustiers (sic) [3], La Bourdonnaye. Où
trouver une majorité? Alternativement, ils étaient quatre
contre cinq, cinq contre quatre, à la discussion de chaque
article. La commission fit des amendements : à chaque
développement que vint donner le rapporteur, il disait

---

1. Henri-Jules, chevalier de Berbis, député de la Côte-d'Or de 1820 à
1832, né en 1773, mort en 1852.

2. Louis-Marie-Rapine Dumezet de Sainte-Marie, député de la Nièvre de
1822 à 1830; né en 1774, mort en 1841.

3. Le marquis de Moustier. Voir t. I, p. 186, note 2.

ingénument : « Cela n'est pas bon : je conviens que cela
est insuffisant ; je dirai même : cela ne vaut rien. » Quatre
cents fois on a occupé la tribune, et on est venu jaser sur
la loi, dans cette interminable discussion. Les plus déhontés de l'opposition royaliste hostile ont été Agier, Lézardière, Cambon, Beaumont, Gautier ; il n'y a pas jusqu'à
Berbis et le professeur Pardessus qui n'aient eu une velléité hostile. Et cependant, disait le classique Royer-
Collard, avec la licence de la presse, il n'y a pas de gouvernement possible. « Vous allez donc, lui disait-on, parler
« et voter pour sa répression? — Non, répondit le doctri-
« naire type, la liberté de la presse entre dans nos combi-
« naisons. »

Néanmoins, la triple alliance hostile : royalistes défectionnaires, libéraux doctrinaires, libéraux bonapartistes
ou révolutionnaires, n'étaient pas plus de 70 dans la Chambre élective le 29 décembre 1827 ; et ils ne s'entendaient
pas sur le but. « Je vois avec un grand plaisir, » disait le
fameux Lézardière, *le Vendéen*, au général Sébastiani,
« que nous nous rencontrons toujours sur les principes.
« -- Oui ! dit l'autre, avec un point d'admiration ironique ;
« eh bien ! s'ils triomphaient, nous nous rencontrerions
« sur le même échafaud. »

La discussion de la loi de la police de la presse a duré
un mois entier. Pendant ce mois de dégoûts et d'angoisses,
on ne peut comparer l'impudence, la licence des écrits de
toutes espèces qu'au dévergondage des journaux révolutionnaires et à celui des journaux soi-disant royalistes
leurs alliés. Il est sûr que, dans les provinces, la masse
des lecteurs devaient craindre ou espérer, selon leurs
bonnes ou mauvaises opinions, que le drapeau blanc ne
restât pas vingt-quatre heures de plus sur les Tuileries.
Il y avait de quoi en perdre l'aplomb ; c'était à croire

que l'on rêvait ! Nous avons entendu à la tribune des royalistes, poussés par les plus blâmables motifs, comme un Gautier et un Preissac [1], tenir le langage le plus affligeant pour les gens de bien et d'honneur, parler comme des religionnaires forcenés, étant eux-mêmes royalistes protestants, car jusqu'alors il y en avait parmi nous, tels que Creuzé, de Chatelleraut [2], Fleuriau de Bellevue, de La Rochelle [3], parler, tout en se disant fidèles amis des Bourbons, comme des révolutionnaires de 93 ; un Beaumont, un Lézardière, venir à la tribune répéter les phrases de Laffitte prêchant l'illégitimité. Le *Journal des Débats*, uni aux journaux factieux, répandait chaque jour des blasphèmes et des hérésies politiques protégés par la partialité de la Cour royale de Paris. Ce qui s'appelle autorité, en quelques mains qu'elle fût, était impunément l'objet des injures, des calomnies, des attaques ; chaque matin il y avait, dans tels et tels journaux, un appel à la révolte ; tout prétexte était saisi avec fureur ; chaque plume séditieuse était changée en fusée à la congrève ; chaque folliculaire hostile se croyait avec raison assez fort pour insulter le gouvernement du Roi et le Roi lui-même.

L'Académie française, qui n'est instituée que pour donner des lois à la langue, surgit corporation factieuse, et rédige une pétition au Roi, que les jurés peseurs de diphtongues en prose et en vers s'avisent d'apporter aux Tuileries, en faveur de ce qu'ils appellent la liberté de la presse, qui entre sans doute, à la Royer-Collard, dans leurs combinaisons. Pour toute réponse à leurs protesta-

---

1. François-Jean, comte de Preissac, député de Tarn-et-Garonne de 1822 à 1831 ; né en 1778, mort en 1852.

2. Robert-Augustin Creuzé, député de la Vienne de 1820 à 1824 et de 1827 à 1830 ; né en 1779, mort en 1842.

3. Louis-Benjamin Fleuriau de Bellevue, député de la Charente-Inférieure de 1820 à 1831 ; né en 1761, mort en 1852.

tions, le Roi congédie l'académicien M. Michaud, qui
cesse d'être son lecteur, et chasse du conseil l'académicien M. Villemain, maître des requêtes. La majorité des
quarante n'avait pris aucune part à la délibération de la
pétition, en commençant par le président et le secrétaire.

Pour n'être pas en retard de complicité hostile, le
27 mars, la Cour royale, la lettre de la loi à la main, acquitta l'avocat Isambert. Cet homme était aussi connu,
aussi marqué du signe séditieux que les rédacteurs du
Courrier français et du *Constitutionnel*. Il est dénoncé
par le ministère public comme ayant provoqué à la révolte et à la désobéissance à la force armée ; ses écrits
incendiaires sont sous les yeux de Messieurs : Messieurs
décident que l'article incriminé d'Isambert, inséré dans la
Gazette des tribunaux et dans l'*Écho du soir* du 14 et
du 15 septembre 1826, renferme bien une doctrine erronée,
si l'on veut, mais ne constitue pas l'intention de provoquer à la révolte et à la désobéissance aux lois, et que,
par conséquent, l'insertion de l'article ne constitue pas la
complicité, et décharge maître Isambert et les rédacteurs
Darmaing et Cousinéry-Saint-Michel des condamnations
prononcées contre eux.

Et le tribunal de Quimper venait d'infirmer le jugement
du tribunal de Brest, où maître Isambert avait été condamné comme instigateur des séditieux. Qu'on rachète donc
au roi des Pays-Bas le fameux tableau de Rubens appelé
l'*Écorché* : c'est un juge prévaricateur ainsi puni par un
roi de Perse. Les gens de bien se rassureraient du moins,
s'ils voyaient ce tableau mis en face de M. Séguier, comme
avertissement.

De son côté, la presse conspiratrice travaillait à coups
redoublés à corrompre les esprits, pendant que les
mauvais journaux s'évertuaient à les égarer.

Les factieux avaient imaginé les in-32 destinés à être
répandus et colportés dans les bourgs et les hameaux, et
donnés plutôt que vendus. « Il y a dix ans qu'on n'a rien
réimprimé, » disait Méchin, impudemment. Voyez, en
réponse, la liste ci-dessous des in-32 imprimés pour l'éducation du peuple, en 1826 et 1827 : au moins cent in-32,
imprimés à l'usage de la petite propriété [1]. Il n'y a pas,
dans cette nomenclature, dix ouvrages publiés sans intention criminelle et punissable. A quoi servent ces vingt-
cinq in-32 sur les jésuites ? Ils se gardent bien de dire à
ce peuple que les fameux accusateurs des jésuites, M. de
Montlosier, et M. l'abbé de Pradt [2], et M. le conseiller
Cottu [3], font élever leurs familles à Billom et à Bordeaux,
parce que les jésuites élèvent les enfants dans les principes de la morale, de la vertu et de tous les devoirs, et que
ces écrivains imposteurs veulent le bon ordre dans leurs
familles ; ils ne croient ni ne pratiquent ce qu'ils prêchent. « Comment, me disait Méchin, ose-t-on défen-
« dre les jésuites à la tribune, les jésuites qui tuent les
« rois ? — Eh bien, lui dis-je, s'ils tuent les rois, les révo-
« lutionnaires et les jésuites doivent se donner la main.
« Allez, s'ils tuaient les rois, vous ne leur en voudriez
« pas tant. »

Mais ces révolutionnaires, Méchin Benjamin Constant,
Casimir Périer, sont dans leur rôle : la presse est leur
arme offensive, ils s'en servent ; le mensonge, à la tribune,
hors de la tribune, est leur moyen, ils en usent. Il n'en
est pas moins vrai que, pour le salut de la chose publi-

---

1. Voir la liste à la fin du chapitre, note A.

2. Dominique Dufour de Pradt, député aux États généraux, archevêque
de Malines, député du Puy-de-Dôme en 1827 ; né en 1759, mort en 1837.

3. Charles Cottu, conseiller à la Cour royale de Paris, démissionnaire
en 1830, auteur de nombreux écrits politiques ; né vers 1777.

que, c'était assez, mais ce n'était pas trop, de l'union de
tous les royalistes. Un de mes amis, qui n'est pas suspect,
car il est Suisse et protestant, m'écrivait d'Aubonne, très
sensément, pendant la session de 1827 : « L'opposition
« royaliste confond toutes mes idées, détruit toute ma
« confiance dans ce pacte de la légitimité où j'aimais à ne
« voir que des chevaliers ; et, l'on aura beau dire, parler
« de jésuites, de Montrouge, de Congrégation, ou de la
« bête du Gévaudan, tout huguenot que je suis, je ne
« comprends pas, et je ne comprendrai jamais, com-
« ment un royaliste peut séparer sa cause de celle de la
« royauté. »

L'explication de ce divorce politique, de cette scission,
de cette dissidence, qui ne peut être que funeste, est aussi
facile qu'affligeante à donner.

Un ministère royaliste, le seul qu'on ait eu depuis la
Restauration, a été mis au gouvernail de la monarchie en
décembre 1821; nos efforts ont placé les hommes qui
avaient nos principes et qui possédaient éminemment
notre estime et notre confiance. Voilà pourquoi nous, députés royalistes, nous sommes devenus ministériels de ce
jour-là ; voilà pourquoi nous le sommes encore en 1827, et
pourquoi nous le serons tant que les ministres mériteront
notre amitié et notre confiance, que les insultes, les calomnies des intrigants, des méchants et des sots ne leur
ont nullement fait perdre, au contraire.

Mais tous ceux qui portaient le nom de royalistes n'é-
taient pas comme nous sans arrière-pensées. Les ambitions,
les prétentions, les jalousies ne tardèrent pas à fermenter
dans la Chambre élective et au dehors. L'affaire de ces
hommes, que leur conduite a qualifiés, n'était pas le triomphe des principes monarchiques et religieux, et leur application sage aux vrais besoins de la France : c'était

l'exploitation du pouvoir. Leur ambition était le sentiment de ce qu'ils croyaient valoir : ainsi M. de la Bourdonnaye, et M. Hyde, et le Lalot à la huppe (*Insequuntur
longo sed proximi intervallo*), le Bacot de Romans, le
Lézardière, le Cambon, le Beaumont, capitaine-archi-
viste, disant : il faut que je perce ; tous égoïstes, dont la
vanité fourvoyée doit toucher fort peu, mais qui n'en ont
pas moins fait un très grand mal, vu que, dans la Chambre, ils ont entraîné beaucoup d'honnêtes niais. Un général, La Poterie, à qui le général Lamarque [1], nommé député, disait : « Nous voilà sur le même terrain. — Oui,
répondait La Poterie, toujours en face l'un de l'autre ; » et
il votait comme Lamarque le factieux, qui ne s'abstenait
pas de rire. Mais Féligonde [2], mais Montfleury [3], chevalier de Saint-Louis et de Marie-Thérèse, mais le vicomte
de Montbrian [4], mais Granoux, et trop d'autres, tous ces
pauvres d'esprit n'en répondront pas devant Dieu, et en-
treront dans le royaume des cieux. Les uns et les autres
croient avoir des motifs pour accuser d'incapacité, et pire
encore, des ministres qui, en les comparant à leurs détracteurs, possèdent au plus haut degré le dévouement, les
talents, la sagesse, le discernement et l'esprit de justice.

Et où n'allaient pas se nicher les prétentions et les exigences dans ceux qui s'intitulaient les vrais amis des
Bourbons? La *Quotidienne*, personnifiée dans M. Michaud
le lettré, était en guerre ouverte parce que M. de Villèle,

1. Jean-Maxime, comte Lamarque, lieutenant général, député des
Landes le 22 décembre 1828; né en 1770, mort en 1832.
2. Marcel-Claude Pélissier de Féligonde, député du Puy-de-Dôme de 1815
à 1816 et de 1824 à 1830; né en 1765, mort en 1853.
3. Jean-Baptiste-Louis Amarithon de Montfleury, député du Puy-de-
Dôme de 1815 à 1830; né en 1772, mort en 1859.
4. Jacques-Gabriel-Marie-Suzanne Leviste, vicomte de Montbrian, député de l'Ain de 1820 à 1830; né en 1773, mort en 1854.

ministre, M. de Villèle, président du Conseil, avait refusé
de la prendre pour sa gouvernante et de l'admettre dans
sa pensée; il avait refusé, chose monstrueuse, de faire
conseiller d'État, même maître des requêtes, le célèbre
M. Audibert, un des manœuvres de son journal, ou le célèbre M. Capefigue, ou le sieur Larose, ou le sieur Sou-
lié, tous publicistes de café, tous écrivassiers quotidiens
à tant l'article.

Hélas! l'alliance insensée des royalistes, en dedans et
en dehors de la Chambre, avec les libéraux doctrinaires
ou jacobins a eu pour cause et pour aliment les mécomptes
et les ressentiments de vanité ou d'intérêts trompés dans
leurs calculs d'égoïsme.

Cependant les révolutionnaires, qu'il convenait à trop
de royalistes d'aider jusqu'à nouvel ordre, travaillaient
pour leur propre compte, et, à chaque occasion de scandale, les bonnet rouges agissaient.

Le comédien Talma [1] mourut le 19 octobre 1826. Cet
histrion est un personnage remarquable pour tous par
son talent théâtral; mais, pour les factieux, il est recom-
mandable par ses opinions antimonarchiques et sa haine
pour la branche aînée des Bourbons; et c'était un familier
de défunt Bonaparte. Il faut d'abord que les secours de la
religion n'approchent pas de son lit de mort. M. l'archevêque de Paris, ce premier pasteur de la capitale, se présente deux fois inutilement à la porte du moribond; sa
famille et ses dignes amis empêchent poliment le prélat
d'entrer. Talma désire voir son archevêque, puisque le
docteur Dupuytren [2] va l'en avertir; il se rend de nouveau chez Talma, et on lui refuse la porte. Des hommes

---

1. François-Joseph Talma, né en 1763.
2. Guillaume Dupuytren, né en 1777, mort en 1835.

qui ne veulent pas plus de Dieu que de roi légitime ont
juré que cette grande notabilité révolutionnaire, leur
Talma, révolutionnaire moins qu'eux, mourrait malgré
lui comme un chien, c'est-à-dire philosophiquement ; ce
qui signifie sans sacrements, ainsi que vint l'interpréter,
à la barre de je ne sais quelle assemblée, M. Grouvelle,
en lui faisant part de la mort du citoyen Cerutti. Jusque-
là, il n'y a rien d'étonnant ; j'observe seulement à Messieurs de la Cour royale de Paris qu'Arnault et Andrieux,
et autres collaborateurs du *Courrier* et du *Constitutionnel*, gardes-malades du corps et de l'âme du malheureux
Talma, qui ont voulu qu'il mourût comme ils disent
qu'on doit mourir quand on est philosophe, sont les
mêmes hommes que Messieurs ont eu le droit, l'honneur
et le mérite de proclamer théologiens, docteurs de Sor-
bonne, successeurs de Bossuet et de Fénelon, défenseurs
des libertés de l'Église gallicane, de proclamer enfin bons
catholiques, sur la caution de maître Dupin ! ! !

Talma est donc mort sans sacrements, dans les bras de
la Révolution, qui marche la tête haute, et brave la monarchie et la religion ; c'est aux révolutionnaires qu'il
appartient de l'enterrer. Il n'est pas question du fondateur
d'une école dramatique, il n'est pas question du successeur de Lekain, il s'agit de Talma le jacobin. Tout le jacobinisme est convoqué par circulaire ; tous les carbonari, qu'ils sachent lire ou non, répondront à l'appel ; et
un des coryphées de la faction tricolore, Talma, est porté
triomphalement au cimetière du Père-Lachaise, qui reçoit
jusqu'aux hommes sans Dieu. C'est comme outrage à la
religion et à la royauté que la solennité a été célébrée :
ce sont là les fêtes du libéralisme, en attendant qu'il
quitte ce nom d'emprunt,

Le scandale de l'enterrement de Talma a succédé ainsi

à la scandaleuse fête funéraire du général Foy. A Talma
a succédé le député Stanislas Girardin. Le triomphe décerné à celui-là n'a été qu'une ovation. Basterrèche ne
l'aurait pas échappé, s'il n'était pas mort à Bayonne. La
tactique de la faction est d'être à l'affût de ses grands
hommes passant de vie à trépas, pour ameuter, prêcher,
enflammer en toute occasion ses vieux clubistes et toute
sa jeunesse agissante, réfléchissante et pensante; c'est
voulant dire les étudiants : étudiants des écoles de droit,
de médecine et de chirurgie, étudiants de comptoir, étudiants commis voyageurs, étudiants courtauds de boutiques; il n'y a pas un de ces brouillons qui ne s'intitulera
étudiant quand on les arrête.

Mais ce fut le 3o mars 1827 que la fête des fêtes fut préparée et organisée, ce qui s'appelle avec préméditation et
solennité, comme devant faire époque de progrès dans ce
qu'on appelle la marche du libéralisme, bien différent du
jacobinisme, puisqu'il a le bonnet rouge dans sa poche au
lieu de l'avoir sur la tête. Nous verrons bien.

M. le duc de la Rochefoucauld dit Liancourt s'avisa
de mourir. Ce charlatan de philanthropie, dont il ne m'appartient pas de signaler les vices comme homme privé,
ce révolutionnaire en impénitence finale, ce méprisable
vieillard [1], l'idole de convention des libéraux, fut enterré
le 3o mars. Comme pair de France, duc, chevalier des
ordres du Roi, le vieux Liancourt devait être enterré avec
tous les honneurs dus à son nom et à son rang. Sa demeure était rue Royale-Saint-Honoré; sa paroisse l'Assomption, située à quatre cents pas; deux rues fort larges
y conduisaient. Selon les règlements, le plus magnifique
corbillard attendait le corps à la porte de la maison; un

1. Voir note B à la fin du chapitre.

nombre donné de pairs, de parents et d'amis, un bataillon d'honneur, devaient escorter le convoi. Le commissaire de police du quartier des Tuileries, Mazug, se présente, et s'informe à quelle heure le cortège se mettra en
marche : on lui dit à onze heures. On le trompait, car le
commissaire Mazug arriva à dix heures et demie, et le
cortège était parti. Le corps n'était point dans le corbillard : il était porté, du consentement de la famille, par
d'anciens élèves ou des élèves venus en poste de Châlons, ou plutôt par de soi-disant élèves, beaux et bons
habitués convoqués dans ces occasions-là, telles que les
convois Foy, Talma, Girardin ; ils n'avaient garde de
manquer et ne manquèrent pas au convoi Liancourt. Ces
élèves de Châlons donc, prenons-les pour ce qu'ils se sont
donnés, portèrent à bras le corps qui aurait dû être dans
le corbillard. Le commissaire Mazug, voyant que le cortège était en route, que la distance était fort petite jusqu'à
l'église, ne voulut pas faire d'esclandre, et se contenta de
suivre jusqu'à l'Assomption. L'office des morts se fit. Le
corbillard était dans la cour intérieure, au bas des marches de l'église, attendant le corps pour le transporter à
la barrière de Clichy, distante de plus d'un quart de
lieue. Là, le cortège devait s'arrêter, la cérémonie finir,
et une voiture de poste devait transporter le défunt à
Liancourt, selon ses dernières volontés. Pour n'avoir rien
à se reprocher, le commissaire, pendant l'office, envoie
son rapport au préfet de police, mentionnant l'incident
du corps porté à bras jusqu'à l'église, et demandant ce
qu'il a à faire, en cas que les mêmes individus veuillent
porter le corps à bras jusqu'à la barrière de Clichy. La
réponse fut que son devoir était de suivre les règlements,
qui commandaient l'autorité supérieure elle-même. Le
commissaire Mazug passe à la sacristie, demande à com-

muniquer avec la famille. L'évêque de Beauvais, Feutrier [1], qui a assisté le défunt à ses derniers moments, et
M. A. de la Rochefoucauld [2], un des fils du duc de Liancourt, se présentent. Certes, le commissaire en costume
leur a déclaré ses nom et qualités : autrement, à quel
titre aurait-il conféré avec la famille? Je ne fais cette observation que parce que, dans ses doléances de comédie,
la famille a omis de parler de la communication faite
dans la sacristie par celui qui s'est annoncé et a dû s'an-
noncer commissaire de police du quartier, et que, par
une mauvaise foi systématique, elle l'a seulement désigné
comme un quidam qui avait donné des ordres on ne sait
pourquoi. Il n'en est pas moins vrai et prouvé qu'à l'ex-
hibition officielle de ces instructions, il fut déclaré par
M. Alexandre de la Rochefoucauld que les parents trouvaient tout simple que le commissaire de police fît son
devoir, qu'on ne demandait point qu'il fût fait pour le
duc de Liancourt autrement que pour les personnages de
sa position sociale, et qu'ainsi le commissaire n'avait pas
même besoin de faire une officieuse communication. Cependant le corps, après l'office funèbre, est enlevé dans
l'église par les mêmes élèves, appelons-les ainsi, qui l'ont
porté depuis la maison ; la portière du corbillard est ouverte par le maître des cérémonies ; les porteurs le mettent à moitié dans la voiture, sans difficultés. Mais les
frères et amis remplissaient la rue Neuve du Luxembourg
et la rue Saint-Honoré ; ils crient aux porteurs de ne pas
lâcher prise, de ne pas abandonner le corps. Les jeunes

1. Jean-François-Hyacinthe Feutrier, évêque de Beauvais le 21 mars
1825, ministre des affaires ecclésiastiques en 1828; né en 1785, mort le
27 juin 1830.

2. Alexandre-François de la Rochefoucauld, comte de Liancourt, député
de l'Oise de 1822 à 1824 et de 1828 à 1831, pair de France en novembre 1831;
né en 1767, mort en 1841.

gens hésitaient, sur les représentations du commissaire
Mazug qui les engageait à ne pas faire de scandale et à
laisser rendre les honneurs comme on les devait. Mille
cris, mille injures sont proférés à travers les grilles; il se
fait irruption dans la cour intérieure; les séditieux du
dehors se joignent à ceux qui étaient sur les marches de
l'église; ils renversent les soldats qui étaient près du corbillard, aident les porteurs, soi-disant élèves, à sortir le
cercueil, et le corps est enlevé par ces furieux hors de la
cour et jusqu'au milieu de la rue Saint-Honoré. Le commissaire réclame l'intervention de la force armée : en un
moment, le lieutenant-colonel qui la commandait donne
ordre à un détachement d'aller rétablir l'ordre. Les soldats, indignés de voir cette canaille commettre de telles
insolences, cernent le groupe au milieu duquel était le
cercueil : une copieuse quantité de bourrades est distri-
buée à cette élite de tapageurs; ils se sauvent, se pous-
sent, se renversent, et laissent tomber le noble duc,
avec tous ses accessoires, précisément dans le ruisseau.
Des grenadiers le relevèrent et le posèrent dans le corbillard, qui prit enfin la route de Clichy. Voilà l'exacte
vérité.

Mais la Chambre des pairs offrit le spectacle le plus
ridicule et le plus affligeant. MM. Pasquier, de Broglie,
Barante et autres ont affecté de voir dans cet incident *un
attentat inouï*, comme l'a fort inutilement caractérisé
M. Benjamin Constant à la tribune de la Chambre des
députés, et ils ont tous cherché à faire voir ce qui n'y
était pas. Tous les La Rochefoucauld mentirent par esprit
de famille ; car c'est un principe politique chez eux, à
quelques exceptions près, d'être frondeurs, d'être hargneux
envers l'autorité royale, et de croire ainsi faire et avoir de
la popularité. Cela date du fameux facieux que le cardi-

nal de Retz appelait *la Franchise*, le duc de la Rochefoucauld, l'auteur des *Maximes*.

M. de Lally-Tollendal [1] a été plus véridique et plus louable, quand il a dit, au milieu d'un pathos scientifique *de
funeribus Romanorum*, que le convoi du duc de Liancourt était un de ces banquets révolutionnaires dont les
convives et les spectateurs sont, de fondation, les mêmes
figures patibulaires et les mêmes acteurs, toujours et
partout. Mais les politiques de la Chambre ont conclu
qu'il fallait une enquête. L'enquête fondait un précédent qui immisçait la Chambre haute dans l'administration ; mais cet appétit était prématuré. Les habiles ont
senti qu'il fallait désavouer le zèle ardent de quelques-
uns, et on s'est borné à prier M. le grand référendaire
d'aller aux informations et d'en rendre compte. Le marquis Pantalon s'est rendu chez le préfet de police. M. de
Lavau lui a demandé s'il avait l'honneur de parler à M. le
marquis de Semonville ou à M. le grand référendaire de
la Chambre des pairs ; que, dans le premier cas, il lui
dirait tout ce qu'il voudrait savoir ; que, dans le second
cas, il n'avait rien à lui dire. M. le marquis fut rendre
compte de sa ridicule ambassade et fit usage d'un de ses
lazzis ordinaires : tout son rapport fut un acte de contrition pur et simple de n'avoir rien vu par ses yeux, d'être
parti avant l'événement par sa faute, par sa faute, par sa
très grande faute, avec un ferme propos de n'y plus retomber, et d'assister depuis le commencement jusqu'à la
fin des enterrements des très nobles et très illustres pairs
de France qui s'aviseraient désormais de mourir. Ainsi
finit cette nouvelle tentative essayée dans la rue par le
libéralisme.

1. Théophile-Gérard, marquis de Lally-Tollendal, député à l'Assemblée
constituante, pair de France le 19 août 1815; né en 1751, mort le 10 mars 1830.

Mais, par ses soins, le scandale coulait à pleins journaux. Les tribunaux secondaires n'osaient punir, n'ayant
pour perspective que de voir leurs jugements infirmés par
la Cour présidée par M. Séguier. C'est ainsi qu'au mois
d'avril le tribunal de première instance acquitta le *Courrier français*, cité pour avoir dit : « Le ministère, dans
« notre système de gouvernement, demeure seul solidaire
« de la désaffection publique. Oui, quand il s'en va ;
« quand il reste, non. Notre devoir est d'en avertir le
« pouvoir ; car s'il est loisible aux individus d'adopter un
« *quand même*, il n'en est pas ainsi des peuples, dont la
« première loi est de vivre. »

Les directeurs du mouvement révolutionnaire ne s'en-
dormaient pas dans leurs attaques. A la tribune, ils proféraient les mensonges que répétaient leurs folliculaires
soldés. Un avocat fit une pétition pour se plaindre de ce
qu'on a refusé de le faire notaire : la commission proposa
l'ordre du jour. Cet homme appartient aux libéraux ; ces
factieux prennent sa défense. On les repousse par l'ordre
du jour : « Il n'importe, crie Casimir Périer, l'un des
« meneurs ; nous ne sommes que dix dans la Chambre,
« mais au dehors nous sommes trente millions. » Ces
absurdités-là se disaient, et elles portaient coup : la
royauté insultée était si bénigne, et tant d'honnêtes niais
sacrifient à la peur !

La loi sur la police de la presse était passée chez nous
dans la proportion de 233 boules blanches contre 134
noires et 367 votants. Majorité : 99. La loi du gouvernement, la loi primitive valait mieux, et n'était cependant
elle-même qu'un palliatif au mal. La loi amendée était
très affaiblie ; telle quelle, elle valait mieux que rien : elle
frappait les journaux et tuait les libelles. Mais elle avait
à subir la discussion à la Chambre des pairs.

On prévit dans quel mauvais esprit le rapport serait fait, quand on vit que, dans la commission, M. de Broglie, révolutionnaire systématique, avait été nommé de préférence à M. de Laforest [1], royaliste de position. M. Portalis fut nommé rapporteur. Le rapport a été tel qu'il devait sortir des mains d'un noble pair enrôlé dans les fédérés d'Angers aux Cent-jours. Ce qui n'a pas empêché la *Quotidienne* de dire, le 18 avril : « M. le comte Por-« talis devait faire son rapport, et l'on s'attendait à voir « un de ces grands et consciencieux travaux auxquels « le noble pair a depuis longtemps habitué la Chambre « haute. »

Ce rapport a été connu du gouvernement, et cela était suffisant, vu la composition de la commission, pour être assuré d'avance du mauvais esprit qui dominait la majorité de la Chambre héréditaire. On ne devait pas retirer la loi avant d'avoir connaissance du rapport : beaucoup de gens se seraient récriés que les nobles pairs l'auraient améliorée. Le rapport connu donnait la certitude du contraire, et la mauvaise volonté de leurs seigneuries était manifeste. Le gouvernement aurait eu une patience par trop niaise de la laisser discuter de nouveau, et de fournir l'occasion de répéter les mêmes mensonges, de vociférer les mêmes injures que les alliés de la Chambre élective avaient proférées, pour finir par une ovation décernée aux bons pairs et préparée déjà par les révolutionnaires du dehors.

Les signes précurseurs se manifestaient sous le ciel politique : le serpent révolutionnaire se replia sur lui-même et, se sentant blessé, il distilla son venin par tous

---

1. Antoine-René-Guillaume-Mathurin, comte de Laforest, ambassadeur, pair de France le 5 mars 1819; né en 1756, mort en 1846.

ses pores. Il célébra le retrait de la loi comme une victoire, et feignit de remercier le Roi, comme si le prince
octroyait cette licence de la presse sans laquelle les
révolutionnaires seraient sans force et sans appui. Ils
passèrent de la sédition écrite à la sédition orale, et ils
l'organisèrent avec le drapeau blanc et au cri de : *Vive
le Roi !* Le retrait de la loi sur la police de la presse se
traduisit en acclamations ironiques : *Vive la liberté de la
presse! Vive le Roi !* On ne vit d'abord paraître que des
garçons imprimeurs, des relieurs, des brocheuses, à qui,
pour la plupart, les libraires et les imprimeurs, soit par
intérêt, soit par esprit de parti, avaient distribué de l'argent. Cette portion de peuple alla le boire et faire bom-
bance. Cela n'a de dangereux en soi que d'accoutumer la
multitude à s'ameuter, et d'ailleurs c'est en plein jour,
il n'y a pas de quoi sévir ; les meneurs le savent bien : ce
n'est que pour préluder et accoutumer à voir marcher des
masses. Des jeunes gens, le drapeau blanc en tête, s'approchent des Tuileries et traversent le Carrousel ; c'est
plus coloré, d'autant que, dans ce triomphe en l'honneur
des lettres, les habitués d'émeutes montrent leurs sinistres
figures. Mais ils crient : *Vive la liberté de la presse! Vive
la Charte!* et, de loin en loin, *Vive le Roi!* On ne peut
guère dissiper le premier jour, et, pendant le jour, quelques groupes processionnent en criant : *Vive le Roi!*
Mais la nuit arrive, les oiseaux révolutionnaires se montrent ; ils jettent des pierres dans les fenêtres des gens
paisibles qui n'ont point illuminé ; ils tirent des pétards,
des coups de fusil. Ce n'est plus : *Vive le Roi! Vive la
Charte! Vive la presse!* que les factieux dirigeants font
crier à leurs soudoyés nocturnes ; c'est : *A bas les jésuites!
A bas les ministres! A bas la calotte!* Voilà bien le caractère séditieux en explosion punissable. Un de ses cri-

mes, comme un de ses moyens, c'est de jeter l'alarme dans
une immense population. Il faut colorer à la tribune l'indiscrétion de quelques-uns de ces cris, l'insolence de quelques-uns de ces vœux proférés : les députés libéraux
assurent qu'il y a des agents provocateurs. Mais, le
19 avril, il n'y a plus eu moyen d'employer cette imposture : les détachements de gendarmerie envoyés pour
maintenir le bon ordre ont été lapidés de tessons, de pots
de fleurs, de moellons ; un brigadier de gendarmerie a été
blessé si grièvement qu'il est mort deux jours après. Les
meneurs ont eu à regretter un bon nombre de leurs amis,
qui ne se sont pas vantés des horions qu'ils ont reçus.
Mais le Roi, à leur grand dépit, accorda deux cents francs
de pension à la veuve du gendarme. Aussi criaient-ils
Vive le Roi! avec l'accent de la fureur ; aussi, à la représentation du *Tartufe*, on recommençait à applaudir

> Nous vivons sous un prince ennemi de la fraude.

Mais c'était si bien une insulte, que des groupes disposés
sur la place de l'Odéon répondaient du dehors aux applaudissements du dedans. Le lendemain parut une simple
ordonnance de police, qui prévint les amateurs d'attrou-
pements que, s'ils se montraient, on les étrillerait de main
de maître. Plus de pétards, d'illuminations, de vociférations : à Paris, tout rentra dans l'ordre accoutumé.

   Pendant que, de tentatives en tentatives, les libéraux
allaient à leur but, nos royalistes de la défection croyaient
voir leur triomphe dans le renversement présumé du
ministère, et, le plus stupidement du monde, ils attaquaient la monarchie, tout en disant, tout en croyant
qu'ils n'attaquaient que les hommes du pouvoir. Comme
si le pouvoir, sorti des mains des religieux et monarchiques ministres nos amis, devait tomber entre les mains

de ces pauvres insensés ! Ils se disent les royalistes par
excellence, et, depuis deux ans, il n'y a pas une loi, pas
une mesure monarchique qu'eux ou les écrivains de leur
coterie n'aient constamment repoussée, calomniée, dis-
créditée, même une fois adoptée. On ne fait pas de lois
monarchiques depuis deux ans! crient-ils à pleine gorge;
et les menteurs se sont élevés contre le remboursement
au pair, contre le droit d'aînesse, contre la loi d'indépendance de Saint-Domingue, contre la loi d'indemnité.
S'agit-il d'avouer au moins les mêmes principes? la *Gazette universelle de Lyon* ne trouve pas grâce devant eux.
C'est, sous la garantie de ses estimables collaborateurs,
le journal des royalistes les plus éclairés ; elle ne flatte
pas les ministres, mais elle ne les injurie pas ; elle professe l'opposition stimulante, mais la coterie veut qu'on
soit dans l'opposition hostile; et le fameux Lézardière, qui
prend du tabac dans la tabatière de Benjamin Constant
et donne une poignée de main à Dupont de l'Eure [1], appelle à la tribune la *Gazette de Lyon*, « cette insignifiante
Gazette qui se trouve on ne sait pourquoi sur notre table
de la salle des conférences. » Voilà le tribut d'absurdités,
de déloyautés que tous ces illustres de l'opposition royaliste hostile apportent à la communauté établie entre les
libéraux révolutionnaires et eux. Nos libéraux de l'espèce
Bacot, Cambon, Lalot, Hyde, Beaumont, Lézardière,
aiment les jacobins de toute la haine qu'ils portent aux
ministres royalistes; ils sont unis pour abattre l'ennemi
commun, le ministère actuel.

Les coalisés font des madrigaux à la magistrature de
Paris qui, hostilement parlant, représentée par M. Séguier, veut être bien plus qu'un pouvoir judiciaire.

1. Jacques-Charles Dupont de l'Eure, député de 1819 à 1848, membre du
gouvernement provisoire de 1848; né en 1767, mort en 1855.

Les coalisés de la Chambre élective et les Journalistes leurs féaux font des madrigaux à la Chambre héréditaire, dont la majorité actuelle ne repousse pas l'idée d'être pouvoir absorbant, accaparant portefeuilles et hautes fonctions, et régnant ainsi sous le nom du Roi. Tous les grands et moyens emplois se partageraient entre les nobles pairs et nos supériorités de la défection et nos supériorités de la gauche. Je ne sais pas, comme disait M. Royer-Collard, mais j'affirme que c'était le plan ; les niais de salon de la bonne compagnie y donnaient les mains ; on répétait que M. Roy avait promis qu'une fois ministre il paierait l'indemnité des émigrés en cinq pour cent au lieu de trois. La coalition faisait l'impasse des mécomptes. Le 29 avril en amena un, bien utile à l'affermissement de la monarchie, qui n'en a pas su ou voulu profiter.

Le Roi avait passé la revue des troupes le 12 mars. Le maréchal Oudinot [1], qui n'entend malice à rien, demanda au Roi de vouloir bien passer aussi la revue de la garde nationale de Paris, dont il est le commandant général. L'excellent prince y consent imprudemment, et le 29 avril est le jour annoncé.

Le plan des factieux est arrêté : la population moutonne de Paris, qui est curieuse, sera sur pied ; des escouades de frères et amis, habilement distribués, joints aux libéraux choristes, libéraux courtauds de boutiques, libéraux commis marchands, libéraux apprentis ès arts, apprentis ès lois, apprentis ès sciences, apprentis ès lettres, la matière libérale enfin de tous les états, crieront simultanément : *Vive le Roi!* rien de plus ; c'est tout ce qu'il faut dans le premier moment. Mais les ordres ne furent pas

---

1. Charles-Nicolas Oudinot, duc de Reggio, maréchal de France, pair de France le 4 juin 1814, ministre d'État ; né en 1767, mort en 1847.

exécutés ponctuellement; le zèle trop ardent emporta beaucoup de mal endoctrinés, et toutes les espérances des meneurs furent trompées. L'autorité avait pris des mesures de prévoyance. Le Champ de Mars, lieu de la revue, est immense ; les talus qui l'encadrent étaient couverts de peuple, comme on s'y attendait; mais un grand nombre de gendarmes à cheval veillaient à ce que l'intervalle fût largement libre entre les talus et le milieu du vaste terrain où la garde nationale devait être passée en revue et défiler devant Sa Majesté. L'ordre ainsi maintenu empêcha tout point de contact, tout accord de vociférations inconvenantes entre les gardes nationaux libéraux et les groupes d'aboyeurs soudoyés, échelonnés dans la foule. Avant l'arrivée du Roi, quelques chanteurs à quinze sols s'émancipèrent, et on entendit des cris : *A bas les jésuites! Vive le Roi! A bas les ministres! A bas la calotte! Vive la liberté de la presse!* Des voix de stentors, payées à dix francs celles-là, accouraient à ces maladroits et criaient : « *Vive le Roi!* ne dites que *Vive le Roi!* cela dit tout. » Il est vrai de dire que, presque partout, ce qui s'appelle le peuple faisait lui-même taire ces clameurs séditieuses, au cri sincère et naïf de *Vive le Roi!*

Depuis les Tuileries jusqu'à la porte du Champ de Mars par la rue de la Motte-Piquet, le Roi n'entendit que le cri populaire de l'amour et du respect; mais, arrivé devant le front du 2ᵉ ou 3ᵉ bataillon, il commença à entendre murmurer sous les armes : *Vive le Roi! A bas les ministres! Vive le Roi! Vive la presse!* Un peu plus loin, ce fut : *A bas les ministres! A bas les jésuites! A bas les congréganistes et les prêtres!* Plus loin, dominait le cri : *A bas les ministres! A bas les ministres!* Ici le Roi s'arrêta et dit d'une voix ferme : « Je suis venu pour passer « en revue la garde nationale, et non pas pour recevoir

« des leçons et pour être insolenté par des factieux ! »
L'ordre fut donné que le garde national qui s'était adressé
directement au Roi sortît des rangs et fût chassé. Ce misérable, qui était un layetier, perdit toute son intrépidité ;
ses propres camarades, car ils n'étaient pas tous de cette
insolence, lui arrachèrent son équipement, et le drôle
s'en alla, blanc comme sa chemise, cacher sa honte, mais
non pas son repentir. Les libéraux ont dû faire une sous-
cription pour lui.

Mais ce ne fut là que le début de la sédition orale. La
calèche des princesses suivait le cortège du Roi. Le 18,
Madame, duchesse de Berry, avait entendu, sous les fenêtres du pavillon Marsan, crier : *A la guillotine!* Le 29,
elle et Madame la Dauphine, passant devant la compagnie dont le frère de Jacques Laffitte est capitaine, les
princesses entendirent les injures les plus atroces, les
plus impies, les plus grossières, les plus séditieuses. Le
duc de Reggio, indigné, donna ordre à un gendarme
d'élite d'arrêter un de ceux qui proféraient de semblables
blasphèmes. Un officier de cette étrange milice cria à son
commandant général, en brandissant sa flamberge : « On
n'arrête personne ici ! » Et il n'en fut que cela !

Voilà une partie des gentillesses que se permit, pendant cette revue, si mal conseillée, plus mal consentie, ce
qu'on a dit être la minorité la plus minime de la garde
nationale de Paris. Il n'en est pas moins vrai que l'immense majorité n'empêcha rien ; il devenait donc juste et
exemplaire de la punir tout entière, ainsi que le Roi l'a
fait.

Il n'y eut pas moyen de répéter le mensonge quotidien :
ce sont des agents provocateurs. La monarchie ne voyait
ni ne croyait : ce jour-là le Roi, Monsieur le Dauphin, —
plus indigné que Charles X lui-même, il faut le dire, — les

princesses, toute la famille royale enfin, ont vu de leurs
yeux, entendu de leurs oreilles le soi-disant libéralisme,
c'est-à-dire la hideuse Révolution, ressuscitée avec son
langage, ses blasphèmes et ses coupables espérances. On
dit que le général Exelmans [1] demanda l'ordre de sabrer
cette canaille. On dit que, content des paroles du Roi,
le maréchal Soult s'écria : « Enfin, je vois un roi de
France! » On dit enfin qu'à Neuilly, dans son salon, le
duc d'Orléans ne put pas s'empêcher de dire : « Le 29
avril, au Champ de Mars, je me suis cru à la fédération
de 90. » Il ne manquait que l'évêque d'Autun pour dire la
messe.

Dans les provinces, les gardes nationales s'apprêtaient
à répondre à l'appel de celle de Paris, et, d'un bout du
royaume à l'autre, on aurait vu des fédérations révolutionnaires surgir sur tous les points. « La tentative du
« 29 avril, m'écrivait de Mayenne mon ami le général
« Chappedelaine [2], était annoncée dans les provinces, et
« ses partisans ne doutaient nullement du succès. Déjà,
« depuis quelque temps, les précurseurs des orages
« étaient rendus à leurs postes; ils devaient d'abord ré-
« pandre, pour préparer les esprits, que la garde natio-
« nale de Paris s'étant hautement prononcée contre la loi
« de la presse, le ministère, effrayé, s'était empressé de
« la retirer; et ils ajoutaient qu'il ne fallait plus qu'un
« léger coup d'épaule pour obtenir justice du ministère,
« qui, bien entendu, serait remplacé *convenablement*. Ce
« coup d'épaule aurait eu lieu, et la consternation a été
« grande de voir échouer une menée dont on attendait de

---

1. Henri-Joseph-Isidore, comte Exelmans, général de division, sénateur
et pair du premier empire; né en 1775, mort sénateur du second empire et
maréchal de France en 1852.

2 Jean-René, chevalier de Chappedelaine, maréchal de camp, né en 1766.

« si heureux résultats. En effet, il paraît, par les indis-
« crétions échappées à un premier moment de dépit, que
« les directeurs locaux avaient pour instructions de faire
« adresser à la garde nationale de Paris des félicitations
« par toutes les gardes nationales du royaume sur l'émi-
« nent service rendu par elle, ainsi qu'une adhésion à son
« honorable conduite. »

Mais, le 30 avril au matin, le *Moniteur* parut avec ce
titre : « Partie officielle. Ordonnance du Roi : La garde
nationale de Paris est licenciée. Signé : CORBIÈRE. »

A-t-on bien fait? était-il temps?

Pendant toute la première semaine de mai, nos notabilités factieuses de la Chambre des députés se répandirent
en invectives contre l'ordonnance royale. Le *Courrier
français* du 2 mai renchérit d'insolence, sûr de l'impunité
si on l'envoyait devant la Cour royale de Paris. Le dimanche suivant, nous autres serviles nous nous rendîmes
aux Tuileries, M. Ravez à notre tête : nous étions plus de
deux cents députés. Quand notre bon Roi vit cette procession, la joie de son cœur se peignait sur son visage ; il
n'est pas un de nous à qui il ait oublié de dire quelque
chose d'affectueux : « Je suis content, très content, de
« vous voir en aussi grand nombre, » dit-il à Humbert de
Sesmaisons. Il est à remarquer que, sur 429 députés, nous
étions 259 sans fonctions.

Madame la Dauphine dit, en nous voyant : « Vous êtes
« bien nombreux ; » et elle ajouta, en levant les yeux au
ciel : « Cette Chambre est excellente! » Il y a une circonstance bien digne d'être remarquée. Le Bertin· de
Vaux, alors l'âme damnée de M. de Chateaubriand, eut la
fourberie de dire dans son *Journal des Débats* du 1er mai :
« La garde nationale de Paris a été licenciée à la suite
« d'un Conseil où Monsieur le Dauphin n'était pas. » Notre

collègue Baron [1], député du Var, directeur du Mont-de-
piété, voyait souvent le Roi, qui l'écoutait avec confiance
et amitié. « Je parlais au Roi, me dit-il un jour, de cet
« étrange article, qui était injurieux au prince comme à son
« fils. » — « Le *Journal des Débats*, dit-il avec mépris, est
« fait par un scélérat et par un fou, mais il n'a pas menti,
« en ce sens qu'il n'y a pas eu de Conseil. Au commence-
« ment de la revue, j'étais très satisfait; plus tard, je n'en-
« tendais pas distinctement, parce que j'ai l'oreille un peu
« dure. Je dis même au Dauphin : *Il me semble que cela
« se passe bien*. Il me répondit avec indignation : *Mon
« père, vous ne les entendez donc pas : ce sont des in-
« fâmes!* Ainsi, c'est moins sur mon ressentiment que sur
« celui de mon fils que j'ai dit à Villèle d'ordonner à Cor-
« bière, de ma part, de faire l'ordonnance de licenciement,
« et j'en ai dicté les termes. » Ceci est la vérité : tout est
mensonge dans l'*Annuaire* de Lesur et dans l'*Abrégé
chronologique* continué par Michaud.

Mais voilà que ce pauvre duc de Doudeauville, plein de
l'esprit de popularité qui appartient à sa famille, jugea à
propos d'envoyer sa démission au Roi, comme protestation contre l'ordonnance. Cet honnête niais crut servir à
la fois sa conscience, sa pusillanimité et sa politique de
position. Ministre de la maison du Roi, il n'avait aucune
responsabilité à encourir. Une des plus fortes têtes de la
Cour, la vraie mouche du coche, le pauvre fils du pauvre
duc, sous-ministre des beaux-arts [2], avait sonné partout
l'alarme et répandu la nouvelle du danger de la monarchie, la nouvelle de la démission de M. son père, selon

1. Guillaume-Antoine Baron, député du Var de 1820 à 1830; né en 1774.
2. Louis-François-Sosthène, vicomte de la Rochefoucauld, intendant des
Menus-Plaisirs, directeur des beaux-arts, théâtres royaux et manufactures,
aide de camp du Roi, colonel de la 5e légion de la garde nationale; né en
1785, mort en 1864.

lui la pierre angulaire de l'édifice, l'âme du ministère, qui
allait n'être plus qu'un corps sans vie. Le Roi n'en était
pas moins parti pour la chasse. M. le duc donnait le lendemain un très grand dîner. Il n'y avait pas le plus petit
doute dans sa maison que la démission serait refusée, que
M. le duc serait supplié de rester, dût-il exiger que l'ordonnance fût rapportée, que les ministres fussent renvoyés ou au moins décimés. Rien de tout cela. La démission est acceptée; le Roi lui fait dire que le soin qu'on a
pris d'en répandre le bruit, avant même de lui en avoir
parlé, le dispensait d'en témoigner des regrets. Le dîner
fut décommandé, voilà tout. L'excellent homme à qui
M. son fils, M. le vicomte Sosthène, et la famille, et les
commensaux, avaient fait faire cette fausse démarche, n'en
fut pas moins, le mercredi suivant, à la soirée publique
de M. de Villèle, le président du conseil, uniquement
pour prouver qu'il ne voulait pas que son nom fût compromis au profit de la malveillance, et qu'il ne se séparait
pas de la cause de la monarchie. Le plus désappointé fut
M. le vicomte Sosthène, qui se trouvait dans la position la
plus fausse. Aide de camp du Roi, chef de légion dans la
ci-devant garde nationale, directeur des beaux-arts au
ministère de la maison du Roi, grâce à ses commérages,
il ne *travaillait* plus depuis longtemps avec le Roi; mais
enfin il était directeur des beaux-arts, et se croyait sous-
ministre, ministre en expectative, le vrai ministre sous la
raison du duc de Doudeauville, son père. On donna le
portefeuille par intérim à M. de la Bouillerie, un simple
conseiller d'État. Le vicomte semblait ne pas devoir descendre jusqu'à travailler sous lui. N'importe, il aima
mieux rester et ne travailler avec personne. Le vicomte
Sosthène ne quittera pas la direction des beaux-arts; vous
verrez que ce sera la direction qui le quittera.

La mesure du licenciement de la garde nationale devait et pouvait sans risques être suivie de tout ce qui était salutaire à entreprendre; les serviteurs du Roi l'espéraient, les révolutionnaires le craignaient. « C'est bien, très bien, » disais-je un jour à M. le garde des sceaux, M. de Peyronnet; « mais il faut frapper de suite tous les coups « contre les factieux, ils s'y attendent. — On va les frap- « per, mon ami. — J'en doute. — Et moi, si j'en doutais, « je ne resterais pas un quart d'heure dans le fauteuil « où vous me voyez. — Je croirais, s'ils avaient tous votre « énergie et votre résolution ; mais M. de Corbière? — Il « en a autant que moi. — Mais M. de Villèle? — Il en a « plus que nous tous. — Que le ciel vous entende! « lui dis-je les larmes aux yeux. Personne ne nous voit; « que je vous embrasse! » Vain espoir! C'était bien coupé, on n'a pas voulu coudre. Qui n'a pas voulu? Je l'ignore, ou plutôt je ne l'ignore pas; mais on voit que M. de Peyronnet n'est pas le coupable. L'avis a passé qu'on ne pouvait agir avec vigueur qu'après la session.

Mais les meneurs — à qui on laissa le temps de respirer, qui savaient qu'en bien comme en mal il faut toujours tenir le public français en haleine, que le succès est à ceux qui osent, et que le désordre du lendemain fait oublier l'échec de la veille — imaginèrent de rentrer en campagne par le mouvement séditieux qu'ils organisèrent au Collège de France, à l'occasion de l'ouverture du cours de M. Récamier [1]. Ce professeur est un homme du plus grand mérite et très bien pensant ; M. Magendie [2] est aussi un homme de mérite, mais ses opinions sont révolutionnaires, et, dans la concurrence avec M. Récamier, les vœux du

---

1. Joseph-Claude-Antelme Récamier, né en 1774, mort en 1852.
2. François Magendie, membre de l'Institut, né en 1783, mort en 1855.

parti dit libéral le portaient pour successeur du célèbre
M. Laënnec [1]. M. Magendie avait déjà été le concurrent
de ce digne et savant médecin, qui lui avait été préféré
par le ministre avec la même justice alors que M. Récamier aujourd'hui. De là, ameutement, soulèvement des
étudiants en médecine et en chirurgie. La gendarmerie
et le commissaire de police du quartier les dissipèrent; les
meneurs n'eurent d'autre profit que d'entretenir l'agitation.

Le lendemain, par la même tactique, et sans aucun
prétexte cette fois, nouveau rassemblement par ordre,
nouveau tumulte organisé à l'École de médecine, au sujet
du docteur Guibert, qui n'avait rien de commun avec
M. Récamier que peut-être les mêmes bonnes opinions et
la même estimable réputation. Cette fois, la sédition prit
un caractère qui n'était pas équivoque. La jeunesse agissante, réfléchissante et pensante de M. Royer-Collard vo-
ciférait en détroussant les passants; plusieurs de ces
braves arrêtèrent des individus bien mis et les fouillèrent
pour s'assurer, disaient-ils, s'ils n'étaient pas mouchards.
La visite des poches faite, on ne laissait aller le particulier que quand il avait payé vingt sols : c'était, disaient-
ils, une collecte au profit de leurs frères libéraux arrêtés
la veille, contre toute justice, sur la place Cambrai, et dé-
tenus à la préfecture de police. Car la veille, ces bons et
inoffensifs poursuivants des sciences et arts, après avoir
été dissipés par la gendarmerie, avaient rencontré M. Récamier sur le pont Saint-Michel; ils avaient assailli de
pierres son cheval et son cabriolet, l'avaient forcé de descendre et de venir avec eux demander au préfet de police
la liberté de leurs camarades. M. Récamier, ainsi violenté,

---

1. René-Théodore-Hyacinthe Laënnec, né en 1781, mort le 13 août 1826.

eut la trop grande bonté de leur répondre : « J'y allais. »
Effectivement, le professeur entra à la préfecture, entouré
et suivi d'un gros de turbulents, et demanda le préfet. Ce
magistrat fit introduire le professeur et trois ou quatre
jeunes gens, et ordonna qu'on mît les autres à la porte. La
réponse de l'autorité, ainsi provoquée, fut un refus for-
mel. Le quai des Orfèvres, la rue de Jérusalem étaient
couverts de peuple mêlé ; des maçons en groupes, apparemment à titre d'étudiants, étaient au coin de la rue ;
sommés de se retirer, ils disaient qu'ils flânaient, qu'ils
étaient là en curieux. Un gros de meneurs et d'instiga-
teurs était en observation au coin de la rue de Harlay,
prêt à se mêler au tumulte s'il prenait de la consistance.
Il n'en prit pas : les braillards de la rue de Jérusalem se
tenaient, sans oser avancer, devant les portes de l'hôtel
ouvertes à deux battants ; ils avaient l'œil en arrêt sur le
moindre mouvement qui se ferait dans la cour, prêts à
s'enfuir dès qu'ils verraient ou entendraient le moindre
piquet de gendarmes à cheval. Mais un détachement avait
fait une sortie de l'intérieur par la rue de Lamoignon ;
toute cette canaille se trouva tournée ; on distribua sans
compter une suffisante quantité de coups de plat de sabre,
car, à cette apparition, la déroute était devenue générale ;
plusieurs se sauvèrent par l'escalier qui descend à la
rivière et se rafraîchirent par quelques bains de pied,
malgré les parapets et les trente degrés qui conduisent à
la Seine. Le *Constitutionnel* et le *Courrier* du lendemain
tinrent pour constant que la gendarmerie à cheval avait
poursuivi jusque dans l'eau cette intéressante jeunesse,
qui ne s'était rien moins que noyée ; ils allèrent jusqu'à
affirmer qu'un corps, alors exposé à la morgue, était celui
d'un homme tué à coups de sabre par un gendarme. Le
mensonge fut dit, fut répété, fut cru, et l'homme était un

voleur, un misérable qui, au moment d'être arrêté, encore
nanti d'un vol qu'il venait de faire, s'était jeté de la fenê-
tre d'un second étage et s'était, dans la chute, brisé la
tête sur le pavé. Ainsi les uns s'en furent coucher en prison, les autres chez leurs logeurs, et la sédition avortée
finit à dix heures du soir.

Le lendemain, le mauvais génie qui semblait, depuis
le 29 avril, mal servir nos révolutionnaires, inspira
à Benjamin Constant, l'orateur d'office et l'apologiste
des émeutes, une improvisation qui n'eut point une bonne
issue. A propos du budget de l'instruction publique, il
vanta la sagesse de cette jeunesse qui détroussait les passants devant l'École de médecine. Ses mensonges impudents tournèrent à la confusion de l'orateur et de ses
amis ; mais, de transition en transition, il se répandit en
invectives soi-disant parlementaires contre le gouvernement qui, disait-il, préférait partout les catholiques aux
protestants dans les fonctions de l'instruction publique.
Tous les protestants députés lui donnèrent un démenti
public : il soutint qu'ils avaient tort, et que lui seul avait
raison. Battu par ses propres religionnaires, le ministre
de l'intérieur le reprit en sous-œuvre et le tança pour son
imposture avec une si sainte indignation, qu'il inspira un
intérêt presque général, et Benjamin Constant un mépris
qui n'était pas équivoque. Au lieu de se taire, il balbutia
la réponse la plus gauche pour ne pas s'avouer vaincu.
Mais M. le garde des sceaux le prit à partie, avec toute
l'autorité de son nom de chef de la justice, le foudroya,
l'atterra de sa voix tonnante, et comme un grand juge
apostrophant le plus vil des coupables et le plus effronté
des menteurs. L'épine du dos courbée, les yeux baissés,
réduit au silence, sans la moindre envie de rengager le
combat, le Benjamin reprit sa redingote, sa béquille, et

quitta la salle tout penaud. Le chef de l'opposition royaliste hostile, l'irascible La Bourdonnaye, honteux d'un
pareil allié, s'écria : « Le double scélérat! » et montrant
le banc des ministres : « Il les cloue à leurs places. » Le
lendemain, les libéraux et leurs alliés, nos royalistes devenus libéraux, furent si étourdis du coup, que le budget
du ministère de l'intérieur passa sans injures, sans chi-
canes, ce qui ne s'était jamais vu depuis le pacte d'alliance.

Mais la timidité systématique du président du conseil
avait fait passer en principe de conduite que rien d'important ne se ferait qu'après la session. Le gouvernement prit
pour un acte de force de favoriser la proposition de M. de
la Boëssière [1], tendant à établir une commission des droits
de la Chambre. La meilleure preuve que la mesure était
bonne, c'est la fureur avec laquelle elle fut combattue par
les révolutionnaires, et le dédain avec lequel les politiques de l'opposition royaliste et le centre gauche s'effor-
cèrent de la faire repousser ou du moins ajourner. La
proposition passa, la commission fut nommée, et du
moins, pendant deux mois, les journaux se sont tenus dans
les bornes du respect ou du silence envers un des pouvoirs de l'État, la Chambre élective.

L'adhésion royale fut donnée aux courageux et vrais
principes que nous n'avons cessé de proclamer à la tribune : M. de la Bouillerie a été fait ministre d'État; Dudon a été nommé, en son lieu et place, président du Comité des finances; la place de conseiller d'État vacante a
été donnée à M. de Saint-Chamans [2], un de ceux que la

1. Marc-Antoine-Marie-Hyacinthe, marquis de la Boëssière, député du
Morbihan de 1824 à 1830; né en 1766, mort en 1846.
2. Auguste-Louis-Philippe, vicomte de Saint-Chamans, maître des requêtes en 1820, député de la Marne de 1824 à 1827, conseiller d'État le
13 mai 1827, auteur de plusieurs écrits politiques; né en 1777, mort en 1860.

fureur révolutionnaire avait pris pour point de mire ; la
place de maître des requêtes de l'académicien révolté Villemain, cette place qu'on n'oserait, disaient leurs journaux, ne pas laisser vide, fut remplie par un sujet fidèle
et capable ; enfin, le jour de la Pentecôte, le Roi donna le
cordon bleu à M. de Corbière et à M. de Peyronnet : c'é-
tait la réponse qui était à faire à leurs détracteurs. En
même temps, le cordon bleu, dont le duc de Liancourt
s'était montré si peu digne, fut refusé à ses enfants, qui
font de la populacerie, les uns par calcul, les autres par
sentiment ; il fut donné, dans une autre branche, au digne
baron de la Rochefoucauld, l'ancien chef d'état-major de
l'armée de Condé.

NOTES DE L'AUTEUR

Note A (voir page 105)

Cinquième livraison des *Chansons* condamnées de Béranger ; *Petite Biographie des favoris des rois de France ; Biographie des dames de la cour et du faubourg Saint-Germain ;
Biographie des imprimeurs et des libraires ; Biographie
pittoresque des pairs de France ; les Jésuites en goguette ;
Martyrologe des ministres pendus et à pendre ; Chansons de
Béranger,* 4 vol. ; *Mort de ce malheureux droit d'aînesse ;
Oraison funèbre de l'infortuné droit d'aînesse ; Complainte
sur haut et puissant seigneur le droit d'aînesse ; Les hauts
faits des Jésuites ; Des Jésuites,* par Montlosier ; *Grande
mascarade jésuitique ; Le petit Salomon ; Trois jésuitiques ;
Maximes sur les rois et les peuples ; Le Misanthrope,* avec préface ; *Le vade-mecum des ministres ; Les Jésuites peints par*

*Voltaire ; Petite biographie des quarante de l'Académie fran-
çaise ; Cadet-Roussel à Marguerite d'Anjou ; Odes à la Tulipe,
héros des fumeurs ; La passion des Jésuites ; Malagrida ou le
Jésuite conspirateur ; Onguent pour la brulûre,* poème ; *Petite
biographie des pairs,* par Raban ; *La Missionéide ; L'acquetta
ou mémoires sur Ganganelli ; Biographie pittoresque des Jésuites ; Complainte sur l'immortalité de M. Briffaut ; La mère
coupable,* par Beaumarchais ; *Biographie des cardinaux, des
archevêques et évêques vivants ; Le petit Jésuite,* par Raban ;
Les ministres en robe de chambre, par Raban ; *Voltaire et un
Jésuite ; Biographie des ministres depuis la Restauration ;
Fénelon, ou la religieuse de Cambrai ; Dame censure, ou la
corruptrice ; Biographie des princes du XIX*e *siècle,* par deux
rois de la fève ; *Nouvelle biographie des contemporains,* par
Napoléon ; *Petit dictionnaire de la cour et de la ville ; Nouvelle
biographie des députés ; Petite biographie des conventionnels ;
La berlue ; Histoire de Napoléon le Grand ; Jérémiade du
droit d'aînesse ; Un an de la vie et des amours d'une jeune
fille ; L'ombre d'Escobar ; Biographie des journalistes ; Histoire véritable de la gargouille ; Petite biographie militaire ;
Le Jésuite,* par Barthélemy et Méry ; *Les Jésuites peints par
eux-mêmes ; Constitutions des Jésuites,* par M. de la Chalotais ;
*Petit dictionnaire des girouettes ; Lettre de condoléance à
l'infortuné 3 pour 100 ; Le petit fabuliste ; Le petit moraliste ;
Nouvelle biographie des théâtres ; Sermon du R. P. Proto-
plaste dit Zorobabel ; La conspiration des Jésuites dévoilée ;
Instruction secrète des Jésuites ; Le fanatisme ; Charles IX ;
Maximes et pensées des Jésuites ; Petite Biographie des grands
criminels; Instruction aux princes sur les Jésuites ; Charles X
peint par lui-même ; Lettre d'un cadet de province à son aîné ;
Devoirs des grands envers le peuple ; Charte constitutionnelle,*
sans le préambule ; *Petite biographie des rois de France ; Le
petit Jésuite ; Mémoires de La Chalotais ; Le couvent des Ca-
maldules ; Mélanie ; Les huit ministres ; Le comte de Bour-
souflé ; Le petit La Rochefoucauld ; Discours sur l'égalité des
partages ; De la traite des blancs ; La partie de billard d'un*

*ministre; Les Jésuites en miniature; Les hauts faits des Jé-
suites en vers; Ballet moral donné par les Jésuites; Les victimes cloîtrées; Chefs-d'œuvre d'Odry; Le nain rouge; Biographie des préfets; Discussion sur le droit d'aînesse; Vie
de Napoléon; Procès fait à la Congrégation; Mort de ce
malheureux droit d'aînesse; La guerre des dieux,* de Parny!!!

Note B (voir page 110)

M. de la Rochefoucauld, dit le duc de Liancourt, d'abord
colonel du régiment de dragons de son nom, était, à vingt-
cinq ans, ce qu'on appelait un *faiseur.* Il avait déjà l'avantage
d'être détesté de tous les officiers et de tous les soldats de
son régiment; il était le plus dur et le plus gratuitement bar-
bare de tous les colonels de l'armée. Quand la prussiomanie
s'empara des faiseurs en France, la peine des coups de plat
de sabre et des coups de bâton s'introduisit dans le Code militaire français, contre tout bon sens et toute connaissance
du caractère national. Tous les officiers gémissaient de cette
humiliante innovation, et, tant qu'ils le pouvaient, fermaient
les yeux sur sa non-exécution, ou du moins toléraient qu'on
trompât son inhumanité. Le jeune duc de Liancourt faisait
exécuter sous ses yeux, avec la plus grande rigueur, cette
fameuse ordonnance qui a aliéné toute l'armée. Voilà le début
de ce grand seigneur dans la carrière du libéralisme. Ajoutez-
y une lâcheté connue : car il passe pour constant qu'il a plusieurs fois refusé de se battre. Toute la vie du duc de Liancourt a répondu à de tels commencements. Dès 1789, il fut
démagogue. Ce fut sur son conseil que Louis XVI se rendit à
l'hôtel de ville, le lendemain de la soi-disant prise de la Bastille. Il donna encore au Roi le lâche conseil de rappeler une
seconde fois M. Necker, qui eut la niaiserie de revenir, et le
conseil aussi funeste qu'imprudent de faire retirer les troupes
qui entouraient Paris. Ainsi on peut avancer que le Roi dut à
M. de Liancourt tous ses malheurs. Ce duc et pair patriote
fut un des plus ardents souteneurs des lois votées dans la

fameuse nuit du 4 août; il proposa de faire frapper une médaille pour célébrer cette stupide séance, et il renvoya son cordon bleu au Roi. Il fut un des provocateurs de cette burlesque ambassade du genre humain, mascarade où figurait le chamelier du duc d'Orléans, au nom des peuples de l'Orient, et où le Prussien Anacharsis Cloots porta la parole à la barre de l'assemblée. Enfin, M. de Liancourt s'enrôla dans les révolutionnaires dits Feuillants. Il resta comme un mauvais ange près du Roi jusqu'au 10 août. Pas assez jacobin pour être épargné, vu la prévention attachée à son prénom de duc, cet homme prit la fuite et, ne cherchant que sa propre sûreté, il se sauva d'abord en Angleterre, et bientôt après aux États-Unis. Il y gagna beaucoup d'argent, en agiotant à la bourse de Philadelphie. Il revint en France. Après le 18 brumaire, il fit ou fit paraître sous son nom un *Voyage aux États-Unis* en huit volumes, et successivement d'autres ouvrages, dans le but de soutenir le nom de philanthrope par excellence, habit populaire dont il avait jugé à propos de se vêtir pour jouer un rôle. Aussi lui doit-on l'introduction de la vaccine, dont il s'est fait exclusivement l'honneur, et l'enseignement mutuel, dont les révolutionnaires seuls le remercieront. En 1814, il demanda à Louis XVIII la permission de reprendre le cordon bleu : il prit le silence du mépris pour un consentement, et il osa le reporter, et le Roi le souffrit!!! Il fut nommé pair en 1814, et, dans les Cent-jours, il accepta les fonctions de député. A la seconde Restauration, il n'en fut pas moins remis, dès 1815, à la Chambre des pairs, tout indigne qu'il en était, et, jusqu'à sa mort, il a constamment voté avec les pairs qui votent le plus hostilement contre la monarchie légitime et les principes faits pour la soutenir. Tous les établissements qu'il a faits ou protégés, depuis ses filatures de coton à Liancourt jusqu'à l'École des arts et métiers de Châlons, dont il s'est fait faire inamovible inspecteur général, sont infectés de l'esprit révolutionnaire qu'il y a constamment soufflé. En voulez-vous la preuve ? Un de mes amis, le capitaine d'artillerie Arnaut, de Moulins, sous-directeur à l'École de Châlons, représentait à

ce libéral type que tous les péchés capitaux, même les cas
réservés, étaient à l'usage de ces adolescents corrompus avant
d'être mûrs : « C'est fâcheux, » répondit le vertueux duc
inspecteur général de l'École; « mais, si on les renvoyait,
nous ne les retrouverions pas dans l'occasion. » Et, depuis le
Liancourt colonel de dragons jusqu'au vieux Liancourt soi-
disant philanthrope, je crois n'avoir dit que la vérité. Lisez,
par opposition, ce qu'on a imprimé dans le *Courrier français*
du lundi 28 mai 1827 : « La vie du duc de la Rochefoucauld-
« Liancourt, par le comte Gaëtan de la Rochefoucauld, son
« fils, va paraître. Nous nous empressons d'en prévenir tous
« ceux qui ont en vénération la mémoire de cet illustre ami
« de l'humanité. Notre annonce s'adresse aux neuf dixièmes de
« la France. »

Gens de bien, vous êtes tympanisés, calomniés, injuriés,
livrés aux risées et désignés aux poignards par les panégy-
ristes du duc de Liancourt! De quoi vous plaignez-vous? Vou-
driez-vous mériter leurs louanges?

Voyez aussi l'*Étoile* du 13 juin 1827. L'article est historique
et ne laisse rien à désirer.

CHAPITRE II

Tel était l'état apparent des choses et la situation des partis en présence, lorsque, le 23 juin, à deux heures, le ministre de l'intérieur a apporté l'ordonnance de clôture pour la session de 1827.

Dès le 11 juin le *Constitutionnel*, — rédigé et nourri par les sieurs Étienne, Buchon, Berville, Léon Thiessé, Beaudouin jeune, Évariste Dumoulin, Darmaing, Tissot, Andrieux, duc Dalberg, Fiévée, Salvandy, tous révolutionnaires en expectative de la curée, le trône légitime rendu vacant par leurs soins, — le 11 juin, le *Constitutionnel* a fait paraître le tableau de convention et de fabrique que je consigne sans réflexions. Le lecteur de bon sens et de bonne foi les fera, en prenant chaque parole pour une contre-vérité.

Il n'est pas sans intérêt d'offrir quelques réflexions sur l'esprit général de la Chambre des députés pendant la session de 1827. En respectant ses intentions, et avec tous les égards que nous devons à sa dignité, rien ne peut nous interdire de manifester constitutionnellement notre opinion sur l'utilité, sur la légalité, et même sur la moralité de ses doc-

trines et de ses actes. Nous n'avons pas caché notre aversion
pour le projet de loi sur la police de la presse, pourquoi
craindrions-nous de dire qu'en adoptant le projet, tout
amendé qu'il fût, la majorité de la Chambre élective a mal
compris la Charte et les besoins du pays; que l'esprit dont
ses discussions ont été animées était de nature à inspirer de
justes alarmes; que ces alarmes ont dû être redoublées par la
tolérance avec laquelle elle a entendu certains orateurs, et la
rigueur qu'elle a témoignée pour certains autres? Que disons-
nous, d'ailleurs, qui ne résulte de l'acte par lequel la sagesse
royale a retiré la loi sur la presse? Ce retrait n'a-t-il pas été
la condamnation de la loi? N'a-t-il pas été un aveu solennel
de la nécessité de son rejet, et par suite une sorte d'improba-
tion de la majorité qui l'a votée?

Sans vouloir opposer une Chambre à une autre et chercher
dans la conduite de celle-ci des arguments contre celle-là, il
est difficile de se dérober à l'impression que fait naître le
contraste remarqué entre ces deux assemblées. Ici le calme,
une exquise urbanité, point d'interruptions, d'appels à la
clôture, toutes les questions débattues de sang-froid, appro-
fondies avec une raison lumineuse; la discussion n'est termi-
née que par l'épuisement de la liste des orateurs inscrits. Là,
des délibérations ardentes, quelquefois l'oubli des égards que
les hommes se doivent entre eux, des exclamations tumul-
tueuses, la voix des orateurs couverte par des clameurs con-
fuses, les cris *aux voix* proférés avec violence, parfois la
discussion interrompue brusquement par la clôture. Sans
doute, il n'entre pas dans notre pensée que les lois soient
moins consciencieusement votées dans l'une que dans l'autre
Chambre, mais, entre ces deux formes de procédés si diffé-
rentes, il est permis de préférer celle de la Chambre des
pairs, de la trouver plus convenable, plus digne d'une grande
assemblée.

Ainsi, par exemple, n'est-il pas échappé à quelques députés, désavoués, nous n'en doutons pas, de la grande majorité
de leurs collègues, des phrases bannies du dictionnaire de

l'urbanité française ? N'a-t-on pas entendu, à la fin d'une séance qui, sans doute, lui avait paru trop longue, un honorable membre dire à l'opposition : « En voilà assez, vous bavarderez demain? » Un autre, voyant à une contre-épreuve se lever quelques membres de l'opposition de gauche, leur dire ces mots peu obligeants : « Voyez! ils ne sont que six. » Expression blessante qui fut si bien relevée par M. Casimir Périer : « Nous ne sommes que six dans cette enceinte; en France, nous sommes trente millions. »

Cette animosité dans la discussion, cette fécondité d'interruptions qui n'ont jamais éclaté d'une manière aussi violente que dans plusieurs questions de circonstance élevées incidemment par quelques orateurs, particulièrement à l'occasion de la scène horrible arrivée aux funérailles de M. le duc de la Rochefoucauld-Liancourt et des scènes non moins déplorables qui ont suivi les troubles des écoles, quelque désir que nous ayons de ne pas comparer les deux Chambres, la force des choses nous y ramène malgré nous. On sait qu'en apprenant les outrages faits à la cendre du vénérable La Rochefoucauld, la noble Chambre des pairs a éprouvé un sentiment unanime de douleur et d'indignation, qu'elle ordonna à son grand référendaire de lui faire un rapport sur ces déplorables événements, et qu'à la suite de ce rapport elle n'a différé de prescrire une enquête que pour attendre l'effet des poursuites judiciaires. Que faisait cependant la Chambre des députés ? Elle supportait à peine quelques explications, et les terminait par la question préalable. On dira, nous le savons, que M. le duc de Liancourt appartenait à la Chambre héréditaire, et qu'en conséquence les députés n'avaient pas à s'occuper de lui; mais, avant d'appartenir à la pairie, ce grand citoyen appartenait à la France, à l'humanité tout entière, et l'affront qu'on n'avait pas craint de faire éprouver à son cercueil n'était-il pas une calamité publique, un outrage fait à la patrie, à la nation elle-même ?

Des questions très importantes en même temps et très délicates pourraient être soulevées à l'occasion de la séance de

la Chambre des députés où M. Benjamin Constant vint parler
des troubles des écoles et de leur répression. On pourrait
demander s'il fut loyal, s'il fut parlementaire d'accuser de
conspiration un député qui remplissait un devoir en signalant
des actes coupables à ses yeux. Avait-on le droit de dire à un
représentant inviolable qu'il est un agitateur? et quand il
parlait en faveur d'une jeunesse incriminée, de la proclamer
son complice? Où serait la liberté de la tribune si de pareilles clameurs étaient souffertes? et comment concilierait-
on avec la mission indépendante des députés un système de
calomnies qui tendrait à leur imposer le silence de la terreur?

Nous ne devons pas omettre de mentionner ici les défections que le ministère a éprouvées. La plus importante est
sans doute celle de M. Gautier, citoyen intègre, qui a refusé
son vote 1 dès qu'il a pénétré les projets des ministres, et
dont la noble conviction a été marquée par un si éloquent discours. Quant aux autres défections, on peut en apprécier le
nombre en se rappelant que soixante-neuf boules noires ont
été jetées dans l'urne de rejet du budget de cette année. Cette
urne n'offrirait-elle pas une nouvelle réponse au député qui
avait réduit à six personnes le parti de l'opposition?

Ce qui explique surtout ces ruptures multipliées avec le ministère, ce qui en doublera le nombre à la session prochaine,
c'est l'acte de colère qui a destitué un honorable orateur,
convaincu d'avoir servi fidèlement des commettants : la disgrâce de M. Hyde de Neuville est une de ces violences qui
doivent faire une vive impression sur une assemblée française 2. Il nous resterait, si cet article n'était pas déjà très
avancé, à mentionner les divers talents qui se sont signalés,
cette année, à la tribune nationale. Nous aurions à apprécier
les services rendus par le côté gauche, numériquement si
faible, intellectuellement si fort, doué d'une si noble persévé-

1. Voir note A, à la fin du chapitre.
2. Voir note B, à la fin du chapitre.

rance, et donnant chaque jour des preuves d'un dévouement d'autant plus beau qu'il était dépourvu d'espoir de succès. Que n'aurions-nous pas à dire de M. Casimir Périer, dont l'éloquence, si solide pour le fond des pensées, est si brillante dans les formes ? Quels éloges ne devrions-nous pas à M. Royer-Collard, qui n'a jamais été plus profond, plus lumineux que cette année ? à M. Benjamin Constant qui, également puissant dans la discussion de toutes les questions, toujours sur la brèche, semble renouveler sans cesse, avec une admirable fécondité, les formes de son éloquence et les artifices de son langage ?

Oublions-nous MM. Sébastiani, Dupont de l'Eure, Méchin, Labbey-Pompierre, et ces deux nouveaux députés qui, arrivés à peine aux derniers jours de la session, ont dû remplir de beaux discours et d'utiles services l'espace si court qui leur était laissé, MM. Laffitte et Bignon? L'un, qui a si puissamment contribué à la réduction du budget en signalant un déficit dans les recettes ; le second, qui a jeté une si éclatante lumière sur la situation ou plutôt sur la honte extérieure de la France, grâce à l'incapacité et à la faiblesse du ministère.

Dans cette nomenclature seraient venus figurer tour à tour MM. de Beaumont, Agier, Cambon, Gautier, Hyde de Neuville, Bourdeau, Preissac, Leyval [1] et plusieurs autres.

Quant aux orateurs ministériels, nous regrettons peu le défaut d'espace qui nous empêche de leur rendre justice. Qu'aurions-nous à dire du talent oratoire de M. Dudon, des doctrines économiques de M. de Saint-Chamans, des lumières de M. de Salaberry, et de l'esprit de M. Clauzel de Coussergue? Malgré toute notre bonne volonté, il nous eût été impossible de soutenir que ces messieurs ont jeté un grand éclat à la tribune et qu'ils ont fait faire un pas de géant à l'éloquence constitutionnelle; nous nous estimons heureux de n'avoir d'espace que pour citer leurs noms.

---

1. Augustin-Louis-Henri-César Dauphin de Leyval, député du Puy-de-Dôme de 1824 à 1831 ; né en 1780, mort en 1845.

L'article biographique ne serait pas complet si je ne disais pas deux mots de son auteur anonyme. Votre esprit aisément perce à travers les voiles, et voit que Benjamin est monsieur trois étoiles. On peut répéter, avec un Genevois qui le connait fort bien : « C'est un échappé de l'enfer ! Tenez, approchez de lui : il sent le soufre. » Un Russe, ami de Mme de Staël, laquelle connaissait très bien cet homme fameux, lui demandait de quelle opinion était ce serpent habillé : « Benjamin ! dit-elle. Avec un « sac de douze cents francs, on lui ferait dire blanc et « noir. » Du reste, il n'avait ni ne méritait l'estime, l'amitié ni la confiance des hommes de son bord. En voulez-vous la preuve ? Quand, avec ce qu'il m'accorde dubitativement de lumière, j'ai traité à la tribune la question de son éligibilité, il était ce qui s'appelle au supplice, et se démenait comme un diable dans un bénitier ; mais telle était l'allégresse dans le camp libéral, que, quand je redescendis de la tribune, le général Foy me dit en riant : « Monsieur de Salaberry, on ne peut pas y mettre plus d'esprit. » Et mon voisin Stanislas Girardin, auprès duquel je vins me rasseoir, me dit : « Que vous m'avez donc fait de plaisir ! votre fin surtout a été admirable. » Je lui répondis : « Vous auriez dit les mêmes choses à ma place, et vous les auriez sans doute mieux dites. — Mieux, me dit-il gaiement, je vous réponds bien que non. » Ce qui appuie mon jugement sur les sentiments très conditionnels que ses amis politiques lui portaient.

Car, malgré mon peu de lumières, d'esprit, d'éloquence et de talent, j'avais, depuis 1815, l'avantage d'occuper beaucoup ces messieurs, et en prose et en vers. Mon nom était souvent au bout de leur plume, trempée dans plus ou moins de fiel, avec plus ou moins de bon goût. Ils avaient mis, dans le *Frondeur*, une chanson en mon honneur et gloire, où se trouvait un couplet assez spirituel. Je leur apportai le numéro, à la séance du lendemain, et je leur chantai moi-même leur *œuvre de poëstrie*, en observant que leurs faiseurs n'avaient pas eu beaucoup d'esprit ce jour-là. Les rieurs furent de mon côté ; mais, comme ils disaient, toutes ces choses-là sont pour le ,dehors. Quoi qu'il en soit, voici la chanson ; il n'y a pas de particularité qui ne soit historique et qui ne fasse époque.

Air : *La faridondaine, la faridondon.*

Voulez-vous apprendre comment,
En bravant la logique,
On peut, au sein du parlement,
Faire une philippique ?
Amis, lisez le beau sermon,
La faridondaine, la faridondon,
Qu'a prononcé Salaberry,
    Biribi,
A la façon de Barbari, mon ami.

Des fagots et des contes bleus
Il avait fait un tome :
Il produisit à tous les yeux
Un horrible fantôme
Tenant en main torche et brandon,
La faridondaine, la faridondon,
Don Quichotte Salaberry
    Biribi,
A la façon de Barbari, mon ami.

Il n'aime pas les lampions,
C'est faute de lumière,
Les vraies illuminations
Sont celles des bons Pères ;
D'Ignace il porte le cordon,
La faridondaine, la faridondon,
Ce bonhomme Salaberry
    Biribi,
A la façon de Barbari, mon ami [1].

1. A la bonne heure, dans ce couplet-là, il y a du trait !

Enfin, par un coup de filet,
Il finit sa harangue.   •
Au parlement chacun riait
Du grand flux de sa langue.
Chacun criait : C'est Cicéron,
La faridondaine, la faridondon,
Qui revit en Salaberry
                Biribi,
A la façon de Barbari, mon ami.

Tous ces dignes frères et amis n'en savaient pas moins bien que le Don Quichotte et le bonhomme avait raison et disait vrai ; la preuve que ses coups portaient, c'est le madrigal suivant :

Toujours sur le même sujet :
Ton sot discours n'a rien qui doive nous surprendre ;
Tu n'es pas un Français, tu nous détestes tous,
    Et quand tu parles des *égouts*,
    C'est que tu sors de chez ton gendre.

Cette fois, *Archilochum proprio rabies armavit iambo*. Dans son urbanité, Benjamin le furieux a fait coup double, et il ne s'en tient pas là ; l'oiseau de malheur ne lâche pas sa proie : dans sa *France chrétienne*, il trouve une parfaite similitude entre M. de Lavau, le préfet de police, et Vidocq [1]. C'est avec vérité qu'il disait, dans son même journal : « M. de Salaberry qui parle sans agir, et son gendre qui agit sans parler. » Le mot est joli, mais moins flatteur encore que celui sorti de la bouche du Roi le lendemain de la fameuse revue de la défunte garde nationale, ce jour où des sans-culottes, les amis de B. Constant, ont salué Madame la duchesse de Berry, en passant sous ses fenêtres, du cri monarchique et constitutionnel : *A la guillotine !* (v. p. 122). La princesse, effrayée,

---

1. François-Eugène Vidocq, fameux agent de police, né en 1775, mort en 1857.

courut à l'appartement de ses enfants et amena chez le
Roi le duc de Bordeaux et Mademoiselle : elle lui demanda
s'il ne partageait pas ses craintes. « Nullement, répondit le prince en souriant, Lavau est là. » Aussi, la main
sur la conscience, B. Constant aurait-il dit ce que Casimir Périer dit un jour, dans un moment de colère, de ce
préfet de police, le modèle des magistrats municipaux :
« Si le Roi paie celui-là pour le servir, il ne lui vole pas
« son argent. »

Cependant l'arrondissement de Meaux vient de nommer
M. le marquis de la Fayette député, en remplacement de
Cernon de Pinteville, royaliste et homme de bien, qui
venait de mourir. Tronchon [1], faute de mieux, était ap-
puyé par le gouvernement dans ce mauvais collège. Il
fallait 141 voix pour être élu : le fameux marquis les a
obtenues ; Tronchon n'en a eu que 138. Il est évident,
pour les plus aveugles, que ce n'est pas l'ennemi des ministres que les deux oppositions se congratulent d'avoir
pour collègue à la rentrée des Chambres, mais bien
l'ennemi déhonté, l'ennemi connu de la monarchie légitime, celui qui par sa présence peut affecter la famille
royale des plus pénibles souvenirs. L'opposition ne
trompe plus personne : la monarchie peut frapper à coup
sûr.

Le 24 juin, lendemain de la clôture, parut l'ordonnance
du Roi qui rétablit la censure sur les journaux et écrits
périodiques. Le conseil chargé de la surveillance se com-
posa de trois pairs de France : M. d'Herbouville [2], M. de

1. André Tronchon, nommé le 12 janvier 1829 député dans le deuxième
arrondissement électoral de l'Oise, en remplacement de son père ; né en
1781, mort en 1846.
2. Charles-Joseph-Fortuné, marquis d'Herbouville, lieutenant général,
pair de France le 17 août 1815 ; né en 1756, mort le 1er avril 1829.

Bonald, M. de Breteuil [1] ; de trois députés : M. de Frenilly, M. Ollivier [2], M. de Maquillé ; de M. Cuvier [3], conseiller d'État, M. le président de Guilhermy [4], M. de Broé,
avocat général. Les censeurs furent : Le Vacher du Plessis [5], avocat ; Fouquier, archiviste de la couronne ; Beau-
regard, ancien sous-préfet ; Pain [6], homme de lettres,
Rio [7] et Caix [8], professeurs d'histoire.

Certes, il était temps. Encore quelques semaines peut-être,
et l'on en serait venu à prêcher ouvertement une croisade libérale contre le trône et contre l'autel. En effet, chaque jour faisait
tomber un de ces voiles dont les factieux enveloppaient leurs
secrètes pensées. La prudence avait d'abord tissé ces voiles ;
l'espérance, en grandissant, les avait peu à peu soulevés. Il
n'en restait guère que ce qu'il en fallait pour tromper les yeux
malades ; ou peut-être la révolution n'avait gardé le reste que
par une sorte de courtoisie, et comme si elle eût accordé une
trêve à la couronne. Au fond, elle y perdait peu ; ce qu'elle
n'osait dire dans ses proclamations authentiques, elle savait
bien le faire entendre dans ses bouffonneries anonymes. Ils

1. Achille-Charles-Stanislas-Émile le Tonnelier, comte de Breteuil, maréchal de camp, pair de France le 23 décembre 1823 ; né en 1781, mort en
1864 sénateur du second empire.
2. Augustin-Charles Ollivier, député de la Seine de 1820 à 1827, pair de
France le 5 novembre 1827 ; né en 1772, mort en 1831.
3. Jean-Léopold-Nicolas-Frédéric Cuvier, membre et secrétaire perpétuel
de l'Institut, conseiller d'État ; né en 1769, mort en 1832.
4. Jean-François-César, baron de Guilhermy, conseiller-maître, puis président à la Cour des comptes ; né en 1761, mort le 11 mai 1829.
5. Le Vacher du Plessis, auteur d'un mémoire sur la nécessité de rétablir les corps de marchands et les communautés des arts et métiers, présenté au Roi, au nom des marchands et artisans de Paris, le 10 septembre 1817.
6. Marie-Joseph Pain, vaudevilliste, censeur dramatique, rédacteur du
Drapeau blanc ; né en 1773, mort en mars 1830.
7. Alexis-François Rio, professeur d'histoire au collège Louis le Grand,
auteur de l'Art chrétien ; né en 1797, mort en 1874.
8. R.-J.-B.-Charles Cayx, professeur d'histoire au collège Charlemagne,
conservateur de la bibliothèque de l'Arsenal ; refusa d'exercer les fonctions de censeur ; né en 1795, mort en 1858.

s'étaient distribué les rôles : aux chefs, les utopies révolutionnaires, les dissertations impies, les actes d'accusation ; aux mercenaires, les allusions personnelles, les calomnies contre les individus, et tout le travail des diffamations. Qui peut douter, en effet, que la troupe aboyante de ce qu'on nomme les petits journaux ne reçût le mot d'ordre du dictateur de quartier, qui désignait aux plumes de ses licteurs les victimes à flageller? Enfin le monarque a parlé. Ils ne voulaient pas nous comprendre quand nous leur disions que ce retrait de la loi sur la police de la presse ne pouvait, comme ils affectaient de le croire, être regardé comme un indice de la faveur accordée par le souverain à la licence et à la calomnie. Ils demandent où sont les circonstances graves qui rendent nécessaire le rétablissement de la censure. Et quelles circonstances plus graves, bon Dieu ! qu'une Cour souveraine en proie à tous les outrages, forcée de chercher dans une mesure extraordinaire un bouclier contre les traits que des mains invisibles ne se lassent pas de lancer sur elle (la Commission des droits de la Chambre)? Quelle circonstance plus grave qu'un journal (le *Constitutionnel* du 25 juin) osant écrire ces propres mots : « Le Roi, les ministres, les fonctionnaires de quelque ordre que ce soit ont prêté serment à la charte constitutionnelle : ces serments chaque jour sont violés. » Il fallait, entre les tyrannies et la compression de la licence, il fallait renfermer l'esprit de faction dans ses limites ou courber la tête sous ses décrets ; il fallait dépouiller la révolution du privilège de flétrir le Roi, la loi, les Chambres, tous les serviteurs du trône, tout ce qu'elle hait ou qu'elle redoute, ou se résoudre à la voir encore une fois préluder aux tragédies de la royauté proscrite par les scandales de la royauté bafouée : car chaque trait de sa plume était une façon donnée à la hache (*Gazette de France*, 26 juin 1827).

Mais le rétablissement de la censure n'est qu'une mesure temporaire ; cette digue retient pour quelques semaines les flots de fiel qui déborderont avec d'autant

plus de danger que les pages censurées resteront en blanc
pendant l'interdit, et reparaîtront en temps opportun
sous le nom de *Supplément au journal de....*, et avec
plus de virulence que jamais. Non seulement le rétablissement de la censure a été jugé une demi-mesure, mais
une fausse mesure. Nous verrons bien.

Le ciel n'est plus neutre. Dieu me pardonne ! voilà la
mortalité qui se met dans les notabilités dites libérales.
Foy, Girardin, Basterrèche, Talma, Liancourt, et aujour-
d'hui 20 août le fameux Manuel, décédé à Maisons, chez
Laffitte, d'une attaque violente de la maladie ancienne et
mortelle sous laquelle il a succombé, dit son panégyriste :
on ne peut désigner d'une manière plus pudique le mal de
Naples. Manuel mourut donc, et entre les bras de ses
amis Béranger le chansonnier, Mignet [1], Thiers [2], ouvriers
au *National*, le Tissot qui disait à Dupuy des Islets [3] :
« Monsieur le chevalier, vous portez la tête bien haute, »
lequel lui répondait : « Oui, et je n'ai jamais porté que la
mienne, » tandis que ce Tissot passe pour avoir porté au
2 septembre la tête de Mme la princesse de Lamballe.
Enfin, Manuel mort, il ne s'agit plus que de l'enterrer
révolutionnairement : en avant donc le scandale ! M. Laffitte envoie un fondé de pouvoir à la préfecture de police,
pour déclarer que son intention était de faire transporter
le corps du sieur Manuel à son domicile, rue des Martyrs,
n° 23, à Paris. Il lui fut répondu que Maisons, lieu du
décès, était du département de Seine-et-Oise ; qu'il fallait
traverser plusieurs villages de ce département pour arri-

---

1. François-Auguste-Marie Mignet, membre de l'Académie française ;
né en 1796, mort en 1884.
2. Marie-Joseph-Adolphe Thiers, né en 1797, mort en 1877.
3. Le chevalier Dupuy des Islets, publiciste, rédacteur de l'*Observateur*
en 1820.

ver au cimetière du Père-Lachaise, et on l'a renvoyé par-
devant le préfet de Versailles. Nouvelles instances de
M. Laffitte, très pressé de se débarrasser du défunt, et
donnant pour motif que feu M. Manuel infectait déjà, et
qu'il mettrait la peste dans le pays. Pour lever toute difficulté, il fit dire par un nouveau message que si c'était
le passage par Paris qui inquiétait l'autorité, le transport
se ferait hors barrière, directement au cimetière. Le ministre acquiesça à ce terme moyen, et l'autorisation fut
donnée le même jour 21 août. Mais les frères et amis tan-
cèrent le frère et ami M. Laffitte sur sa précipitation : ils
lui reprochèrent de ne pas laisser le temps nécessaire
pour convoquer les habitués et pour préparer l'ovation
ordinaire et extraordinaire s'il se pouvait. M. Laffitte vint
donc officiellement, assisté de M. le baron Méchin, qu'on
lui élut pour acolyte, demander, à dix heures, M. le préfet
de police. Il ne s'agissait plus d'enterrer le défunt sous le
plus bref délai : on réclame le temps de l'embaumer, et
comme on ne voulait qu'en gagner, si la permission d'embaumer avait été refusée, je crois qu'on se serait rabattu
sur un permis d'empailler. Reçu aussitôt, dit la relation
faite et poursuivie plus tard de M. Mignet, et reçu
avec les plus grands égards, M. Laffitte exposa, M. Laffitte allégua.... Pas un mot de vrai dans tout cela! La
visite est du 21, l'autorisation pour enterrer au Père-
Lachaise fut donnée pour le 24. Au reste, il ne fut tenu
que de fort bons propos, et de curieux même, sur la moralité, la franchise, la probité du grand citoyen que la
France venait de perdre, et au convoi duquel M. Laffitte
aurait voulu que toute la France assistât. Plus naïf encore
dans son panégyrique du défunt, M. Méchin alla jusqu'à
le louer de sa modération dans ses discours et dans ses
expressions à la tribune : « Nous en avons dit bien d'au-

tres depuis, et impunément, » dit-il. Certes il ne mentait
pas ; mais à qui la faute ?

Ainsi les ordonnateurs de la fête funéraire et libérale
ont eu du temps devant eux ; l'autorité aussi, à vrai dire ;
et le libéralisme a presque perdu ses peines. La censure
gênait pour les billets d'invitation imprimés : on les a
faits à la main. On voulait placarder des affiches sur les
murs de l'École de médecine, annonçant les funérailles de
Manuel; on s'est borné à une inscription en blanc d'Espagne. On a été réduit aux billets à la main, ainsi conçus :
« Messieurs les étudiants sont invités à se trouver au
« convoi de M. Manuel, qui aura lieu vendredi 2'{ août,
« rue des Martÿrs, faubourg Montmartre. Le convoi aura
« lieu à onze heures précises. »

Ainsi la rue des Martyrs était le lieu du rendez-vous.
Arrivé de Maisons à la barrière du Roule, le convoi, composé de la voiture où était le corps et suivi seulement de
trois ou quatre autres, dans l'une desquelles étaient
M. Laffitte et le chansonnier Béranger, dans l'autre
M. le général marquis de la Fayette et je crois le frère du
défunt, le convoi suivit le boulevard extérieur jusqu'à la
barrière de Clichy. Un officier et vingt gendarmes à cheval étaient chargés de surveiller l'arrivée du corps venu
de Maisons, à l'effet de s'assurer qu'à la barrière du
Roule on suivrait les boulevards extérieurs, comme l'avait
promis ledit sieur Laffitte. Au reste, un fort détachement
de gendarmerie à pied et à cheval était en réserve en
dedans des murs de Paris, mais hors la vue. A la barrière
de Clichy, le cortège a été joint par sept ou huit jeunes gens
bien mis, qui ont salué M. Laffitte et se sont tenus derrière la voiture. A leur signal, des groupes nombreux,
échelonnés, se sont formés en rang à la suite du cortège,
avec l'ordre et l'ensemble de troupes régulières. Le ras-

semblement, d'abord peu considérable, a augmenté si
rapidement qu'au bout de deux cents pas il s'est élevé à
douze cents personnes. A la barrière des Martyrs, une
foule immense se joignit à cette première masse. Beaucoup
étaient montés sur les arbres et sur les murs de clôture
de la capitale. Les meneurs, qui avaient un ascendant
marqué sur la foule, prenaient le titre de commissaires du
convoi ; ils se distinguaient par des bouquets d'immortelles rouges, ou jaunes et rouges, tantôt attachés à leurs
boutonnières, tantôt tenus à la main. Les signes de reconnaissance adoptés et arborés par les hommes du rassemblement Manuel consistaient en immortelles jaunes sur
l'habit.

Un détachement de trente-cinq hommes de la gendarmerie de la Seine suivait, *extra muros*, le convoi ; mais la
multitude les enveloppa, les pressa, eux et leurs chevaux,
de telle manière qu'ils ne pouvaient faire aucun mouvement. On les assaillit à coups de pierres. Les commissaires de police, séparés par la foule, et ne pouvant se
dégager d'une telle presse, furent hors d'état, pendant
longtemps, de communiquer avec les détachements de la
gendarmerie de Paris stationnés dans l'intérieur des
barrières. La translation du corps dans le corbillard ne
s'obtint qu'en sommant de son intervention le responsable M. Laffitte, et en lui rappelant ses promesses d'empêcher tout désordre et tout scandale. Les volontaires
libéraux renoncèrent à porter le cercueil à bras ; ils le
posèrent dans le char funèbre. Mais, au milieu du flux et
reflux, au milieu du tumulte, on s'aperçut qu'on avait
coupé les traits des chevaux et fait disparaître l'attelage.
Les Manuélistes traînèrent en triomphe la carcasse de
leur idole toute la longueur d'un boulevard. Mais ils
rayonnèrent d'une joie courte : quand ils atteignirent la

barrière de Mesnilmontant pour arriver au Père-Lachaise, ils trouvèrent le chemin barré par une force
armée respectable et décidée à faire respecter les lois et
l'autorité. Le préfet de police avait tout prévu, tout ordonné, jusqu'à l'envoi d'un nouvel attelage. Le corbillard
sera traîné par des chevaux, selon le règlement ; et cette
fois personne ne pouvait en prétexter cause d'ignorance.
M. de Saint-Germain, qui commandait la troupe qui bar-
rait le passage, fut interpellé par M. Laffitte, qui ne craignit pas de lui dire qu'il fallait avoir des égards pour la
mémoire et les mérites d'un si grand citoyen. « Dites une
si grande canaille ! » répliqua militairement l'officier à
l'orateur. Cependant Laffitte, sommé de se souvenir qu'il
avait pris le bon ordre et le respect dû aux lois sous sa
responsabilité, descendit de sa voiture, monta sur le
corbillard, et gardant l'équilibre tant bien que mal, se
décida enfin à pérorer du haut de cette singulière tribune aux harangues. Il prêchait donc la paix et le calme,
la soumission et l'obéissance, tandis que, par un contraste
aussi ridicule qu'odieux, le vieux marquis de la Fayette
prêchait la révolte par sa portière, ne parlait que de retourner en arrière, de porter le cercueil à bras par la place
où fut la Bastille, et de promener la momie Manuel
jusqu'à la place Louis XV, dite de la Révolution. Mais il
y a faute ici dans ce qui fut dit dans le public : ce ne fut
pas lui qui fit ce discours, cette pantalonnade à la Masa-
niello : il appuyait seulement l'orateur de la main et de
la tête, avec l'exacte pantomime de Polichinelle. Celui
qui porta la parole, contradictoirement à M. Laffitte,
c'est un nommé Poche, habitué d'émeutes, un des féaux
des comités directeurs, au service des carbonari depuis
1817 ou 1818. La promenade civique ne fut pas essayée,
parce qu'on s'aperçut que, s'il y avait une muraille de

gendarmes devant, il était venu s'en former une derrière. Le nouvel attelage fut mis au corbillard ; les gendarmes ouvrirent leurs rangs, et se tinrent à distance, pour qu'on ne crût pas qu'ils rendissent des honneurs au grand citoyen. Le corbillard s'arrêta aux portes ; les frères et amis dételèrent de nouveau les chevaux, poussèrent le char dans le cimetière, et en fermèrent les portes. La cohue libérale se rua, aussitôt après leur réouverture, dans toute l'enceinte de ce lieu censé religieux ; elle était précédée des sieurs Laffitte, Béranger, La Fayette, Labbey-Pompières, Méchin, tous notables dans les convocations du libéralisme, et que de pieux saluts et des témoignages d'affection et de douleur accompagnaient, dit l'historien officiel du libelle incendiaire appelé *Relation historique des obsèques de M. Manuel.* C'est apparemment le senti-ment de la piété et de la décence publique qui a poussé cette multitude furibonde à escalader les tombes, à arra-cher les croix, les barrières qui protègent chaque terrain consacré aux sépultures de famille, à fouler aux pieds les arbustes, les fleurs cultivées en mémoire d'une reli-gieuse douleur, à dégrader jusqu'aux monuments, jus-qu'aux cénotaphes tels que celui d'une étrangère, celui de Mme Demidoff. Et le libéralisme ne niera pas que ces rassemblements solennellement convoqués, et qui com-mettent de tels excès pour honorer dignement ses héros défunts, se composaient, comme dans toutes ces circons-tances-là, de négociants ou détaillants, — c'étaient les billets d'invitation de M. Laffitte, — de boutiquiers et de commis marchands, dits calicots, d'étudiants ou soi-disant tels, enfin toute la matière libérale que les comités directeurs mettent en ébullition aux spectacles, aux en-terrements, au Champ de Mars, aux Écoles, et partout où besoin est. Venaient ensuite, par ordre hiérarchique, les

marchands ambulants, les colporteurs, les juifs dits
camelots, tous les crieurs d'habits à vendre et de vieux
chapeaux, et comme on avait eu le temps d'avertir le
ban et l'arrière-ban, personne ne manquait à l'appel. On
y voyait surtout la canaille proprement dite, ouvriers
habitués des guinguettes recrutés dans les cabarets, dont
la plupart étaient ivres. Le libéralisme niera-t-il qu'il ne
manquait à son peuple que des piques et des bonnets
rouges? Les rapports portent à trois mille individus les
acteurs de la parade Manuel.

C'est ainsi que, le 24 août 1827, les factieux — appelons-
les par leur nom — portèrent en famille les restes de Manuel dans la fosse voisine de celle du général Foy, également un grand citoyen. Ils y déposèrent des couronnes de
feuilles de chêne et d'immortelles. Sur le cercueil figurait la couronne d'or que les frères et amis décernèrent
au grand citoyen n° 5 ou 6, en 1823, lors de son expulsion
de la Chambre des députés. C'est dans la relation de
M. Mignet qu'il faut lire les discours de commande pro-
noncés sur la tombe du défunt par frère Laffitte, frère
La Fayette, frère de Schonen [1], qui voulait se donner des
droits d'élection à la Chambre élective : *Deus omen
avertat!* Ainsi toutes les tentatives furent consommées,
le 24 août, en discours, en vœux, en professions de foi
séditieuses; le triomphe fut obtenu pour les injures à
l'autorité royale, pour les outrages aux pouvoirs reconnus,
pour les provocations les plus impudentes à la révolte.
Seulement la force armée a eu le dessus, en ce que les
règlements funéraires ont été maintenus, sauf ce qui s'est
passé dans l'intérieur du cimetière quand les émeutiers

1. Augustin-Jean-Marie, baron de Schonen, conseiller à la Cour royale,
nommé, le 17 novembre 1827, député du cinquième arrondissement de Paris;
né en 1782, mort en 1849.

en ont fermé les portes. Ainsi ils sont parvenus, non pas par force, mais par ruse, à porter à bras leur Manuel. L'affaire n'a été pour eux ni gagnée ni perdue ; encore une victoire comme celle-là du côté de l'autorité, et la Révolution restera la maîtresse du champ de bataille.

Quant au titre de grand citoyen et aux vertus publiques et privées dont M. Laffitte et autres affublent ce roué moral et politique, voici la vérité sur son caractère et sa vie. Né en 1775, Manuel, à l'époque du traité de Campo-Formio, quitta le service avec le grade de capitaine de cavalerie ; il se consacra au barreau, et devint avocat à Aix. Après les Cent-jours, il vint se fixer à Paris. Il se présenta au barreau de la capitale ; le conseil de discipline refusa de l'admettre. Manuel, repoussé, établit une agence d'affaires, où voici un de ses faits et gestes. Un de ses anciens clients d'Aix, ayant perdu un procès, voulut se pourvoir en cassation et s'adressa à Manuel, à qui il envoya vingt-cinq louis pour suivre le pourvoi. Au bout d'un temps donné, le client écrivit pour connaître le résultat : il lui fut répondu que le pourvoi avait été rejeté. Quelques mois après, le client provençal fut amené à Paris pour des affaires. Mécontent des réponses de son agent, il se transporta au greffe de la Cour de cassation. Tous les registres furent feuilletés, la demande en pourvoi, le rejet, ne se trouvèrent mentionnés nulle part. Il resta donc constant que le Manuel n'avait pas formé de demande, et que le grand citoyen aux vertus publiques et privées avait volé et mis dans sa poche l'argent de son crédule client, de son compatriote provençal, *et crimine ab uno disce.*

Portons nos regards sur un événement de meilleur augure. Le Roi partit de Paris le 3 septembre pour aller au camp de Saint-Omer et pour visiter les départements

du Nord. Il traversa d'abord Soissons, Laon, enfin le
département de l'Aisne, si fécond en mauvais députés, quoiqu'il ne soit pas plus mauvais que tel autre, sauf au petit
collège où les industriels fourmillent. A Saint-Quentin,
toute la population était hors des portes. Les ouvriers,
qui ne sont ni des grands ni des petits collèges, atten-
daient, au nombre de quarante, avec leurs roulières et
des rubans blancs au chapeau, et ont, malgré les efforts
de la garde d'honneur, dételé les chevaux de la voiture
et l'ont traînée jusqu'à la sous-préfecture. « Mes amis,
leur disait en vain le Roi, je n'ai pas besoin de ces
témoignages pour croire à votre attachement. » Il visita
le canal, les manufactures, la filature de M. Joly, la
blanchisserie de M. Tauzin, et, ne voulant pas laisser
sans récompense l'accueil qu'il avait reçu, il fit remettre
aux chefs de ces établissements 6,000 francs pour être distribués dans les ateliers, et au clergé 4,000 francs pour
les pauvres. A Ciry, entre Saint-Quentin et Cambrai, pendant qu'on raccommodait un trait de sa voiture, le Roi
marchait seul, un peu éloigné de sa suite. A l'instant il
fut entouré de plus de deux cents paysans, qui criaient de
tout leur cœur : *Vive le Roi !* Le bon prince, en frappant
sur l'épaule de l'un d'eux, lui demanda de quel endroit il
était. Le paysan lui répondit qu'ils étaient tous de Durville : « En ce cas, puisque vous êtes de braves gens,
vive Durville ! » Tous firent chorus, et répétèrent : *Vive
Durville !* Le Roi rit beaucoup de leur naïveté, et leur fit
donner de l'argent pour boire à sa santé et à celle de
Durville. Bientôt il toucha le sol royaliste et religieux
de Cambrai, et ainsi du département du Nord. Trente-
quatre écussons, portant les noms des trente-quatre villes
de ce vaste et fidèle département, étaient placés des deux
côtés de la route. A Cambrai, sur le passage du prince, se

déploya la marche triomphale de la fête communale qui se célèbre le 15 août, et qui avait été remise. Cette marche représente les chevaliers des anciens temps, armés de pied en cap : ils précédaient des chars sur lesquels étaient placées des jeunes filles couronnées de fleurs. Quand elles passèrent auprès du courtois successeur de François Ier et de Henri IV, il dit à ces jeunes personnes : « Mes belles demoiselles, vos fleurs dans mon hiver me « rappellent mon printemps. »

De Cambrai, le Roi fut à Bouchain. Entre Bouchain et Valenciennes, il s'arrêta devant la pyramide de Denain. Près de l'entrée de la ville, un spectacle nouveau s'offrit à ses regards : un arc de triomphe et deux mille mineurs des mines à charbon d'Anzin, rangés par brigades, ayant à leurs têtes leurs porions ou piqueurs qui dirigent les travaux. Ils portaient les pics, les pioches, les chaînes dont ils se servent pour extraire le charbon des mines ; la lampe qu'ils portent sur leurs têtes, pour éclairer leurs travaux, était entourée de fleurs. Le lendemain le Roi alla visiter les chantiers et les mines d'Anzin. A la tête des propriétaires actionnaires figurait M. Casimir Périer. Ce passage du Roi, annoncé, avait empêché cette notabilité de l'opposition de gauche d'assister à la solennité funèbre du 24 août. M. Casimir Périer accompagna le Roi, lui donna des explications sur le sort des mineurs, sur leur organisation en coupes et en compagnies ; il fit remarquer au prince que, dans les chantiers des mines, on fabrique tout ce qui est nécessaire à leur exploitation, depuis les clous jusqu'aux plus fortes machines. Le Roi parcourut les ateliers des forges, la scierie, la fonderie ; des plaques de fonte ont été coulées en sa présence ; une d'elles portait en caractères d'or : « Le 6 septembre 1827, Charles X visite les chantiers des mines d'Anzin. » Le

duc d'Antin de l'autre siècle aurait ajouté un exergue;
mais il y avait toujours courtoisie de la part de M. Casimir
Périer, de la part d'un libéral de sa force et de sa bonne foi.
Quoi qu'il en soit, le Roi parut très satisfait, et laissa en
partant aux ouvriers des marques de sa munificence. Je
ne veux pas dire que ce soit pour faire oublier ce don et
surpasser son maître en générosité que l'autocrate des
mines d'Anzin donna le lendemain à ses noirs, à ses mineurs, 12,000 francs; et cependant il passe pour donner
dans le libéralisme, mais non pas dans la libéralité. Mais
voilà l'industriocrate suspecté d'être suspect, aux yeux de
ses frères et amis : 1° pour avoir été attendre le Roi aux
mines d'Anzin et lui en avoir fait les honneurs; 2° pour
avoir, sur un pareil motif, manqué à l'appel à la pompe
Manuel. Les libéraux calomnieraient le diable, et leur
coreligionnaire savait bien ce qu'il faisait : attendons.

Saint-Amand, Orchies, Douai, ont vu arriver le Roi
dans leurs murailles. Partout mêmes explosions d'amour
et de dévouement, partout mêmes réponses du prince,
exprimant les paternels sentiments de son cœur. A Douai,
le maire, M. Béquet de Mesille, a saisi l'occasion pour
solliciter l'établissement d'une école de droit : le Roi promit d'examiner la demande avec intérêt. La demande et
la réponse donnent à penser, donnent à espérer. Le maire
n'a pas dû s'avancer légèrement, et l'intérêt seul de la
paix publique, bien plus puissant que l'intérêt pécuniaire
des professeurs de l'école de droit de Paris, commande
de diviser sur plusieurs points de la France, tels que
Douai, Strasbourg, Toulouse, Poitiers, cette jeunesse
turbulente et beaucoup trop agglomérée à Paris, où elle
se perd de principes faux et exaltés en tous genres, sous
les noms d'étudiants en droit, en chirurgie, en médecine.
Divisés dans plus et de moins grandes villes, ils seront

soumis à une discipline et à une surveillance plus utiles pour les citoyens paisibles et plus profitables pour eux-mêmes.

Le Roi arriva à Lille le lendemain, monta à cheval à l'entrée du faubourg, et s'arrêta devant la belle porte de Paris, espèce d'arc de triomphe qui fut élevé en l'honneur de Louis XIV, et qui venait d'être restauré. « Sire, » dit le maire, ce respectable comte de Muyssart, un de nos collègues du côté droit et député du Nord, « votre bonne ville « de Lille se rappelle avec reconnaissance qu'un Bour- « bon, votre aïeul, l'a rangée pour jamais sous l'empire « des lis. Pour perpétuer la mémoire de cet heureux « événement, nos ancêtres ont élevé, en l'honneur de « Louis le Grand, l'arc de triomphe qui embellit l'entrée « de cette cité. » En effet, un des architectes les plus habiles du siècle de Louis XIV le fit exécuter, et la ville venait de le faire restaurer avec beaucoup de soin. Le frontispice portait, en lettres d'or, l'inscription suivante :

SENATUS INSULENSIS LUDOVICO MAGNO POSUIT
ANNO MDCLXXXII
CIVITAS CAROLO DILECTO RESTAURAVIT
ANNO MDCCCXXVII

Le roi visita tous les établissements publics industriels, militaires, civils ; il finit par les hôpitaux, toujours bon, toujours adorable, ayant partout l'à-propos et l'éloquence du cœur. Le soir, dans la salle de bal, où six rangs de dames étaient placés sur des gradins en amphithéâtre, pendant que le Roi en faisait le tour, un officier se trouva debout sur son passage, et comme un terme en contemplation. Il n'entendit pas qu'on l'invitait à se ranger ; ce fut le Roi lui-même qui, le rencontrant face à face, lui dit avec gaieté et bonté : « Monsieur, tenez-vous un peu en

« arrière aujourd'hui ; demain je suis bien sûr que, s'il le
« faut, vous irez en avant pour moi. »

De Lille, le Roi fut à Saint-Omer, en passant par Armen-
tières, Hazebrouck, Bailleul, etc.; partout même accueil;
le peuple disait, les larmes aux yeux : « Si nous n'aimions
« pas celui-là, nous serions de bien mauvaises gens. »
Chaque mot de sa bouche était recueilli, pour n'être
jamais oublié. « La France a vu les Bourbons avec répugnance, » disait impudemment feu M. Manuel, soi-disant
le grand citoyen, et à Lille soixante mille Français, depuis
les remparts jusqu'à la préfecture, dévoraient le Roi des
yeux, et soixante mille voix répétaient : *Vive le Roi !* Et
certes on peut se faire une idée de l'émotion qu'éprouvait
l'auguste vieillard couronné, quand on connaît le cœur si
français, si bienveillant de cet excellent prince, et son
amour pour son peuple. Des larmes de plaisir étaient sur
son visage; son sourire, ses mouvements exprimaient son
bonheur et sa reconnaissance.

Le 21 septembre, le Roi se rendit au camp : la messe
fut célébrée sur un autel en pierres blanches, ouvrage des
soldats. Le Roi avait à sa droite le prince d'Orange et à sa
gauche Monsieur le Dauphin; les troupes, serrées en masses, formaient un carré, fermé par la cavalerie du côté op-
posé à l'autel. Cet autel élevé sur le plateau au milieu du
camp, un fils de saint Louis prosterné à ses pieds sous
la voûte d'un ciel sans nuages, entouré d'une armée fidèle
et dévouée, l'éclat des armes, le bruit des tambours, le
son des clairons, tout concourait à rendre le spectacle
aussi imposant que religieux. Sa Majesté a parcouru ensuite l'intérieur du camp ; les soldats n'étaient plus sous
les armes, et les cris de : *Vive le Roi !* se faisaient entendre de toutes parts. Le lendemain, à onze heures, le
Roi se rendit à la cathédrale, et fut complimenté par

l'évêque [1] à la porte de l'église. Plein des mêmes sentiments d'amour, toujours et partout : « Je reçois, dit-il,
« avec joie l'expression de vos sentiments. Allons prier
« Dieu pour mon peuple : qu'il soit heureux, et tous mes
« vœux seront comblés! » Je ne m'attache à remarquer le
voyage du Roi que sous le rapport moral, sous le rapport
de l'esprit public, et je ne décris ni les évolutions ni les
exercices à feu, les attaques et défenses simulées de forts
construits pour la circonstance ; je dirai seulement qu'à
ce spectacle ce n'étaient pas des ombres au tableau que
toute la population de Saint-Omer et des campagnes envi-
ronnantes qui couvrait les tertres, des familles entières
de tous âges entassées sur des charrettes, d'autres en voi-
tures du pays, portant des fermiers, des laboureurs à
cheval, ayant leurs femmes en croupe qu'ils menaient
voir le Roi. Sa Majesté traversa de nouveau les tranchées,
et, parcourant le camp une dernière fois, il vit tirer à la
cible et distribua lui-même les prix aux vainqueurs, y
ajoutant une gratification pour ceux que le sort n'avait
pas favorisés, afin de les consoler. En recevant des mains
du Roi les montres d'or qui formaient les premiers prix,
ces braves gens disaient, avec une émotion vive et toute
militaire, qu'ils les garderaient tant qu'ils vivraient. Pour
témoigner à toute l'armée sa satisfaction, Sa Majesté
donna des décorations à chaque corps, croix, plaques et
cordons. En faisant des heureux, on voyait que le bon
Roi l'était lui-même. Il parla avec une extrême bonté à
tous les militaires qui étaient à son cercle, et ils étaient
en grand nombre. Il en prolongea la durée jusqu'au delà
de l'heure ordinaire, et semblait un père qui retarde au-

1. Hugues-Robert-Jean-Charles, cardinal de la Tour d'Auvergne-Laura-
gais, évêque d'Arras depuis 1800.

tant que possible le moment de se séparer de ses enfants.

Le Roi revint par Arras, le chef-lieu de son ancien apanage; il ne l'avait pas oublié plus que les Artésiens. A Arras, à Béthune, à Aire, il rencontra les mêmes cœurs, les mêmes vœux, les mêmes emblèmes, les mêmes cris de joie et d'amour. C'était une fête continuelle, qui ne l'abandonna pas quand il entra dans le département de la Somme. La Cour royale d'Amiens parla au Roi un langage digne de magistrats français; il répondit avec bonté, mais d'une manière remarquable, et qui prouvait qu'il se rapprochait de Paris et de l'atmosphère de la Cour présidée par M. Séguier :

Vous avez bien raison de dire que c'est en exécutant les lois avec toute l'impartialité qui convient à la justice, que vous vous rendez de plus en plus dignes de ma confiance. La justice est le premier devoir des rois; j'ai remis le soin de l'exercer à des magistrats qui sont dignes de la rendre en mon nom. Continuez avec le même zèle, et soyez sûrs que vous trouverez en moi un appui, comme je suis sûr de trouver en vous des sujets fidèles et dévoués, qui ne peuvent oublier que c'est de moi qu'ils tiennent leur pouvoir, et que leur devoir est d'en faire un bon usage, en accoutumant mes sujets à l'obéissance aux lois et à cet amour qui est si cher à mon cœur. Je gouvernerai toujours mon peuple dans cet esprit, autant et si longtemps que la Providence m'en donnera les moyens.

Ce n'est point ainsi que l'entendait l'inamovible et libéral président du tribunal d'Amiens, M. Caumartin [1]. Voici son insolent et indigne discours :

Sire, fidèle aux traditions de saint Louis, Votre Majesté manifeste en toute occasion son zèle pour cette justice impar-

---

1. Jean-Baptiste-Marie-Bernard Caumartin, président du tribunal d'Amiens en 1818, député de 1827 à 1842; né en 1775, mort en 1842.

tiale, sauvegarde de tous les biens et de tous les droits, et la
reconnaît pour sa première dette envers ses peuples. Chargés
de l'acquitter en son nom dans cet arrondissement, heureux
si la manière dont nous remplissons ses généreuses intentions est pour quelque chose dans les témoignages d'attachement et de reconnaissance qui, de toutes parts, s'adressent à
son auguste personne! Plus heureux, Sire, si ces marques si
franches de dévouement, que vous pouvez apprécier aujour-
d'hui par vous-même, ramènent votre âme à cette confiance,
à cet abandon, qui, à votre avènement, combla tous nos
vœux, et semblait porter à votre cœur paternel de si douces
jouissances. Pour nous, Sire, plus que jamais confiants en
votre bienveillance, pleins d'espérance en cette sollicitude
pour nos intérêts, en ce désir de tout savoir qui vous font visiter nos provinces, nous serons toujours empressés de justi-
fier par nos services, et comme citoyens et comme magistrats, les protestations de fidélité dont nous avons aujour
d'hui le bonheur de faire hommage à Votre Majesté.

Le Roi répondit à cette impertinente allocution :

Je reçois avec plaisir l'expression de votre amour et de
votre fidélité. Je trouve et je trouverai toujours dans mon
peuple les vrais sentiments qui m'ont accueilli au moment où
la Providence m'a placé sur le trône. Vous n'oublierez jamais,
Messieurs, que vous êtes les officiers du Roi, choisis par lui
pour rendre la justice avec cette fermeté et cette fidélité que
vous devez à votre souverain et au peuple que je gouverne.

Et le Roi revint à Paris, et le 28 septembre l'hostile
Cour royale de Paris acquitta, contre toute pudeur, l'auteur et l'imprimeur du libelle incendiaire intitulé *Relation historique du convoi du sieur Manuel.* Le président
Huart et le juge Michelin ont accompagné leur jugement
d'un considérant si inconcevable qu'il a surpassé l'espérance des libéraux. Ces deux suppôts de la Thémis pa-

risienne ont servi si vite leurs amis, qu'ils ne sont pas
revenus de leur étonnement assez tôt pour chanter victoire
et pour avertir d'illuminer. On peut voir ce jugement,
infamant pour ceux qui l'ont osé rendre, dans leurs dignes
archives, le *Courrier français* du 29 septembre 1827.

Forts de l'impunité qu'octroyait la souveraine Cour, ce
n'était plus aux ministres, c'était à la royauté, au Roi lui-
même que s'adressaient les faiseurs de caricatures et de
pamphlets. Pendant que les uns représentaient Charles X
en girafe couronnée, parée du Saint-Esprit, le cordon
de Saint-Ignace pour licol, et conduit par conséquent par
un jésuite, le sieur Jal[1], s'intitulant ancien officier de
marine, publiait, en digne pendant du *Mouton enragé* du
sieur Fontan, publiait son recueil d'insultes et d'insolences contre la personne même du Roi, sous le nom de
Napoléon et la censure, brochure de 59 pages. De quoi
eût-il servi de l'envoyer devant la Cour royale? M. le
président Huart l'aurait acquitté. L'urgence des mesures
de salut se faisait donc sentir chaque jour : il fallait ôter
à la Compagnie Séguier le pouvoir politique que lui avait
conféré la loi du 25 mars 1822, en lui attribuant la connaissance et le jugement des délits de la presse. Mais il
faut une loi nouvelle pour ôter à cette Cour hostile l'arme
dont les soi-disant magistrats abusent sciemment, dont ils
font sciemment contre le Roi et son gouvernement l'usage
le plus dangereux et le plus criminel, et dans quel but ?
Que les niais, et le nombre en est grand, apprennent que
c'est dans un bon motif! Quand je m'étonnais, avec un
sentiment mixte de mépris et d'indignation, que l'esprit
de la Cour soi-disant royale fût de voir des théologiens

---

1. Auguste Jal, plus tard historiographe et conservateur des Archives
du ministère de la marine, auteur de nombreux ouvrages; né en 1795,
mort en 1873.

orthodoxes dans des athées et des factieux, et d'acquitter,
contre toute conscience, les prédicateurs effrontés de l'impiété et de la révolte, le président Amy [1] me répondit :
« Nous appliquons votre loi ; pourquoi est-elle vicieuse ? »
Ce mot brusque ne me satisfaisait ni me m'éclairait. Voici
venir le conseiller Cottu qui, dans son ouvrage intitulé :
De la nécessité de changer le ministère, trahit l'arrière-
pensée de ses confrères, en vous prouvant sérieusement
qu'il faut, pour sauver la chose publique, que Messieurs
soient constitués tuteurs du peuple et du Roi. « Il faut, dit-
« il, pour que la royauté et la liberté sortent de l'état de
« malaise et d'inquiétude qui devient de jour en jour
« plus grave, et qui les porte l'une et l'autre à désirer le
« changement d'un ordre de choses dans lequel elles ne
« trouvent aucune garantie de leurs droits, il faut que la
« royauté et la liberté, laissées toutes deux sans défense
« par les lacunes de la Charte, sortent de cette situation,
« si remplie d'alarmes, en trouvant un refuge dans un
« nouvel ordre de choses où elles dominent sans rivales. »
Et quel est le remède que M. le conseiller Cottu propose ? Quel est l'ingrédient qui doit modifier si efficace-
ment la Charte et boucher les vides qu'on y remarque ?
C'est l'établissement d'un corps intermédiaire entre le
patriciat et le peuple, qui rende, dit-il, au besoin, un long
gémissement ; qui, dans les moments de découragement et
de langueur où le peuple tombe quelquefois, sache le protéger et le représenter. Or, ce corps intermédiaire est tout
trouvé : il est dans cette corporation qui peut dire au Roi
lui-même, selon M. Cottu, que, née avec l'État, elle tient
la place du Conseil des princes et barons qui, de toute

[1]. Louis-Thomas-Antoine Amy, président de chambre à la cour royale
de Paris, conseiller d'État.

ancienneté, étaient auprès de la personne du Roi, et à qui les lois, ordonnances, édits, créations d'office, traités de paix, et autres importantes affaires du royaume, sont envoyés. Au lieu de dire : « pour être enregistrées, » M. Cottu juge à propos de dire : « pour en délibérer, en examiner les mérites, et y apporter en liberté les modifications convenables. » Ce sont tout simplement les prétentions de l'ancien Parlement de Paris que M. le conseiller à la Cour Cottu présente comme des droits reconnus et exercés ; c'est l'omnipotent exercice de ces droits qu'il s'agirait de constituer au profit exclusif de la Cour royale de Paris. Ce n'est pas le despotisme oriental, ce n'est pas le despotisme du sabre, c'est le despotisme du mortier, le despotisme de la robe rouge, le despotisme de Broussel-Cottu, sous la raison Séguier et compagnie ; c'est au reste un système comme un autre, mais celui-là réédifié, au profit de Messieurs, il est vrai.

Mais, à côté de ces royalistes égoïstes qui bâtissaient en l'air, les libéraux démolisseurs travaillaient sous terre et en masques pour saper le trône et l'autel : l'association dite de la *Morale chrétienne* se formait, et se composait des clubistes révolutionnaires nommés :

Baron de Staël.	Rémusat [2].
Duc de Broglie.	Lanjuinais [3].
Ternaux.	Barante.
Verhuell [1].	Montalivet [4].
Guizot.	Alex. La Borde.

1. Claude-Henrik Verhuell, comte de Sevenaar, vice-amiral, pair de France le 5 mars 1819; né en 1764, mort en 1845.

2. Charles-François-Marie, comte de Rémusat, né en 1797, mort en 1875.

3. Paul-Eugène, comte Lanjuinais, pair de France en 1827, en remplacement de son père; né en 1789, mort en 1872.

4. Marthe-Camille Bachasson, comte de Montalivet, pair de France en

Lasteyrie.

Carnot [1].

Étienne.

Duc d'Orléans.

Blanc [2].

Félix Bodin [3].

Mahul [4].

Salvandy.

La Vauguyon.

Choiseul.

Montebello [5].

Mollien.

Catellan.

Bastard de l'Estang.

Delessert.

B. Constant.

André [6].

De Gérando [7].

Kératry.

Isambert.

Lafond-Ladébat [8].

Odier [9].

Appert [10].

Comte [11].

Dunoyer [12].

Thiard.

1823 à la mort de son frère aîné, ministre de l'intérieur en novembre 1830, sénateur de la troisième république en 1879; né en 1801, mort en 1880.

1. Lazare-Hippolyte Carnot, né en 1801, qui devait devenir en 1848, sous la seconde république, ministre de l'instruction publique.

2. Sans doute Adolphe-Edmond Blanc, maître des requêtes sous le gouvernement de juillet, député en 1832; né en 1799, mort en 1850.

3. Félix Bodin, littérateur; figura, comme l'un des auteurs de l'*Histoire de la Révolution française* de Thiers, dans les deux premiers volumes de cet ouvrage, parus en 1823; député en 1831; né en 1795, mort en 1837.

4. Jacques-Alphonse Mahul, rédacteur des *Tablettes universelles* et du *Temps*, député de 1831 à 1834 et de 1846 à 1848; né en 1795, mort en 1871.

5. Napoléon-Auguste Lannes, duc de Montebello, pair de France le 27 janvier 1827; né en 1801, mort en 1874.

6. Sans doute le banquier André, nommé plus haut (t. I, p. 161).

7. Joseph-Marie, baron de Gérando, membre de l'Académie des sciences morales et politiques en 1832; né en 1772, mort en 1842.

8. Adrien-Daniel Laffon de Ladébat, député en 1791 et membre du conseil des Anciens; né en 1746, mort le 14 octobre 1829.

9. Antoine Odier, député de Paris en 1827, pair de France en 1837; né en 1766, mort en 1853.

10. Bernard Appert, membre de plusieurs sociétés philanthropiques, rédacteur du *Journal des prisons*; né en 1797.

11. François-Charles-Louis Comte, avocat à la Cour royale, publiciste, député de 1831 à 1837; né en 1782, mort en 1837.

12. Barthélemy-Charles-Pierre-Joseph Dunoyer, professeur à l'Athénée, rédacteur du *Censeur* et du *Censeur européen* de 1814 à 1819, membre de l'Académie des sciences morales et politiques en 1832 et conseiller d'État; né en 1786, mort en 1862.

Sébastiani.	Dupin.
Pelet de la Lozère [1].	Berville.
Raynouard [2].	Barthe.
Rapin-Thoyras.	Sismondi [3].
Al. Lameth.	Al. Duval [4].
Humann.	

Voilà cinquante noms bien notés, disons en libéralisme ;
ils ne nieront pas que leur drapeau, quand ils le déploie-
ront, fera lire en lettres de sang : *Protestantisme, Illégitimité.* Ces libéraux-là ne fraternisent-ils pas avec les
travailleurs du *Constitutionnel,* les Étienne, les Buchon,
les Berville, les Léon Thiessé, Baudouin jeune, Évariste
Dumoulin, Fiévée, Salvandy, Darmaing, Tissot, Andrieux, duc Dalberg ?

Ces libéraux de la Morale chrétienne ne fraternisent-
ils pas avec les travailleurs du *Courrier français :* Kératry, Chapelain, Arnold Scheffer, Isambert, Cauchois-Lemaire, Mérilhou, Odilon Barrot, Berville le directeur?

Certes, c'est avec répugnance que les Français, ou soi-
disant tels, qui composent ces réunions libérales, voient
la monarchie légitime. Mais le Roi compte-t-il beaucoup
de serviteurs dévoués dans le Conseil d'élite dont Monsieur le Dauphin a accepté la haute présidence, et où les
habiles exercent une si funeste influence sur lui? Conseil
qui s'appelle *Conseil général des prisons,* nom modeste

1. Privat-Joseph-Chalamont Pelet de la Lozère, député de Loir-et-Cher
en 1827 ; né en 1785, mort en 1871.
2. François-Just Raynouard, membre et secrétaire perpétuel de l'Académie française, membre de l'Académie des Inscriptions et belles-lettres; né
en 1761, mort en 1836.
3. Jean-Charles-Léonard Simonde de Sismondi, célèbre historien et économiste, né à Genève en 1773, mort en 1842.
4. Alexandre-Vincent Pineux-Duval, auteur dramatique, membre de
l'Académie française; né en 1767, mort en 1842.

et insignifiant en apparence, mais sous lequel les intrigants et les traîtres approchent journellement du prince
et abusent de sa religion, ce qu'il est le seul à ignorer.
Barbé-Marbois, Decazes, Chaptal [1], Mollien, Portalis, Roy,
Pasquier, Séguier, Cadore [2], voilà les membres du Conseil général des prisons que le malheureux prince écoute
avec abandon, pour s'éclairer et se conduire dans les Conseils où le Roi son père a voulu l'admettre à son avènement au trône. Quand Son Altesse Royale y vient, les
hommes qu'il regarde comme ses vrais amis ont fait le
matin la leçon à leur dupe.

NOTES DE L'AUTEUR

Note A (voir page 140)

Halte-là! Gautier, de la ville du 12 mars, commandant de
la cavalerie bordelaise, chevalier du Brassard, sur lequel
Madame la Dauphine croyait pouvoir le plus compter, comme
aussi M. le duc d'Angoulême, le Gautier de 1814, 1815 et
jusqu'en 1826 qu'il a trahi son Roi et sa conscience, était
neveu de Dussumier-Fonbrune [3], protestant, armateur, com-
merçant, banquier, et avait, dès 1822, de fort mauvaises
affaires. On donna à son oncle Dussumier la recette générale
de Montauban. Du Fougerais le questeur, aussi au fait des

1. Jean-Antoine Chaptal, pair de France en 1819, né en 1756, mort en 1832.
2. Jean-Baptiste Nompère de Champagny, duc de Cadore, ministre des
affaires étrangères sous Napoléon, pair de France en 1814, exclu en 1815,
rétabli le 5 septembre 1819; né en 1756, mort en 1834.
3. Antoine Dussumier-Fonbrune, député de la Gironde de 1815 à 1827;
né en 1769, mort en 1835.

choses que des personnes, m'a dit que Gautier avait demandé une recette générale et exigeait celle de Bordeaux : on
lui refusa celle-là, parce que le titulaire était un homme irréprochable, *inde iræ*. Voilà pourquoi le « citoyen intègre a dès
lors refusé son vote, » ce qui, « dès lors, » lui a valu l'estime et
les éloges du *Constitutionnel* et de tous les journaux hostiles.

Note B *(voir page 140)*

Voici la réponse. Nous voudrions bien laisser dormir toute
la controverse relative à M. Hyde de Neuville; mais ses indis-
crets amis, et ceux qui font semblant de l'être, ne cessant de
remuer ce terrain dangereux, nous avons cru devoir aux con-
venances et aux principes un dernier témoignage. Il sera la-
conique, en signe de regrets, il sera exempt de personnalités,
parce que c'est un devoir de n'être que vrai. C'est un fait no-
toire que M. Hyde de Neuville appartient, depuis un temps
donné, à cette portion de la Chambre qui croit pouvoir, sans
se contredire, professer des principes monarchiques et battre
en brèche le gouvernement de la monarchie. L'opposition de
cet honorable député, presque indécise au début, ne tarda
pas à revêtir un caractère plus âpre et plus véhément. On ne
s'arrête pas quand on est sur une pente. Je rappelle ceci, non
pour la critique des actions et des opinions du député, mais
pour l'éclaircissement de la question. Depuis que M. de Neuville, ci-devant ambassadeur en Portugal, est en disponibilité,
il a prononcé peut-être plus de cinquante discours dans l'esprit de l'opposition, sans qu'on ait songé à lui ôter son traitement. Cette mesure a eu lieu seulement après qu'il eut accusé
le ministère de donner à ses agents diplomatiques des instructions doubles et contradictoires; est-ce que cela ne s'explique selon toute justice et toute raison? Tant que l'honorable député n'a fait que combattre des théories et un système
d'administration, il a usé de son droit, et les ministres, en
déplorant l'abus du talent, ont respecté l'indépendance de
l'opinion. Ainsi M. de Neuville a pu, sans encourir la disgrâce

du trône, diriger son éloquence contre des projets de loi, la tendance du gouvernement, même contre des traités conclus. Tout a changé depuis que l'orateur, passant des raisonnements aux imputations, n'a pas craint d'accuser le cabinet d'une infâme duplicité, de le rendre suspect aux cabinets étrangers, de nous précipiter du rang où la splendeur de la race régnante, où les avantages de notre sol, de notre position, de notre population nous avaient placés. Il ne s'agit donc nullement ici des opinions du député, mais des fictions du diplomate et des résultats possibles de ces fictions. Le mot de fictions effraie-t-il? préfère-t-on celui de révélations, quelque invraisemblance qu'il présente? La condition de M. de Neuville n'en serait pas améliorée; car le témoin le plus impartial aurait toujours le droit de l'enfermer dans ce dilemme : ou vous avez publié le secret de l'État, ou vous avez publié sous ce nom une imputation fausse; dans l'un et dans l'autre cas, il n'est pas convenable que vous fassiez partie d'un corps dont le caractère essentiel est la circonspection, dont l'objet essentiel est le maintien de la dignité du trône et de ses influences. La conséquence est dure, il faut l'avouer, mais elle est mathématique, et, si nous l'offrons dans toute sa crudité, M. Hyde de Neuville doit s'en prendre à la maladresse de ses apologistes (*Gazette de France* du mardi 12 juin 1827, article de Bénaben [1], celui que B. Constant appelait, dans la *France chrétienne*, le B. de la *Gazette*). Voyez plus haut, page 77, comment la *France chrétienne* est tombée des mains du catholique abbé Niel, de Saint-Étienne, dans les mains de Méphistophélès Constant, à la mystification de la loi existante.

---

1. J.-G.-J.-M. Bénaben, ancien professeur de mathématiques à l'École centrale de Maine-et-Loire, auteur de brochures politiques, rédacteur de le *Minerve*, du *Constitutionnel*, puis de la *Gazette de France*.

CHAPITRE III

C'est au milieu de ces entraves domestiques, au milieu de ces menées dont les agents n'étaient rien moins qu'invisibles, sous l'empire d'une Charte vague et incomplète dont toutes les notabilités hostiles torturaient la lettre et affectaient de méconnaître l'esprit, c'est dans cette difficile disposition politique et morale des hommes que les ministres du Roi avaient à administrer, non pas avec la Monarchie selon la Charte, mais avec la Charte selon la Monarchie. Il fallait des lois conservatrices du bon ordre et du trône légitime, et des hommes conservateurs; or, ce n'est qu'avec les hommes qu'on fait des lois dans un gouvernement représentatif, et la Chambre héréditaire avait besoin qu'on lui ajoutât des membres plus sûrs et plus dévoués que n'en offrait sa majorité actuelle. Aussi ce fut avec autant de droit que d'utilité que le Roi créa soixante-seize pairs le 5 novembre 1827. La mauvaise foi la plus

déhontée n'oserait pas comparer cette nomination de pairs
à la fournée des Soixante de M. Decazes. Je sais à quels
titres presque tous ont été admis, et je n'ai pas entendu
un reproche qui m'ait paru fondé. Peut-être a-t-on dû regretter de ne voir sur la liste ni le nom de La Châtre ni le
nom d'Ormesson.

Mais je ne veux pas omettre une circonstance qui prouve
la justice et la confiance de M. de Villèle [1]. J'avais engagé
un de mes cousins, le comte de Pontgibaud, homme comme
il faut, riche propriétaire et exploitateur de mines d'argent en Auvergne, de faire une demande et de la faire
présenter par le cardinal de Latil, ami de la famille. Mon
parent n'en fit rien pendant mon absence, et, à mon retour, j'appris qu'il ne s'était pas mis en mesure, et que
l'ordonnance de création allait paraître. Je pris la simple note, qui exposait avec modestie et vérité les motifs de
fortune, de position sociale, de naissance, de capacité et
moralité qui permettaient au comte de Pontgibaud l'espoir
d'être nommé, et je me chargeai, non pas de porter, mais
d'envoyer promptement et sûrement la demande à M. de
Villèle. J'écrivis seulement un billet où j'expliquais que
c'était vu l'absence du cardinal que je me permettais de
plaider la cause de mon cousin, que je le priais d'accepter
ma garantie, et que je donnais ma parole d'honneur que
la note était de la plus exacte vérité, et me paraissait et
lui paraîtrait remplir toutes les conditions voulues et dé-
sirables. La réponse fut la nomination de mon cousin,
avec l'adresse en blanc, parce qu'il n'était pas à Paris, et
le ministre, qui ne la savait pas, me chargeait de la mettre.
Le choix fut très louable et très approuvé, mais je ne dus
pas moins être touché de cette marque de confiance à mon

---

1. L'auteur a déjà raconté les deux anecdotes qui suivent dans une note
reproduite plus haut (t. I, p. 109).

égard. Ce qui prouve qu'avec des ministres hommes d'honneur, les sollicitations et l'intrigue réussissent moins que la voie droite et le langage vrai dans un homme connu.

Il est vrai de dire que le président du Conseil n'a pas toujours cru le premier venu sur parole. Le comte de Bien.... racontait, j'étais en tiers, que M. de Villèle promettait quelquefois sans tenir. « Un homme de ma con- « naissance, dit-il, lui demanda d'être compris dans la « dernière nomination; il aurait répondu : Comment « donc! cela vous est bien dû : comptez-y; vous le pouvez « d'autant mieux que c'est moi qui fais la liste. » (Je crois que le narrateur brodait, car M. de Villèle était trop avisé pour dire un mot aussi léger.) La liste publiée dans le *Moniteur*, il n'y avait pas le nom du postulant, si bien fondé à espérer. Sur son observation en complainte, M. de Villèle lui aurait répondu : « Non, mon cher, vous n'êtes « pas sur cette liste-ci; un homme comme vous ne peut « pas être confondu dans une fournée : vous devez être « nommé à part, avec au plus un ou deux autres, et vous « le serez. » L'historien particularisait si bien et si dramatiquement tout ce qui s'était dit entre son ami et le ministre, que je n'ai jamais douté que lui, comte de Bien...., ne fût l'acteur, ou plutôt le patient. Je lui connaissais, au reste, pour être pair, les conditions de naissance et de fortune; sous les rapports de capacité et de principes politiques, absolument inconnu.

L'ordonnance de la nomination de nouveaux pairs fut très légale et devait être très salutaire. Elle fut suivie de l'ordonnance de dissolution de la Chambre des députés et de la convocation des collèges pour des élections générales. L'épreuve ne me paraissait pas périlleuse; elle l'était aux yeux de beaucoup de bons esprits. On avait l'exemple de la nomination de M. de la Fayette à Meaux. Mais les libéraux, qui pouvaient réunir leurs forces sur un point isolé, ne pouvaient pas lutter avec chances de succès partout à la fois, en un mot dans des élections générales. « Nous ne prendrons la résolution de dissolution, disaient « les ministres nos amis, qu'avec certitude : nous sommes « sûrs du succès, une fois la résolution prise. » Le ministère qui aurait pris une pareille mesure légèrement, disaient les journaux du gouvernement, une fois l'ordonnance rendue, devrait être mis à Charenton. Il n'en est pas moins vrai que, par le désordre jeté dans les rangs royalistes par les royalistes de la défection, et par l'alliance coupable et aveugle de ces prétendus amis du Roi avec les libéraux ou révolutionnaires ses ennemis, par l'impéritie, la nonchalance ou la connivence de plusieurs préfets, par la trahison de beaucoup de fonctionnaires et de magistrats inamovibles et même amovibles, enfin par de faux documents fournis par des agents légers ou perfides, le résultat des élections fut, sur 399 députés, vu 29 doubles nominations à refaire, 154 royalistes de la droite, 105 royalistes d'opposition et 140 libéraux, dont 27 de la Chambre des Cent-jours. C'est avec de pareils ouvriers que la session de 1828 allait s'ouvrir, le 5 février 1828.

La censure avait cessé le même jour qu'avait paru l'ordonnance de dissolution de la Chambre et de convocation des collèges. La presse périodique, la digue détruite par les mêmes mains qui l'avaient élevée, fit irruption avec d'autant plus de violence et d'effet qu'elle avait été plus fortement contenue. Ceux des articles incendiaires laissés en blanc, par la tactique habile des journaux censurés, reparurent en brochures, réunis, et agirent d'autant plus sûrement sur les esprits des mauvais électeurs que la dose du poison, n'étant plus divisée, n'en eut que plus de force. C'est sous cette impression que Royer-Collard fut nommé

dans sept départements, lui qui me disait, deux ans auparavant : « Vous êtes bien heureux : vous avez un parti,
« et moi je suis tout seul aujourd'hui de mon bord. » Je
lui répondis en riant : « Eh bien, Monsieur, vous pouvez
« dire : Contre tant d'ennemis que vous reste-t-il? Moi,
« moi, dis-je, et c'est assez. » Pour contraste, ajoutons que,
si M. Royer-Collard fut nommé dans sept collèges, M. de
Peyronnet ne le fut ni à Bourges ni à Marmande, grâce
aux intrigues, aux menées actives et à l'argent de ses ennemis personnels et furibonds, Jaubert [1] et Duvergier de
Hauranne le fils [2]. M. de Lalot à la Huppe fut nommé
dans la Charente, vu qu'il eut cinquante-cinq voix jaco-
libérales, les mêmes qui avaient porté les révolutionnaires Gellibert [3] et Pougeard-Dulimbert [4], en vertu de la
convention faite que les royalistes de la défection et les
gens de la gauche donneraient réciproquement leurs voix
à la majorité de l'une ou de l'autre faction, contre le candidat du gouvernement. Et tel était l'esprit de vertige
dont, à la Cour surtout, tel grand personnage était animé
contre le ministère que j'appellerai Villèle, que M. le duc
de Maillé [5], ami du Roi, je veux le croire, promenait, aux
élections d'Arpajon, le révolutionnaire Bérard [6], d'électeur en électeur, demandant les voix pour son étrange
protégé, en disant à haute voix : « Messieurs, je ne pense

1. Hippolyte-François, comte Jaubert, député de 1831 à 1844, puis pair
de France ; né en 1798, mort en 1874.

2. Prosper-Léon Duvergier de Hauranne, député de 1831 à 1851 ; né en
1798, mort en 1881.

3. Alexis Gellibert des Seguins, député de la Charente-Inférieure de 1827
à 1834 ; né en 1785, mort en 1859.

4. François Pougeard-Dulimbert, baron de l'empire, député de la Charente de 1821 à 1824 et de 1827 à 1831 ; né en 1753, mort en 1837.

5. Charles-François-Armand de la Tour-Landry, duc de Maillé, pair de
France le 4 juin 1814 ; né en 1770, mort en 1837.

6. Auguste-Simon-Louis Bérard, député de Seine-et-Oise de 1827 à 1834 ;
né en 1783, mort en 1859.

« pas comme lui, Dieu m'en garde! mais il déteste le
« même homme que vous et moi. »

M. de Villèle, déconcerté par le résultat des élections,
auquel il était loin de s'attendre, se défia de lui-même.
Cependant, M. de Corbière et lui avaient été renommés;
l'échec éprouvé à Bourges par M. de Peyronnet ne dislo-
quait pas le ministère; on pouvait le faire pair; l'entrée
de soixante-seize nouveaux membres lui assurait la majorité dans la Chambre héréditaire; il pouvait l'acquérir
dans la Chambre élective, l'opposition étant composée
d'alliances si conditionnelles. Il faut que le cœur lui ait
failli. Son ami M. de Corbière était en Bretagne, et il
aurait eu besoin de son conseil. Attristé de ne voir que
le Roi de son côté, de ne trouver chez Monsieur le Dauphin que des préventions injustes, et une antipathie mani-
festée par une froideur et un silence décourageants,
l'unique et véritable homme du Roi, de la monarchie et
de la France recula devant les coteries de la Cour et de
Paris, et se retira, le 4 janvier 1828, lui et tous les serviteurs du Roi, ses estimables collègues. Et, le 4 janvier, le
cabinet fut recomposé de MM. Roy, aux finances; Portalis, justice; de Martignac, intérieur; de Caux, la guerre;
de la Ferronnays [1], affaires étrangères; de Chabrol [2], marine; Frayssinous, affaires ecclésiastiques et instruction

1. Pierre-Louis-Auguste Ferron, comte de la Ferronnays, lieutenant général, pair de France le 5 août 1815, ambassadeur à Saint-Pétersbourg
de 1819 à 1827, ministre des affaires étrangères du 4 janvier 1828 au 24 avril
1829, ambassadeur à Rome en février 1830; né en 1777, mort en 1842.
2. Christophe, comte de Chabrol-Croussol, conseiller d'État le 5 juillet
1814, préfet du Rhône le 22 novembre suivant, sous-secrétaire d'État au
ministère de l'intérieur le 24 septembre 1817, député du Puy-de-Dôme de
1820 à 1822, directeur général de l'enregistrement et des domaines le
23 janvier 1821, pair de France le 23 décembre 1823, ministre de la marine
du 4 août 1824 au 2 mars 1828, ministre des finances du 9 août 1829 au 18 mai
1830; né en 1771, mort en 1836.

publique; plus M. de Saint-Cricq, ministre du commerce et des manufactures.

Ce ministère transitoire, et qui devait subir un prochain renversement, était l'œuvre de Monsieur le Dauphin; il s'en croyait l'âme, et n'en était que le mannequin. Derrière le ministre de la justice étaient les Pasquier et toute la clique qui gouvernaient Monsieur le Dauphin, qui gouvernait Martignac. M. de la Ferronnays, un de ceux qui avaient le plus influé sur la retraite de M. de Villèle, était sous la direction de M. de Chateaubriand, son ami. Aussi, le jour même, le sixain suivant fut dans la bouche du public :

> Des ministres de ce matin
> La couleur est-elle connue?
> Se demandait-on dans la rue.
> Quelqu'un dit, sans être bien fin :
> Mais leur couleur saute à la vue :
> Messieurs, c'est le Caca-Dauphin !

Mais le paillasse du cabinet du 4 janvier 1828 était assurément le gros et court vicomte de Caux, qui avait le nom de ministre de la guerre; car il y en avait trois : Monsieur le Dauphin qui, ne pouvant pas être le ministre en évidence, était représenté par M. de Champagny [1]; venait ensuite de Caux, le seul qui s'appelât ministre de la guerre, le seul qui ne fût rien par le fait, mais qui eût eu la responsabilité si ce n'eût pas été un mot vide de sens. De Caux, entré dans les bureaux de la guerre chef de bataillon, le vrai type du bureaucrate, était devenu colonel, maréchal de camp, lieutenant général, sans sortir de son fauteuil. Un seul trait suffira pour faire connaître sa flexi-

---

1. Nicolas-Charles-Stanislas-Louis-Marie Nompère, vicomte de Champagny, maréchal de camp, nommé député de la Loire le 3 juillet 1830; né en 1789, mort en 1863.

bilité et son esprit de conduite. M. de Clermont-Tonnerre venait de donner sa démission, ainsi que ses collègues. Le général du Coetlosquet, ainsi que M. de Caux, viennent lui offrir leurs adieux et leurs regrets, et lui déclarent qu'ils se retirent comme lui. M. de Clermont-Tonnerre les remercie de leur affection, mais les engage à rester à leurs postes, leur disant que son successeur éventuel méritera sans doute leur confiance et leur amitié. Ces messieurs persistent, en assurant qu'ils vont écrire leurs lettres de démission. Quelques heures après, M. du Coetlosquet, qui a écrit et cacheté sa lettre, voit entrer de Caux chez lui, et sa première parole est de lui dire : « Voilà, mon ami, « ma démission donnée ; où est la tienne ? » Le gros vicomte lui dit : « Mon ami, sais-tu qui est ministre de la « guerre ? — Non. — Devine. — Un tel ? — Non. — Un « tel ? — Non. — C'est donc un tel ? — Non. — Qui diable « est-ce donc ? — C'est moi, mon ami ; c'est moi! Voilà « ce qui est arrivé : comme j'écrivais une lettre pa-« reille à la tienne, ainsi que nous en étions convenus, « Monsieur le Dauphin m'a fait mander. Dès que j'ai « eu salué profondément Son Altesse Royale, elle m'a « dit : « De Caux, tu es ministre de la guerre. » J'ai « pensé qu'à tout événement une retraite de ministre va-« lait mieux qu'une retraite de lieutenant général : j'ai « salué profondément Son Altesse Royale, et me voilà ! » Ainsi donc : *Ecce homo.*

Il n'y a pas d'erreur chez M. de Caux : il y a finesse sous une grosse écorce et platitude sans méchanceté. Il y a erreur et grandeur d'âme chez M. de la Ferronnays, noblesse et indépendance de caractère : on n'en a que plus de regrets qu'il ait pris une fausse route, qu'il ait épousé les querelles et partagé les animosités d'hommes qui ne le valent pas. Voilà les deux hommes remarquables du ministère Caca-Dauphin, l'un par sa nullité, l'autre par ses honorables antécédents.

Tel fut l'avènement au pouvoir du ministère de 1828, du ministère de concessions, du ministère royaliste si l'on veut, auquel M. de Martignac donna son nom. Mais les noms furent, dès le lendemain, une occasion de mécontentements.

Quant à nous, disait le misérable Bertin de Vaux, l'homme du *Journal des Débats*, quant à nous qui avons fait une guerre à mort à l'ancien ministère, personne ne nous contestera d'avoir contribué à former cette opinion publique qui a débarrassé la France des ennemis de nos libertés (27 janvier 1828).

Et l'affranchi de l'illustre M. de Chateaubriand disait déjà :

On ne peut se dissimuler la puissance des noms sur l'esprit des peuples. Il est des circonstances où le talent et la considération ne suffisent pas pour constituer des ministères durables, où même quelques hommes d'État, aidés de l'opinion et respectés, ne suffisent pas pour rendre tout un cabinet grand dans l'estime publique. Les soldats aiment les chefs qu'ils suivirent au combat : ils se croient frappés s'ils les voient en exil. Quand l'accès du pouvoir demeure interdit à la plupart des personnages qui ont tenu tête à l'administration dernière, qui ont ainsi préservé la Restauration de tentatives insensées, le ministère paraîtra-t-il à la France un gage suffisant de sécurité ? En douter est permis. Les noms sont la monnaie des doctrines.

Autant valait que le Bertin de Vaux dît : « Prenez mon patron. » Mais le patron était de force à le dire lui-même ; il était vraisemblablement l'auteur de l'article, et le journal était sien.

Le *Constitutionnel* du 6 janvier approchait plus de la vérité :

Tout ce que nous pouvons dire, dans ce moment-ci, c'est que le nouveau ministère ne nous paraît pas composé d'éléments assez cohérents pour garantir une longue existence; nous craignons que le ciment ne soit mauvais, et que tout ne tienne pas bien ensemble.

C'est peut-être là le calcul de M. de Villèle, et le *Constitutionnel* a dit à moitié vrai. M. de Villèle déclara à Monsieur le Dauphin que, puisqu'il n'avait ni la confiance ni l'assentiment de Son Altesse Royale, il se retirait, conseillant lui-même, crainte de pire, le ministère du 4 janvier; mais il demanda au prince de trouver bon qu'il prît la direction d'un journal conservateur, la *Gazette de France*, et je ne donne pas plus de six mois au système Martignac pour disparaître. Ce qu'il y a de remarquable, c'est que le prince eut assez de jugement pour y consentir. De là l'importance et le crédit que la *Gazette* acquit dès ce jour-là même; et quant à l'existence du ministère et du système dit Martignac, M. de Villèle ne s'est trompé que d'une année dans sa prophétie.

Quoi qu'il en soit, l'année législative commença, en 1828, le 6 février. Ce premier acte était la nomination des candidats à la présidence; son résultat devait déterminer la statistique politique de la Chambre et la force numérique des partis.

Le premier scrutin offrit le résultat suivant, qui était fait pour rassurer :

364 votants; majorité, 183.

La Bourdonnaye, 178 (royaliste côté droit).

Gautier,   174 (défection, centre droit et gauche).

Royer-Collard,   168 (centre et côté gauche).

Ravez,   162 (centre droit et partie de la droite).

Casimir Périer,   156 (gauche et partie du centre gauche).

Mais, dans la nuit, les misérables de la défection, ayant
Lalot pour porte-parole, s'unirent à la gauche et au
centre gauche par un pacte aussi impie que stupide, et
quatre nouveaux candidats à la présidence sortirent d'emblée, en exécution du traité infamant pour les défectionnaires. Le lendemain, il n'y avait que 358 votants ; majorité, 180. La Bourdonnaye n'eut plus que 154 voix ;
M. Ravez, 167. Mais le scrutin fut : MM. de Lalot, 212
voix ; Hyde de Neuville, 206 ; Royer-Collard, 189 ; Gautier, 187 ; Casimir Périer, 180.

Lalot à la Huppe se crut président, porté qu'il était sur
ses 212 échasses ; mais sa sotte et puérile vanité reçut un
désappointement complet : le Roi nomma Royer-Collard
à la présidence. La pudeur publique ne recevait pas d'outrage par ce choix ; voilà tout. Je reviendrai plus tard sur
ce personnage, qui vaut plus et moins que sa réputation,
selon qu'on l'admire ou qu'on le dénigre outre mesure ;
mais on peut, sans se tromper, dire qu'il ne vaut pas ce
qu'il s'estime lui-même. L'imprévoyance et la coupable
animosité des trente pointus ou défectionnaires, dont les
plus remarqués étaient Lalot et Hyde de Neuville, que
suivaient, *longo sed proximus intervallo*, Bourdeau, Bacot, Beaumont, Preissac, Gautier, Agier, Cambon, le reste
ne vaut pas l'honneur d'être nommé, sans que les sus-
nommés, pour être plus remarqués, en fussent plus remarquables. Leur imprévoyance et leur animosité donnèrent au côté gauche de la Chambre la certitude d'être
maître du champ de bataille et d'avoir l'initiative des attaques. Le triomphe systématique de M. Royer-Collard
sur M. Ravez assurait aux débats une direction toute populaire et complaisamment libérale. Aussi les révolutionnaires s'empressèrent-ils de céder le pas et de donner les
honneurs de la Chambre à leurs alliés, à qui ils étaient si

redevables. Tous les vice-présidents appartinrent à la défection royaliste : Cambon, Agier, le Bertin de Vaux, et,
comme par générosité, un royaliste en neutralité armée,
ce chétif et inoffensif Berbis, qui a l'esprit de travers
comme les yeux. Mais, dans les secrétaires, la gauche
voulait des hommes à elle : ainsi d'abord M. de Lur-
Saluces [1], de l'opposition de droite comme M. de Valon [2], mais, avec eux, deux malins du centre gauche, Dumeillet [3] et Laîné-Villevêque. L'élection des candidats à
la présidence et des vice-présidents annonçait la couleur
et la force plus que libérale de la majorité dans la Chambre. M. de Chabrol et l'évêque d'Hermopolis, pâles débris
restés debout du ministère Villèle, se retirèrent avant
que les débats parlementaires fussent commencés. Hyde
de Neuville, dit le comte de Bemposta, remplaça M. de
Chabrol, et l'abbé Feutrier, évêque de Beauvais, succéda
à l'abbé Frayssinous. Mais l'instruction publique fit un
ministère séparé des affaires ecclésiastiques : le Vatimesnil, bon procureur, voilà tout, et faux dévot, voilà le
pire, fut nommé ministre spécial et grand maître de l'Université.

Ainsi, dès le début du ministère Martignac ou de concessions, commença le système de désarmement de la
royauté légitime au profit des révolutionnaires démolisseurs. L'administration Villèle les avait à grand'peine tenus en bride pendant sept ans, et serait parvenue à les
mater par son activité et sa vigilance sans le désastreux
résultat des élections générales de 1827 ; l'administration

1. Ferdinand-Eugène, comte de Lur-Saluces, député de la Gironde de
1815 à 1816 et de 1824 à 1830 ; né en 1780, mort en 1867.
2. Antoine-Joseph-Louis-Sylvestre, comte de Valon, député de la Corrèze de 1824 à 1831 ; né en 1783, mort en 1848.
3. Alexandre-Antoine Dumeillet, député de l'Eure de 1817 à 1824 et de
1827 à 1833 ; né en 1772, mort en 1833.

Martignac livra le trône sans défense aux libres attentats
des factieux de la gauche, en supprimant la police politique, c'est-à-dire la direction de la police générale, et en
réduisant la police de Paris à n'être plus que municipale
et matérielle : première concession qui portera ses fruits,
et les concessions se succéderont toutes.

Les révolutionnaires allaient habilement à leur but,
souriant aux petites vanités et aux courtes vues de leurs
alliés les royalistes de la défection, qui se partageaient
les places en les exigeant d'un ministère pusillanime :
ainsi Bourdeau se fit directeur général des domaines ;
Bacot, directeur général des droits réunis, à la place de
Benoît ; Beaumont, préfet de Tarn-et-Garonne ; Preissac,
préfet du Gers ; Fussy [1], préfet de l'Indre ; Lézardière,
préfet de la Mayenne ; Ricard, conseiller à la Cour de
cassation ; Cambon [2], premier président à Amiens ; Cambon *idem* [3], Bertin de Vaux, Agier, Ferdinand de Berthier, se firent conseillers d'État en service ordinaire. Je
ne parle là que de députés royalistes pointus, ou renégats,
ou défectionnaires : et tout cela au nom du Roi ! « Mais
pas un homme de la gauche, » disait le ministre à concessions. Non, ils riaient sous cape, et se tenaient modestement à l'écart. Rions comme eux ; non pas comme eux,
Dieu m'en garde ! mais comme Annibal au milieu du
Sénat de Carthage (V. Rollin, t. Iᵉʳ, p. 401) et traduisons
ces actes administratifs si monarchiques, si conservateurs,

---

1. Alexandre-Marie Gassot, vicomte de Fussy, député du Cher de 1824 à
1830, préfet de la Creuse le 3 mars 1828 et de l'Indre le 12 novembre suivant ; né en 1779, mort en 1844.

2. Louis-Alexandre, baron de Cambon, président de la cour royale de
Toulouse en 1818, député du Tarn de 1827 à 1830, nommé sous le ministère
Martignac premier président de la cour d'Amiens, pair de France en 1835 ;
né en 1771, mort en 1837.

3. Le marquis de Cambon. Voir t. I, p. 82.

en français, c'est-à-dire en chanson : cela ne retardera pas d'une minute la marche des événements : *Quæque ipse miserrima vidi* (Virg.).

Air du *Vaudeville de Figaro* (1828).

Dieu le veut! disaient nos pères,
Quand ils partaient de chez eux,
Sous les chrétiennes bannières,
Pour délivrer les saints lieux.
Quoique aucun n'en revint guère
Que bien sec et bien battu,
Ils disaient : Dieu l'a voulu!

Dieu le veut n'est plus de mode.
Nous n'avons plus tant de foi ;
J'aime du moins la méthode
De dire : Si veut le Roi.
Mais il est par trop commode
Qu'on nous dise à son insu :
Messieurs, le Roi l'a voulu!

Plus d'un libéral préfère
De crier : Si veut la loi.
Moi je veux d'un ministère
Qui répond : Si veut le Roi.
Celui du jour peut vous plaire,
Moi, jamais il ne m'a plu.
Mais le Roi l'a-t-il voulu?

Va-t'en, va-t'en pour ta gloire,
Dit à Mathieu le niais[1]
Son ami, qui, dit l'histoire,
Prit sa place une heure après[2].
Ce grand homme, il faut l'en croire,
Dit à Mathieu qui l'a cru :
Mon cher, le Roi l'a voulu!

Libéral par excellence,
Cambon, de la cour d'Amiens,
Prit au vol la présidence ;

1. Le vicomte de Montm...., en 1823.
2. M. de Chateaubriand.

Puis il écrivit aux siens :
Avant tout l'obéissance,
C'est un principe absolu.
Messieurs, le Roi l'a voulu.

Bacot dit : C'est le mérite
De notre gouvernement :
Moi d'abord et vous ensuite,
Je monte et Benoît descend ;
Tel est le pacte tacite,
Tel est le traité conclu
Sans que le Roi l'ait voulu.

Tu les connais, pauvre France,
Tous ces messieurs, tu les vois,
Fanfarons d'indépendance,
Trouvant bons tous les emplois.
Ces faquins pleins d'importance
Fileront la paille au c..
Quand le Roi l'aura voulu.

Aux libéraux qu'il pardonné,
Qu'il croie à leur bonne foi,
S'ils jurent qu'il n'est personne
Qui chez eux n'aime le Roi.
Dans six mois sur sa couronne
S'ils jettent leur dévolu,
Le Roi l'aura bien voulu.

Tel devait être le résultat, plus ou moins ajourné, de l'alliance des royalistes renégats avec la gauche et les centres : la nuance d'arrière-pensée, dans les francs révolutionnaires comme Laffitte, c'est qu'ils voulaient la révolution de 1688 avec changement de dynastie, tandis que Casimir Périer l'aurait voulue avec le Roi régnant et par le Roi ; hérésie politique qui n'était qu'une inconséquence. Les défectionnaires voulaient, je veux le croire, du monarque de la monarchie ; ils n'ignoraient pas la pensée des hommes de la gauche ; ils ne croyaient pas l'alliance criminelle, parce qu'elle ne serait que temporaire ; ils la jugeaient utile et politique. L'intérêt du moment, qui les

aveuglait, était le lien commun qui unissait à eux l'opposition de gauche, sauf aussi à voir plus tard. Or, cet
intérêt du moment, cet intérêt commun qui, dans les
candidats à la présidence, avait commandé d'éloigner
M. Ravez ; la peur de voir M. de Villèle reparaître aux
affaires, rendit compacts tous leurs efforts pour le grand
acte qui pouvait intimider le Roi en calomniant parlementairement l'ancien ministre et son système : de là tous
les moyens machiavéliques employés pour être en major-
rité dans la commission pour l'adresse en réponse au
discours du Roi. La nomination à la présidence de Royer-
Collard, au lieu de M. Ravez, assurait toute influence
dans une rédaction hostile et accusatrice. Ces coupables
espérances ne furent pas trompées ; la commission fut
composée, au premier bureau, du révolutionnaire déclaré
Dupont de l'Eure. Il a suffi de l'absence d'un royaliste,
qui ne vint pas, pour que M. Bastoulh (de Toulouse) [1] ne
fût pas nommé : ce fut un double malheur. Les noms des
membres de cette commission ne sont point à passer sous
silence, vu qu'il ne s'agissait de rien moins que de l'esprit
hostile qui caractériserait le rapport, selon les uns et
malgré les autres : ainsi Dupont de l'Eure et Bignon,
révolutionnaires ; Hyde de Neuville et Lalot, royalistes de
la défection, tous quatre hostiles furibonds ; Alexis de
Noailles, royaliste systématique, esprit faux, religieux et
loyal, capable de voter comme Royer-Collard, membre-né
de la commission en qualité de président de la Chambre ;
Royer-Collard, apportant un dixième vote prépondérant
et malveillant ; Lapeyrade [2], La Bourdonnaye, Chante-

---

1. Raymond-Marie-Hyacinthe de Bastoulh, député de la Haute-Garonne
de 1827 à 1830 ; né en 1783, mort en 1838.
2. Joseph-Marie-Étienne-Jean-Pierre Ratyé, vicomte de Lapeyrade, député de l'Hérault de 1824 à 1830 ; né en 1774, mort en 1846.

lauze [1], Ravez, quatre royalistes sur qui la monarchie pût compter. La majorité de la commission prononça donc l'odieux et absurde blasphème qui qualifiait de *système déplorable* l'administration dont M. de Villèle avait été sept ans le chef: « Les plaintes de la France n'accusent que le système déplorable qui rendit vos bienfaits trop souvent illusoires. » L'insigne honneur de lire l'adresse, où le maintien de cette épithète injurieuse pouvait être regardé comme l'acte d'accusation anticipé contre l'ancien ministère, l'honneur de lire l'adresse fut décerné par la commission au superbe Lalot. Pendant la confection, la discussion de cette déplorable adresse, comme la qualifia à la tribune notre loyal collègue M. de la Boëssière, M. le premier présidert de la Cour royale, Séguier, fit hommage à l'alliance Lalot-Dupont de l'Eure dont il était confédéré, le Séguier fit en dehors l'hommage d'une petite rouerie secondaire pour servir à telle fin que de raison, et jeter s'il pouvait une prévention de plus contre l'ancienne administration en faveur ou plutôt au secours de la fameuse phrase.

Il faut se souvenir qu'au milieu de la scandaleuse lutte que le belliqueux marquis de la Fayette appelait la bataille des élections, Paris avait envoyé à la Chambre tous les candidats de la gauche et du centre gauche : les ultra-libéraux Vassal [2], A. Laborde, J. Lefebvre [3], Odier, Demarçay [4], E. Salverte [5], Corcelles, Schonen, Char-

---

1. Jean-Claude-Balthazar-Victor Chantelauze, député de la Loire de 1827 à 1830, ministre de la justice le 19 mai 1830; né en 1787, mort en 1859.

2. Jean-Claude-Roman Vassal, banquier, député de la Seine de 1827 à 1831; né en 1770, mort en 1834.

3. François-Gilbert-Jacques Lefebvre, régent de la Barque de France, député de la Seine de 1827 à 1846; né en 1773, mort en 1856.

4. Marie-Jean, baron Demarçay, lieutenant général, député de la Seine de 1828 à 1830; né en 1772, mort en 1839.

5. Anne-Joseph-Eusèbe Baconnière de Salverte, député de la Seine de 1828 à 1839; né en 1771, mort en 1839.

del [1], Dumas, Bavoux [2], le baron-abbé Louis, qui succé-
daient à MM. Lebrun [3], Ollivier, Leroy [4], etc., tous amis
du bon ordre, du Roi et de la monarchie légitime. Le
triomphe complet des candidats révolutionnaires avait été
célébré, dans la nuit du 20 novembre 1827, avec les désordres et les excès les plus scandaleux. L'autorité avait
fait son devoir, et la force armée ne s'était déployée et
n'avait agi qu'après des barricades élevées, des voies de
fait commises contre la troupe, des militaires blessés, et
les sommations légales faites ; il n'y eut que quelques coups
de sabre de donnés aux émeutiers ; et si la troupe tira,
elle ne fit que ce qu'elle devait. M. le président de la Cour
royale, à qui l'administration ne devait et ne voulut rendre
aucun compte de ses actes, n'en évoqua pas moins à son
tribunal, et les officiers qui n'étaient pas ses justiciables,
et les plaignants sur qui les coups étaient tombés, qui
n'avaient eu que ce qu'ils méritaient, et qui se donnaient
pour des passants inoffensifs. M. le président Séguier ne
s'en était pas moins arrogé le droit d'interrogation et d'enquête : démonstration qui ne pouvait pas avoir de portée,
mais qui avait l'avantage de jeter dans le public d'odieuses
préventions. Ce digne magistrat savait qu'en 1788, quand
la maison de Réveillon fut pillée par les séditieux de cette
époque, le Châtelet n'instruisit pas contre le régiment des
gardes et contre Royal-Cravates, mais contre les pillards,
et en fit pendre neuf. Loin de là, cet infâme n'a pas

1. Casimir-Marie-Célestin Chardel, juge au tribunal de la Seine, député
de la Seine de 1828 à 1831 ; né en 1777, mort en 1847.

2. Jacques-François-Nicolas Bavoux, nommé député de la Seine le
21 avril 1828 ; né en 1774, mort en 1848.

3. Charles Lebrun, dit Lebrun de Saisseval, député de la Seine de 1820 à
1822, conseiller-maître à la Cour des comptes le 10 août 1827.

4. Jean-Joseph, baron Leroy, député de Paris de 1822 à 1827 ; né en 1771,
mort en 1849.

craint de dire publiquement chez Rothschild que les auteurs des événements des 19 et 20 novembre étaient les
autorités ; il déclara même au comte d'Apponyi [1], ambassadeur d'Autriche, qu'il pouvait l'écrire à M. de Metter-
nich. L'ambassadeur se contenta de lui répondre qu'il
était étonné d'une pareille assertion dans sa bouche, et
qu'il se garderait bien d'en faire part à sa Cour. Dudon,
notre collègue, entreprit à son tour M. le président, et lui
demanda comment il parlait ainsi d'une affaire qu'il avait
voulu instruire lui-même, et qui n'était pas jugée. Mais
voici la rouerie opportune que je signalais comme utile
pour donner le temps à la fameuse adresse d'être adoptée,
à l'aide du soupçon de provocation que le seul nom d'enquête faisait planer sur l'administration. M. le président
et sa Cour royale savaient depuis longtemps quel arrêt ils
rendraient. Ces amis des factieux différèrent à dessein de
le prononcer pendant les débats de l'adresse ; ils procla-
mèrent la demande d'un supplément d'instruction, et, pour
tenir les esprits en suspens et en anxiété, M. le président
fit revenir comme témoin l'ancien préfet de police, qui
n'avait rien à dire de plus, ce qu'on savait bien. L'a-
dresse, c'est-à-dire la phrase calomnieuse et utile, passa à
la majorité de 34 voix, 198 contre 164. La gauche chanta
victoire, et avec raison ; ses imbéciles alliés, dits de la
défection, se crurent maîtres et seigneurs de l'avenir,
sûrs qu'ils se disaient d'avoir mis avec cette phrase un
veto absolu au retour de l'administration Villèle. Je n'ai
pas besoin d'ajouter que, dès le lendemain, la Cour Séguier rendit un arrêt de non-lieu à suivre, résultant de
l'enquête sur les événements de la rue Saint-Denis. La
farce était jouée.

1. Antoine-Rodolphe, comte Apponyi, ambassadeur d'Autriche à Rome,
puis à Londres, et enfin à Paris en 1829; né en 1782, mort en 1852.

Non, ce n'était pas le système de l'ancienne administration qui était déplorable, c'était le système aveugle et criminel des misérables ambitieux de la défection royaliste qui, au nombre de trente-quatre, faisaient pencher la balance du côté de leurs alliés, les révolutionnaires de la gauche, avec la certitude non seulement de compromettre, mais de mettre en danger de mort le monarque et la royauté; et ce qui donne la mesure de leurs hautes capacités, c'est que leurs habiles croyaient ne travailler que pour eux-mêmes, et qu'il ne s'agissait que de changement de noms à leur profit. Cependant le fameux Lalot, ce Coriolan rempaillé qui ne s'était mis dans la défection que parce qu'on ne l'avait pas fait grand maître de l'Université en 1822, voyait l'instruction publique donnée au Vatimesnil; mais il ne regardait le choix que comme transitoire, ou peut-être visait-il encore plus haut. Ce qui est encore sûr, c'est que l'ex-capitaine-archiviste Beaumont, qui s'était fait défectionnaire *pour percer*, s'était congratulé le premier jour de se mirer en habit de préfet; mais le lendemain qu'il vit aux domaines Bourdeau et Bacot aux droits réunis, il ne cacha point ses justes regrets de n'avoir pas demandé une direction générale. On ne put le conserver dans la défection qu'en lui donnant un brevet de conseiller d'État. Il est vrai que le ministre Martignac lui demanda la permission de ne mettre que trois mois plus tard dans le *Moniteur* la nomination d'un homme d'une aussi haute portée que M. le comte de Beaumont-l'Archevêque, ex-capitaine-archiviste.

Le devoir et la politique des royalistes étaient donc de ramener, s'il était possible, les trente-quatre défectionnaires et de rompre l'alliance qu'ils avaient faite avec la gauche, afin que les vingt-neuf réélections à faire ne se ressentissent pas de cette double influence, comme il en

avait été de la formation du bureau et de l'adresse au Roi.
Les révolutionnaires se rassemblaient chez Lointier, rue
Grange-Batelière; la défection, chez Agier, conseiller
d'État en herbe, quai Voltaire; les royalistes, rue de
Gaillon, sous la bannière de La Bourdonnaye, que nous
suivions sans reproches du passé, d'après de sages et
hauts conseils. Les renégats nous proposèrent de nous
réunir à eux, sous peine que les hommes de la gauche ne
l'emportent; motif suffisant pour nous donner le désir de
s'entendre. Nous envoyons trois commissaires : Lastours,
La Bourdonnaye, Chantelauze, pour savoir comment ces
messieurs du club Agier l'entendent. Nos commissaires
ne trouvèrent que des énergumènes dans ces ci-devant
royalistes, et l'école de scandale s'ouvrit, M. Royer-Collard régent. Il est temps de faire l'esquisse de ce personnage, puisque ses fonctions de président le mettaient en
haute évidence et lui donnaient les plus importantes relations avec le gouvernement.

M. Royer-Collard était neveu du Père Collard, membre
très respecté de la congrégation des doctrinaires, ou Pères
de la Doctrine chrétienne. Ils se livraient, comme les ora-
toriens, à la prédication et à l'enseignement, et avaient
plusieurs collèges en France, entre autres La Flèche, Pau,
l'Esquille à Toulouse, Avallon et Noyers en Bourgogne.
En 1783, M. Royer-Collard était novice et doctrinaire, non
pas à la maison professe à Paris, mais à Noyers; le jan-
sénisme était l'esprit de cette institution religieuse. A la
destruction des ordres religieux, M. Royer-Collard donna
asile dans sa famille à tel de sa congrégation qui fuyait la
persécution, notamment le Père Prix, que j'ai connu à la
maison de Saint-Charles, un vertueux ecclésiastique, prédicateur estimé; je crois même qu'il rendit service au
Père Bonnefoux, général de l'ordre, et qui fut plus tard

le collaborateur de l'abbé Sicard. Il ne fut pas aussi heureux, à son grand regret, je n'en doute pas, à l'égard du bon et malheureux Père Raoul, l'oncle de Méchin, soit dit en passant, qui, le 2 septembre, fut massacré dans la prison du cardinal Lemoine, en 1792. L'ex-doctrinaire débuta malheureusement dans la carrière administrative et politique. Au rapport de Beaulieu [1], il était secrétaire adjoint de la municipalité [2], qui se composait à cette exécrable époque de Pétion, maire ; de Manuel, procureur de la commune ; de Danton, son substitut, de Panis, de Sergent, tous jacobins des plus exaltés. Il faut dire que si M. Royer-Collard était admis dans la connaissance de leurs desseins, il n'en approuvait pas la scélératesse ; car, selon le même historien véridique, Danton lui disait un jour : « Jeune homme, « venez brailler avec nous ; quand vous aurez fait votre « fortune, vous pourrez alors suivre plus à votre aise la « partie qui vous conviendra le mieux. » Car Danton aimait éminemment l'or et systématiquement le sang. Cela est si vrai que, la veille du 2 septembre, ce tigre dînait avec Marron, le ministre protestant, et, je crois, Stanislas Girardin. Celui-ci lui aurait demandé s'il était vrai qu'il eût le projet de faire massacrer tous les évêques, chefs d'ordre, prêtres, qu'on venait de mettre en prison. « Oui, dit froidement Danton, il faut, dans notre système, « que toutes les têtes du haut clergé tombent. Je leur en « veux si peu individuellement, que, si chacun de vous « veut me demander deux prêtres, je m'en vais lui accor- « der leur liberté. » Les relations du jeune secrétaire adjoint avec ce monstre venaient peut-être de ce qu'ils étaient du même pays. J'aime à croire qu'elles cessèrent avant le 20 juin ou le 10 août, et que l'allocution de Dan-

1. Claude-François Beaulieu, publiciste, né en 1754, mort en 1827.
2. *Essais sur la Révolution*, t. III, p. 192.

ton à son jeune compatriote est antérieure à ces époques, après lesquelles un homme de bien n'avait que le choix d'émigrer ou de s'envelopper dans son manteau. Depuis ce temps, M. Royer-Collard disparut de la scène [1] et fut, dans les années qui suivirent, consulter l'écho. On le revit quand une autre constitution donna naissance aux Conseils des Anciens et des Cinq-Cents. Dans ce dernier corps, il fut dans le bord royaliste, avec MM. Corbière, Dubruel, Henri La Rivière [2]. Ce fut à cette époque, au plus tard, qu'il eut part à la confiance du roi Louis XVIII, et fut un de ces correspondants qui se donnèrent, à la Restauration, le titre de commissaires du Roi et prétendirent en avoir eu les pouvoirs. Il est certain que, dans les dernières années de Bonaparte, il y avait un conciliabule royaliste clandestin qui se tenait, m'a dit Mersan (d'Orléans) [3], un de leurs collègues des Cinq-Cents, chez une Mme Annotelle, rue de Tournon, et où Royer-Collard, Becquey [4], le littérateur Guizot, l'abbé de Montesquiou, peut-être Henri La Rivière, mettaient en commun leurs vœux, leurs théories et leurs petites vues. De cette coterie, qu'on appelait entre soi *le petit ministère*, sortirent en effet, à la Restauration, M. l'abbé de Montesquiou ministre de l'intérieur, qui s'accola Guizot comme secrétaire général. M. Royer-Collard, rendu depuis longtemps à ses anciennes habitudes doctrinaires, eut la haute main dans l'instruction publique et dans le Conseil de l'université. Ce fut en cette qualité que nous le trouvâmes député de

---

1. Voir note à la fin du chapitre.

2. Pierre-François-Joachim-Henri La Rivière, député à l'Assemblée législative, à la Convention et au Conseil des Cinq-Cents, avocat général à la Cour de cassation en 1815; né en 1761, mort en 1838.

3. Désiré-François Moreau de Mersan, député au Conseil des Cinq-Cents; né en 1767, mort en 1818.

4. Pierre-François Becquey, député de 1815 à 1830, conseiller d'État, directeur général des ponts et chaussées; né en 1760, mort en 1849.

la Marne, après les Cent-jours et les élections de 1815, qui
amenèrent la Chambre appelée *introuvable* par le Roi lui-
même. M. Royer-Collard, philosophe chrétien, philosophe
politique, éclectique et paradoxal, ne se réunit point à
cette majorité, qui se remuait comme un seul homme. Sa
vanité, son seul vice, n'y aurait pas trouvé son compte. Les
esprits les plus judicieux de la Chambre n'ont pas tardé à
voir que ce n'était pas dans sa nature de mener ou d'être
mené : son éclectisme spéculatif lui a donné l'inutile
habitude d'examiner et de ne pas conclure. Aussi lui ai-je
entendu dire que toutes les opinions lui paraissaient natu-
relles, pourvu qu'elles fussent consciencieuses; théorie
paradoxale, aussi absurde que dangereuse. Aussi, comme
homme privé, c'est un homme de bien et religieux, sans
haine politique et d'un cœur aussi noble qu'obligeant. En
1817 et 1818 il était comme à la tête de l'Université.
MM. de Corbière et Dubruel avaient été ses collègues aux
Cinq-Cents : l'un lui demanda la chaire de droit de Rennes, qui était vacante; Dubruel désira d'être principal
du collège de Versailles, au lieu de continuer à l'être à
Marseille. Royer-Collard promit et tint parole, n'y mettant d'autres conditions sinon qu'ils ne se croiraient point
en obligation vis-à-vis de lui, et qu'assis sur les bancs
opposés, ils conserveraient toute leur indépendance de
votes et de discussions à son égard. Je rappelais un jour
ce procédé amical et délicat à Royer-Collard lui-même; il
me témoigna sa surprise de ce que j'étais si bien instruit
et à son éloge : « Cela vous étonne, lui dis-je; le premier
« devoir d'un député est de rechercher ce que ses enne-
« mis politiques ont fait de bien, et d'en rendre témoi-
« gnage en citant ses autorités. Ce que je vous ai dit, je
« le tiens de nos collègues eux-mêmes. — Eh bien !
« c'est vrai, » me dit-il en souriant, et en me faisant le

compliment le plus aimable. Je me rappelle que je lui
avais dit que Camille Jordan n'avait pas été aussi délicat;
car, comme Dubruel lui demandait ses bons offices, il lui
avait répondu : « Ma foi non : tu ne veux pas voter avec
« nous. » Royer-Collard, professeur, député, se croyait
la mission de juger et d'être le moderne maître des sentences; et il a le parfait contentement de lui-même. On ne
peut ni le comparer ni le définir. Il a un rare talent d'é-
locution, de style et de dialectique ; ses intentions peuvent être fort bonnes, mais on n'a jamais su, et sans doute
on ne saura jamais, ni de quel point il part, ni où il en
veut venir. Son *Credo* politique et monarchique n'a jamais
été articulé nettement. Il se fait et se fera toujours écouter; jamais il ne se fera comprendre, parce qu'il ne se
comprend pas lui-même, ou se comprend tout seul. Par
un contraste qui s'accorde dans ses idées, il est vain et
modeste. Je lui demandai un jour comment il était par-
venu à parler d'abondance, aussi purement, aussi parfaitement que le meilleur écrivain ne composerait la plume
à la main : « Je n'ai point le mérite que vous m'attribuez,
« me dit-il ; je n'improvise point. Je sais d'avance la
« matière que nous avons à traiter, je m'y prépare, et j'ap-
« prends le discours que j'ai médité et composé. J'inter-
« cale quelques à-propos, en réponse à tels arguments
« qui interviennent dans le dire des orateurs qui m'ont
« précédé, et l'habitude que j'ai de professer et de parler
« en public fait que vous ne vous apercevez pas des
« transitions qui lient les parties ensemble. — Cette prati-
« que, Monsieur, lui dis-je, est un talent de plus; vous
« ne risquez rien de me donner votre secret : je ne sau-
« rais pas m'en servir. Permettez que ma louange sub-
« siste. » Et il a répondu à mon madrigal par un autre
que je n'ai pas accepté. Aussi l'esprit de M. Royer-Collard

cache assez bien sa vanité; mais il est vain et ambitieux
à sa manière, il entre, dans ce qu'il appelle ses combinaisons, de partager avec M. de Chateaubriand le titre romain de prince de la jeunesse ; c'est lui qui l'a proclamée
le premier « jeunesse agissante, réfléchissante et pensante, » fait contre lequel il a protesté, parlant à moi-
même, et qui n'en est pas moins vrai. Je n'ai pas voulu le
contredire, mais je l'ai prié du moins de convenir que
c'était à lui que le dictionnaire parlementaire devait la
matière électorale, de si monarchique odeur. C'est par
une suite de cette ambition à la popularité que M. Royer-
Collard, qui demeure rue d'Enfer, allait sous les arcades
de l'Odéon, à l'heure où le cabinet de lecture est le plus
fréquenté, lire les journaux, et les commentait doctrinai-
rement à la jeunesse « agissante, réfléchissante et pensante » qui l'entourait. Je ne l'y ai pas surpris; mais, le
cas échéant, je l'aurais salué comme un second Platon,
entouré de ses disciples au promontoire de Sunium. Il ne
m'en a pas moins déclaré son abnégation de toute ambition, un jour que nous mettions tous deux dans le ves-
tiaire notre habit de combat, ou de tribune, comme on
voudra. « Mon Dieu! me dit-il, monsieur de Salaberry,
« pourquoi m'en voulez-vous tant à moi personnellement?
« — Personnellement, lui dis-je en riant, Dieu m'en
« garde ! J'en veux à ce que vous dites, comme vous pou-
« vez en vouloir à ce que je dis à la tribune, et rien de
« plus. — Non, me dit-il, c'est que, vous et bien d'autres,
« vous me croyez très ambitieux, et je ne quitte pas mon
« intérieur; je reste toujours au coin de mon feu, je ne
« vais chez personne. — Vous avez cela de commun avec
« le célèbre moine Gennadius : dans les derniers jours
« de l'empire grec, il ne sortait point de sa cellule, mais
« tout Constantinople allait le voir. Le lendemain que la

« ville fut prise et que Mahomét II se trouva maître, le
« moine Gennadius fut nommé patriarche. — Est-ce là le
« point de comparaison que vous voulez établir ? » D'encore en encore, il arriva à un développement très obscur
de son système de politique transcendante. « Oh ! grâce,
« lui dis-je, vous avez trop d'esprit pour nous. Vous pas-
« sez par-dessus les idées intermédiaires ; nous, qui allons
« terre à terre, nous ne pouvons pas vous suivre. Tenez,
« un bâton n'a que deux bouts ; vous voulez lui en trou-
« ver un troisième. Ainsi donc, pour nous, un bâton n'a
« que deux bouts, et en France il n'y a que deux drapeaux :
« le drapeau blanc et le drapeau tricolore. — Mais, mon
« collègue, à ce compte-là, vous vous ferez écraser. —
« Dites : Nous nous ferons écraser, répondis-je. De quel
« côté vous mettiez-vous donc, monsieur le commissaire
« du Roi, pendant vingt-deux ans ? Allez, allez, vous ne
« nous avalerez toujours pas sans nous mâcher ! » Et nous
nous quittâmes sans colère et sans haine, mais sans ébran-
lement réciproque dans nos croyances.

Tel était M. Royer-Collard en 1818 et 1819, toujours renommé député de la Marne, mais devenu isolé sur
son canapé de doctrinaire, depuis qu'il avait perdu Camille Jordan, autre député rêve-creux, son lieutenant, et
réduit à Guizot, son disciple *extra muros*. Tel il fut pendant les années 1820, 1821, 1822, 1823, 1824, 1825, 1826.
Mais il ressuscita, aux élections de 1827, dans une splendeur dont il n'y a que lui qui ne s'étonna pas. Sept départements le nommèrent député, et cette espèce de voix
publique, jointe à sa concurrence au fauteuil avec Hyde
de Neuville et Lalot, le fit choisir par le Roi pour président. Le maître des sentences, le docteur obscur qui nous
disait gravement : « Le mal est dans le mal ; — je ne l'ai
« pas vu, je ne le sais pas, mais je l'affirme ; — je ne con-

« nais rien de si méprisable qu'un fait, » recevait de l'en-
cens de tous les pays et de tous les bras ; il ne manquait
dans son adoration que l'or et la myrrhe. « L'empire de
« son éloquence, disait la *Gazette de Berlin* du 6 mars
« 1828 (article inséré dans le *Moniteur* du 16 mars), l'em-
« pire de son éloquence gît principalement dans la pro-
« fondeur de ses conceptions, la lucidité de son esprit, et
« la noble franchise de son caractère ; un écrivain de sa
« nation l'a proclamé le *vir probus* de la France. »

Enfin, en cette même année 1828, l'avocat Dupin, placé,
comme l'âne de Buridan, entre les électeurs de la Nièvre
et ceux de la Sarthe, qui l'avaient honoré d'une double
élection, écrivit à ses chers compatriotes : « En optant
« pour la Nièvre, je n'ai pas dû m'en rapporter à moi
« seul ; j'ai été trouver cet honorable collègue que la
« France révère comme un sage et dont la raison élevée
« plane avec tant de supériorité sur nos discussions poli-
« tiques, M. Royer-Collard. Il a d'autant mieux compris
« ma situation qu'elle se rapprochait davantage de la
« sienne, et il a dit : J'opterais et je pense que vous devez
« opter pour le pays natal. » Sans doute l'ingénieux docteur Gall eût reconnu chez M. Royer-Collard beaucoup
de bosses de mérites, mais il y eût trouvé éminemment
celles du paradoxe et de la vanité. Aussi, pour me servir
des paroles du maître : « Je ne l'ai pas vu, je ne le sais
« pas, mais je l'affirme. » Il a dit, soit avant, soit pendant
le ministère Villèle : « Dans l'état où est la France, il
« n'y a qu'un homme qui puisse la tirer d'affaire, et cet
« homme-là, c'est moi. » Et depuis qu'il s'est vu président
de la Chambre, c'est-à-dire à la tête du troisième pouvoir
de l'État, comme on lui demandait quel portefeuille il
voudrait, il répondit : « Que m'offrirait-on ? je suis placé
« si haut que je ne pourrais que descendre. » L'a-t-il dit ?

ne l'a-t-il pas dit? On ne prête qu'aux riches. Nous allons
voir le sage de la France, le *vir probus*, dans l'exercice de
la sonnette; nous allons voir le mal qu'il empêchera.

NOTE COMPLÉMENTAIRE

(Voir page 194)

M. Royer-Collard a quitté la Commune le 10 août; pendant les mois qui suivirent, il vécut, retiré de tout, dans l'île
Saint-Louis : au mois de mai 1793, quand Isnard et consorts
essayèrent la résistance contre Robespierre, il vint, au nom de
la section de son quartier, à la barre de la Convention, lire
une protestation contre le régime de la Terreur. Décrété d'accusation, il parvint à gagner son pays natal, la Champagne,
où il vécut caché jusqu'au 9 thermidor. Élu député aux Cinq-
Cents, il n'y parla qu'une seule fois (le 26 messidor an V,
14 juillet 1797) : ce fut pour demander la réouverture des
églises. Chassé du Conseil des Cinq-Cents par le coup d'État
du 18 fructidor, M. Royer-Collard fit, au printemps de 1798,
partie du Conseil institué à Paris par Louis XVIII pour cor-
respondre avec lui; ce Conseil, dont il fit partie jusqu'à sa dissolution, prononcée en 1804, et qui portait le nom officiel de
Conseil royal, se composait, avec M. Royer-Collard, de
MM. l'abbé de Montesquiou, le marquis de Clermont-Galle-
rande [1] et Becquey.

> (Cette note m'a été remise par M. Andral pour être insérée dans
> les *Souvenirs politiques* du comte de Salaberry et remplir la pa-
> renthèse ouverte à l'article de M. Royer-Collard.)

1. Charles-Georges, marquis de Clermont-Gallerand, lieutenant général,
pair de France en 1814; né en 1744, mort en 1823.

CHAPITRE IV

Élections ultra-libérales. — Démission et disparition de l'abbé de Pradt, député du Puy-de-Dôme. — JRoyer-Collard, Benjamin Constant, l'avocat Dupin, peints par l'abbé de Pradt. — La chapelle de la Chambre des députés en 1815. — Oiseuse proposition pour soumettre à une réélection tout député nommé par le Roi à une haute fonction. — Algarade de l'avocat Dupin dénonçant le fameux monogramme. — Ordonnances du 18 juin 1828. — Catéchisme libéral renouvelé des aphorismes de Beaumarchais. — Journaux politiques : chiffres comparatifs de leurs abonnés en province. — Fameuses ordonnances sur les écoles ecclésiastiques. — Pétition contre les Jésuites. — Proposition de Labbey-Pompières d'accusation contre les anciens ministres. — La Société de l'enseignement élémentaire. — Association pour la défense de la religion catholique. — Sirieys rappelé à l'ordre ; juremens d'amour pour le Roi par les radicaux libéraux unis. — Confidences déhontées de la *Sentinelle de Bruxelles*. — Lettre d'adhésion de Cauchois-Lemaire. — Aveuglement et insouciance dans la haute région. — Hommage solennel rendu au ministère soi-disant déplorable. — Clôture de la session de 1828.

Les nominations doubles de députés avaient donné lieu à des élections dont la monarchie n'avait point à se réjouir. Voyer d'Argenson, Daunou [1], Lamarque, Sapey [2], Lobau [3], Simmer [4], Martin [5], Laffitte, Couderc [6], Jacque-

1. Pierre-Claude-François Daunou, ancien membre de la Convention, du conseil des Cinq-Cents et du Tribunat, député du Finistère de 1819 à 1820 et de 1828 à 1834, pair de France en 1839, secrétaire perpétuel de l'Académie des inscriptions et belles-lettres ; né en 1761, mort en 1840.

2. Louis-Charles Sapey, député de l'Isère de 1819 à 1824 et de 1828 à 1848 ; né en 1769, mort sénateur du second empire en 1857.

3. Georges Mouton, comte de Lobau, général de division, pair de France pendant les Cent-Jours, mis en disponibilité le 1er janvier 1819, député de la Meurthe en 1828, maréchal de France le 30 juillet 1831, pair de France en 1833 ; né en 1770, mort en 1838.

4. François-Martin-Valentin, baron Simmer, général de division, député du Puy-de-Dôme de 1828 à 1834 ; né en 1776, mort en 1847.

5. Louis-Nicolas Martin, député de la Seine-Inférieure de 1828 à 1831 ; né en 1782, mort en 1831.

6. Jean Couderc, député du Rhône de 1822 à 1827 et de 1828 à 1834 ; né en 1770, mort en 1852.

minot [1], tous ennemis déclarés de la dynastie légitime.
Elles n'offraient, pour contrepoids dans la balance, que
Verna [2], Lévis [3], Meffray [4], Mousnier-Buisson [5]. Mousnier-
Buisson s'était soumis à une réélection, d'après une difficulté de mauvaise foi que lui avait suscitée son collègue
de députation Bourdeau, de la Haute-Vienne, Bourdeau
de la défection et du club Agier. Ce scandale n'avait été
égalé que par les clameurs poussées contre Jankowits [6],
nommé à la Meurthe, à une voix de majorité. On contes-
tait la validité de l'élection, parce qu'on prétendait qu'il y
avait un faux électeur dans la personne d'un M. de Vervice,
chevalier de Saint-Louis, qui déclarait qu'il avait voté
contre ce bon Jankowits, ce qui parut d'autant plus pro-
bable que ledit électeur était neveu ou cousin de l'abbé-
baron Louis. Mais cette ridicule discussion amena l'ajournement de l'admission du député royaliste : c'est ce que
les confédérés voulaient, faute de mieux. Mais un événement — appelons-le ainsi — risible et remarquable, ce fut
la disparition subite du député archevêque de Malines,
l'aumônier du dieu Mars, du fameux abbé de Pradt. Son
élection au Puy-de-Dôme avait été regardée comme un
des plus beaux succès obtenus en 1827. Dès qu'il eut fait
un pas, dès qu'il eut ouvert la bouche dans le pandémo-

---

1. Jean-François Jacqueminot, vicomte de Ham, député des Vosges de
1828 à 1834, lieutenant général en 1837, pair de France en 1846; né en 1787,
mort en 1865.

2. Jean-Marie-Victor Dauphin de Verna, député du Rhône de 1828 à 1830;
né en 1775, mort en 1841.

3. Léo-Guy-Antoine, marquis de Lévis, député de la Loire en 1828, pair
de France le 24 juin 1829; né en 1786, mort en 1870.

4. Achille-Louis Meffray de Césarges, député de l'Isère de 1824 à 1827 et
de 1828 à 1830; né en 1787, mort en 1832.

5. Jacques Mousnier-Buisson, député de la Haute-Vienne de 1815 à 1816
et de 1820 à 1830; né en 1766, mort en 1831.

6. Antoine-Stanislas-Nicolas-Pierre Fournier, baron Jankovics de Zesse-
nicze, député de la Meurthe en 1828; né en 1763, mort en 1847.

nium libéral de la rue Grange-Batelière, personne ne se trouva à sa hauteur révolutionnaire : les Dupont, les Marcé [1], les Labbey-Pompières, pâlissaient devant l'audace déréglée du fougueux Auvergnat. Les chiens de tête jugèrent indisciplinable l'abbé qui voulait mener la meute ; on lui dit que son zèle trop ardent compromettait le parti, et on l'engagea à se retirer. Ce qui le détermina mieux encore, c'est la certitude qu'il acquit, dès son début, de ne pas obtenir le crédit et l'influence à laquelle il prétendait. Dès le 14 mars, avant d'avoir paru sur la scène, il envoya sa démission au président, sous le motif de l'altération toujours croissante de sa santé, et reprit le chemin de Clermont, très mécontent de son ambassade ; et, ce qui n'est pas le moins amusant, ce fut le tableau qu'il fit de ses honorables collègues à ses commettants. « Royer-« Collard, leur dit-il, c'est une masure, un vieux bâti-« ment ; Benjamin Constant, c'est une chiffe ; La Bour-« donnaye, c'est un gros paysan bas-breton ; Dupin, c'est « un singe. Croiriez-vous qu'après avoir été quelques « jours malade, quand je suis revenu à la Chambre, on n'a « pas plus fait attention à moi que si j'étais Féligonde ? » Or on sait, ou on ne sait pas, que le bon Pelissier de Féligonde, homme d'honneur et de beaucoup de foi, royaliste à en être de la défection sans en devoir répondre devant Dieu, notre collègue dès 1815, avait eu le surnom du *Saint-Esprit* dans la distribution des rôles, quand de mauvais plaisants s'amusèrent à former la chapelle de la Chambre des députés de 1815. Quelques emplois étaient bien et gaiement donnés [2].

Les mois d'avril et de mai furent employés à discuter

1. Il s'agit évidemment du baron Demarçay (voir plus haut, p. 188).
2. Voir note A à la fin du chapitre.

et à adopter la proposition de M. de Conny [1], renouvelée
du bon Jankowits, son premier et innocent auteur, relative à la réélection des députés qui auraient accepté des
fonctions salariées par l'État pendant la durée de leurs
fonctions législatives. Le complément de sa pensée, qu'il
ne formula pas en proposition, et il fit bien, était qu'aucun
député ne dût être appelé à d'autres fonctions pendant
l'exercice de la noble mission qui lui était confiée : c'était le
rêve d'un homme de bien. Je l'avais eu en 1815, je l'avais
dit à la tribune comme un vœu, et l'on m'a ri au nez ; car
on aurait dû ne rien demander ni recevoir non plus pour
ses enfants, ses amis et ses parents, pour que l'abnégation
de soi-même fût complète et au-dessus de tout soupçon.
La proposition de se soumettre à une réélection, en cas
d'acceptation de place salariée, faite de bonne foi, n'est
qu'une niaiserie, sauf respect pour ses auteurs. Comment! le Roi accepte un choix électoral comme garantie
de la capacité, des lumières et du dévouement d'un député qu'il appelle ainsi avec confiance et bienveillance
dans son conseil, ou dans la magistrature, ou dans la
haute administration, et il n'y a pas manque de respect à
proposer qu'un collège électoral sanctionne le choix du
Roi, qui n'a fait que se joindre au choix du pays ! Secon-
dement, un député est l'homme des électeurs qui l'ont
nommé : beaucoup l'ont choisi par estime, beaucoup aussi
dans la juste espérance qu'il les appuierait dans leurs
légitimes demandes, eux et leurs familles. Il ne les servait que de son crédit personnel étant simple député ;
tombe-t-il sous le sens qu'étant nommé par le Roi à de hautes
fonctions, et ayant ainsi tous les moyens d'obliger qui lui

---

1. Jean-Louis-Éléonor-Félix, vicomte de Conny, député de l'Allier de
1827 à 1830; né en 1786, mort en 1850.

manquaient, son collège ne confirmerait pas son élection?
Je crois avoir tout dit, sous le rapport de popularité niaise
et d'irrévérence involontaire envers la prérogative royale.
J'ai voté et dû voter contre la proposition. Elle fut ac-
cueillie par les malins de la gauche, les libéraux des
centres, par la défection, pour singer la popularité, et par
plusieurs royalistes niais; la proposition fut faite loi.
Heureusement, la Chambre des pairs la rejeta.

La loi sur la revision annuelle des listes électorales, la
loi sur la presse périodique, furent autant de concessions
que les nouveaux ministres subirent, au détriment de
l'autorité royale, en déclarant toujours qu'ils ne souffri-
raient pas qu'on y portât atteinte. Au milieu de ces luttes
parlementaires, où les principes étaient sacrifiés chaque
jour, tel honorable prêtait quelquefois à rire à la Chambre
élective. Ainsi, le 7 juin, l'avocat Dupin, Dupin l'aîné, le
filleul de l'abbé de Pradt, Dupin le singe, nous donna
l'exacte représentation d'une parade, où, bien de gaieté de
cœur, il joua le rôle de paillasse. On avait préparé, pour
la fête de Dieu, le reposoir annuel au fond de la cour du
Palais-Bourbon; au-dessus de l'autel était : I. H. S. [1],
comme dans tous les lieux saints, signe analogue à la solennité du jour. L'honorable M. Dupin arrive, juge à
propos de voir dans ces trois lettres le monogramme des
jésuites; il monte à la tribune, dénonce le cas qu'il a vu,
de ses yeux vu. Toute la Chambre court au reposoir, et
n'y voit que ce qui est. Je ne sais quelle bonne âme com-
posa l'impromptu suivant, dont la *Gazette* égaya, dès le
soir, ses lecteurs, sous le titre d'*Anecdote historique :*

> Où courez-vous, maître Dupin?
> Mais maître Dupin court si vite :

1. *Jesus hominum salvator.*

Il a dans sa gorge un jésuite ;
Il les voit tous sur son chemin.
L'œil en courroux, l'effroi dans l'âme.
« Messieurs, dit-il, c'est une horreur
« Contre laquelle je réclame :
« Des jésuites le monogramme
« Est sur le reposoir d'honneur
« Qu'on fait pour demain : c'est infâme ! »
Chacun s'émeut, chacun s'en court ;
Toute la Chambre est dans la cour
Pour être témoin du scandale
Que maître Dupin nous signale.
Que vit-on ? l'emblème sacré
Qu'on voit dans chaque sacristie,
Signe imprimé sur chaque hostie,
Aussi connu que révéré.
Maître Dupin, de sa méprise
Revint, à ce qu'il nous parut.
Chacun en rit ; chacun conclut
Qu'il n'allait jamais à l'église :
Est toujours chrétien qui le fut.
Grâce au moins à la tolérance,
On ne dit pas encore en France :
De par Dupin défense à Dieu
De plus paraître en aucun lieu !

L'honorable eut des premiers à son adresse copie de
l'impromptu ; il ne douta pas qu'il ne fût mis dans un
journal le lendemain. Son désespoir fut égal à la bévue
qu'il avait faite et, dans son dépit, il dit : « J'aime bien
l'argent, mais je donnerais beaucoup pour être à refaire
ce pas de clerc. » On ne s'abstint pas de rire.

Cette scène ridicule, qui manifestait toute la légèreté de
ce législateur saltimbanque, faiseur de lazzis et de quoli-
bets, décelait aussi sa fidélité, en paroles et actions, au
calomnieux mot d'ordre : *A bas les jésuites !* Tous ces
Basiles journalistes ou députés dont Beaumarchais était
le type, à l'esprit près, avaient pour prière dominicale ces
paroles du maître : « Susciter une méchante affaire et,

« pendant la fermentation, calomnier au dire d'experts.
« La calomnie, Monsieur, vous ne savez guère ce que
« vous dédaignez ; j'ai vu les plus honnêtes gens près
« d'en être accablés. Croyez qu'il n'y a pas de plates mé-
« chancetés, pas d'horreurs, pas de contes absurdes, qu'on
« ne fasse adopter aux oisifs d'une grande ville en s'y
« prenant bien, et nous avons ici des gens d'une adresse !
« D'abord un bruit léger, rasant le sol comme l'hiron-
« delle avant l'orage, *pianissimo*, murmure et file, et sème
« en courant le trait empoisonné. Telle bouche le re-
« cueille, et *piano, piano,* vous le glisse à l'oreille adroi-
« tement. Le mal est fait, il germe, il rampe, il chemine,
« et *rinforzando*, de bouche en bouche, il va le diable.
« Puis, tout à coup, on ne sait comment, vous voyez la ca-
« lomnie se dresser, siffler, s'enfler, grandir à vue d'œil ;
« elle s'élance, étend son vol, tourbillonne, enveloppe,
« arrache, entraîne, éclate et tonne, et devient, grâce au
« ciel, un cri général, un *crescendo* public, un *chorus*
« universel de haine et de proscription. Qui diable y ré-
« sisterait ? » (*Barbier de Séville,* acte II, scène 8.) Les
jésuites ! et dans l'argot révolutionnaire ce mot signifiait
tous les amis de la religion et de la monarchie, c'était le mot
mystique, le mot à l'ordre du jour, c'était le thème convenu
que commentaient, avec un succès annoncé par Beaumarchais, les frères et amis, et les journalistes qui conspi-
raient avec eux. L'homme de bien gémira de compter
quels échos le mensonge parti de Paris avait, en 1828, dans
les provinces, en jetant les yeux sur le tableau que voici.

En 1817 il y avait d'expédié par la poste, sans compter
Paris :

Feuilles royalistes	31,000
Feuilles libérales	2,600
Feuilles mixtes	7,000

En 1822 :

    Feuilles royalistes 24,000

    Feuilles libérales 17,000

En 1828 :

    Feuilles royalistes 12,000

    Feuilles libérales 27,700

dont le *Constitutionnel*, 14,400 ; le *Courrier*, 2,600 ; *Journal du Commerce*, 1,600 ; *Débats*, 8,700 ; petits journaux, 400 ; et le *National* n'existait pas encore !!

Or, pour se bien convaincre de l'absence de principes et de l'insouciance politique du *condottiere* littéraire qui s'appelle un journaliste, écoutez. Les députés du côté droit avaient, en 1828, fondé un journal sous le titre d'*Écho*. Notre collègue Sainte-Marie se chargea de chercher un rédacteur en chef ; il trouva un homme de bonne volonté qui accepta : « Mais, lui dit-il, vous écrivez dans les jour-
« naux de l'opposition de gauche, et nous voulons que
« l'*Écho* ait notre couleur. — J'écrirai dans votre sens,
« dit le gent de lettres, avec le même zèle et le même
« plaisir ; me voilà, Monsieur, me voilà ! » ajouta-t-il en montrant sa plume. Et voilà la conviction des Montlosier, des Bertin de Vaux, des Salvandy, des Linguet, des Be-naben, des Sarran et d'un Alphonse Beauchamp [1], qui répondait à mes reproches : « Pourquoi n'a-t-on pas traité avec moi ? » Je dirai donc encore avec Beaumarchais, qui avait deviné nos hommes de 1828 : « Monseigneur, ils sont tous de la même famille. »

Cependant, le mot de *jésuite*, avec toute son extension, fut proféré, avec une recrudescence de fureur libérale,

---

1. Alphonse de Beauchamp, publiciste et historien, auteur d'une *Histoire des guerres de la Vendée ;* né en 1767, mort en 1832.

quelques jours après la levée de boucliers de maître Dupin. M. le duc de Rivière [1], ami du Roi, gouverneur du
duc de Bordeaux, était mort récemment. Le parti libéral,
par de Caux, entremetteur du genre neutre, avait fait conseiller à Monsieur le Dauphin d'indiquer au Roi Macdonald pour diriger l'éducation du jeune prince, et l'insi-
nuation avait été fort mal prise. L'indignation et l'inquiétude furent augmentées par le choix que le Roi fit de
M. le baron de Damas, un ancien ministre, et qui avait
pour confesseur, disait-on, un jésuite, et quel jésuite : le
P. Loriquet [2] ! M. Hyde de Neuville, à l'un de ses dîners,
vrai guêpier où se trouvaient Chantelauze, Berbis, avec
Cambon, Agier, Lardemelle [3], etc., renégats *tutti quanti*,
dit solennellement: « Je ne me permettrais pas de répéter
« ce qui se serait dit dans le conseil du Roi ; mais il nous
« a déclaré, pour le répandre dans le public, qu'il avait la
« plus grande confiance dans son ministère actuel ; que
« l'ancien avait fait des fautes énormes, et qu'il s'en
« apercevait tous les jours. » Toute cette jonglerie de
M. Hyde n'avait pas d'autre but, en abusant du nom du
Roi qui n'était pas là pour le contredire, que d'amoin-
drir l'effet de la nomination du baron de Damas, et tra-
hissait les alarmes des ministres sur leur existence précaire. Or, il faut bien reconnaître et établir qu'aux risques
et périls de la monarchie légitime, et par conséquent de
la société en France, un intérêt composé était pour le
moment le lien commun qui unissait, sans sympathie et
sans confiance, le ministère à concessions, les royalistes
de la défection et les révolutionnaires de la gauche. De

1. Voir note B à la fin du chapitre.
2. Jean-Nicolas Loriquet, né en 1760, mort en 1845.
3. Jean-Baptiste-Joseph de Lardemelle, député de la Moselle de 1822 à
1831 ; né en 1773, mort en 1855.

là la fameuse proposition dé mettre en accusation les anciens ministres, accusation dont on n'espérait en résultat que de les tenir dans un état de suspicion légale qui rendrait leur retour aux affaires impossible. De là les ordonnances du 16 juin, dont nous allons parler, concessions scandaleuses, concessions complaisantes, que les ministres et la défection royaliste donnèrent par reconnaissance aux frères et amis. Il ne s'agissait en apparence que de mettre l'existence et le régime des écoles ecclésiastiques en France en harmonie avec ce qu'on appelait la législation existante. Sous ce prétexte, le résultat de la première de ces ordonnances fut de soumettre au régime universitaire les écoles ecclésiastiques secondaires, c'est-à-dire les collèges tenus sous ce nom par des personnes appartenant à une congrégation non autorisée, à Aix, Billom, Bordeaux, Dole, Forcalquier, Montmorillon, Saint-Acheul, Auray, c'est-à-dire les jésuites. C'est en vain que la majorité d'une commission, nommée *ad hoc* par le Roi, et composée de prélats, de pairs, de députés, de membres de l'Université, avait déclaré qu'elle estimait que la direction des écoles secondaires donnée par les archevêques de Bordeaux [1] et d'Aix [2] et par les évêques d'Amiens, de Vannes [3], de Clermont [4], de Saint-Claude [5], de Digne [6] et de Poitiers [7], à des prêtres révocables à leurs volontés, soumis en tout à leur autorité et juridiction spirituelle, et même à leur administration temporelle, bien

---

[1]. Jean Lefébure de Chevere·s, archevêque de Bordeaux en 1826.

[2]. Pierre-François-Gabriel-Ferdinand de Bausset-Roquefort, archevêque d'Aix en 1817.

[3]. Charles-Jean de la Motte-Vauvert, évêque de Vannes le 28 octobre 1827.

[4]. Charles-Antoine du Val de Dampierre, évêque de Clermont en 1802.

[5]. Antoine-Jacques de Chamon, évêque de Saint-Claude en 1823.

[6]. Charles-François-Melchior-Bienvenu Miollis, évêque de Digne en 1806.

[7]. Jean-Baptiste de Bouillé, évêque de Poitiers en 1819.

que ces prêtres suivissent pour leur régime intérieur la règle de saint Ignace, n'était pas contraire aux lois du royaume [1] : cette ordonnance fut présentée aux Chambres par le ministre du Roi, M. Portalis, l'ancien fédéré d'Angers aux Cent-Jours. La seconde ordonnance avait pour but de restreindre le nombre des écoles ecclésiastiques spéciales appelées proprement petits séminaires, de les soustraire à l'autorité immédiate des archevêques et évêques, et de ne les admettre que concurremment dans l'organisation et surveillance de ces établissements religieux. Ce fut M. l'évêque de Beauvais, ministre des affaires ecclésiastiques, qui eut le honteux honneur d'être le porte-parole de cette ordonnance, aussi contraire aux intérêts de la religion qu'à ceux du trône qui se doivent un mutuel appui. Le Roi, dans sa conscience, rejetait ces lois funestes : il refusa plusieurs fois de signer, puis il céda. Voilà une des conditions de cette mise en harmonie avec la législation existante, avec les besoins soi-disant de l'époque, que les conseillers de la couronne appelaient l'*ordre légal*. L'ordre légal est la Charte selon la Monarchie, puisque le Roi a donné la Charte et ne l'a pas reçue. Dans le nouveau système, c'est la Charte avec toutes ses conséquences démagogiques, au profit des seuls révolutionnaires.

Après les ordonnances du 16 juin, voici le catéchisme selon l'ordre légal :

D. Qu'est-ce qu'un évêque ?

R. C'est un fonctionnaire public qui dépend de M. le ministre des affaires ecclésiastiques.

D. Quel est son rang dans l'État ?

---

1. Voir le remarquable écrit publié en 1879 par Antonin Lirac (le R. P. Charles Clair, S. J.), sous ce titre : *Les Jésuites et la liberté religieuse sous la Restauration* (1 vol. in-12).

R. Il marche immédiatement après M. le préfet du département.

D. De quoi est-il chargé?

R. Autrefois, il enseignait la religion; il conduisait les pasteurs de son diocèse, il dirigeait la jeunesse, il surveillait l'éducation, il gardait les lois de l'Église. Cela est changé depuis qu'il y a un ministre des affaires ecclésiastiques : l'évêque doit obéir à ce ministre, il ne doit enseigner que sous son bon plaisir, il ne doit diriger la jeunesse et surveiller l'éducation qu'avec la permission de l'Université; quant aux lois de l'Église, elles n'existent plus, et personne n'a plus besoin de les garder.

D. L'évêque est-il libre d'avoir des opinions à lui?

R. Oui, en vertu de la Charte, il est libre d'avoir des opinions à lui.

D. Peut-il être ultramontain?

R. Non.

D. Qu'est-ce qu'un ultramontain?

R. C'est un homme qui veut détrôner les rois et mettre le Pape à leur place.

D. Le clergé de France est-il ultramontain?

R. Oui.

D. Qui est-ce qui a persécuté et mis à mort les prêtres sous la Révolution?

R. Ceux qui ne voulaient pas qu'on fût ultramontain.

D. Qui est-ce qui a tué le Roi?

R. Les mêmes.

D. Comment se peut-il que les mêmes aient tué le Roi et les ultramontains?

R. C'est un mystère.

D. Qu'est-ce qu'un jésuite?

R. C'est un homme qui est hors la loi.

D. Est-il nécessaire d'avoir tué, d'avoir volé, d'avoir perverti le peuple, d'avoir prêché la révolte, d'avoir commis des atrocités pour être mis hors la loi?

R Non, il suffit d'avoir fait vœu de chasteté et de vivre loin du monde et de ses intrigues.

D. Cela est-il conforme à la Charte?

R. Oui, cela est conforme à la Charte.

D. Comment entendez-vous cette conformité ?

R. Parce que l'ordre légal le veut ainsi.

D. Qui vous a révélé cette vérité ?

R. M. de Vatimesnil.

D. Comment se fait-il que tous les Français soient libres et égaux, et que les jésuites soient hors la loi?

R. C'est un mystère.

D. Combien y a-t-il de principaux mystères ?

R. Il y en a trois : le mystère de la liberté, le mystère de l'égalité, et le mystère de l'ordre légal.

D. Expliquez le mystère de l'égalité.

R. C'est le mystère par lequel tous les Français ont des droits égaux et beaucoup de Français n'ont aucuns droits.

D. Expliquez le mystère de la liberté.

R. C'est le mystère par lequel tous les hommes sont libres et tous les hommes ne sont pas libres.

D. Expliquez le mystère de l'ordre légal.

R. C'est celui par lequel tout le monde est soumis à la loi et un grand nombre est excepté de la loi.

D. Qui est-ce qui a le mieux entendu ces trois mystères?

R. Ce sont MM. Feutrier, Portalis et Vatimesnil.

D. Combien y a-t-il d'espèces de jésuites ?

R. Il y en a de deux principales espèces : les jésuites à robe longue et les jésuites à robe courte.

D. A quel signe reconnaît-on un jésuite?

R. Au signe de la croix.

D. Peut-on aller à l'église sans être jésuite?

R. Oui, pourvu qu'on se moque de ceux qui y prient Dieu.

D. Y a-t-il beaucoup de jésuites en France ?

R. M. de Villèle en a mis partout : le Conseil d'État en est plein; la Chambre des pairs en compte un grand nombre; l'armée en est encombrée.

D. Ces jésuites-là sont-ils à robe longue ou à robe courte?

R. On n'en sait rien; M. de Pompières ne l'a pas dit.

D. Qu'est-ce qu'un gallican ?

R. C'est celui qui ne veut pas que les papes puissent détrôner les rois.

D. Qui sont à présent les meilleurs gallicans du royaume?

R. Ce sont MM. Benjamin Constant, de Pradt et Grégoire.

D. Peut-on être à la fois régicide et gallican, athée et gallican, luthérien et gallican?

R. On le peut, sans aucun doute.

D. La Convention était-elle gallicane ?

R. Oui, la Convention était gallicane.

D. Qu'est-ce qu'un royaliste?

R. C'est un idiot.

Les vrais royalistes idiots ! Non, ils ne l'étaient pas; l'idiotisme, que j'appellerai par respect aveuglement, était plus haut.

> Et la garde qui veille aux barrières du Louvre
> N'en défend pas nos rois !

Que les destinées s'accomplissent! Le jour viendra peut-être où les ennemis de la monarchie légitime, tous, en 1828, chevaliers armés de l'ordre légal, diront impudemment : « On s'entendait à merveille sur la valeur du mot « jésuitisme : il était synonyme de dévouement à la légi- « timité. On disait, dans ce temps-là, *jésuite* pour *roya- « liste*. La France, petit à petit, se prit d'une haine im- « placable, universelle, immense, pour ce qu'on appelait « la faction, quelquefois même la coterie jésuite ; et il ar- « riva le moment où, pour perdre Charles X, il suffit d'af- « firmer qu'il était jésuite » (*Tribune*, 1830). Mais n'anticipons point sur les événements.

Trois jours après l'apparition des ordonnances du 16 juin, qui ne faisaient que soumettre le corps enseignant, appelé les *Pères de la foi*, les jésuites, à des conditions et des déclarations inconciliables avec leur existence,

M. de Sade [1] fit le rapport solennel de la pétition de l'infâme agent soudoyé par les factieux, du nommé l'abbé
Martial Marcet de la Roche-Arnaud [2], si méprisé de ceux
qui l'employaient que, le scandale produit, ils ont laissé
le misérable, malgré ses réclamations, dans la fange d'où
ils l'avaient tiré. Cet ignoble accusateur, chassé de la
Société pour son immorale conduite, et relevé par ses
supérieurs des vœux simples qu'il avait faits, libella une
pétition pour appeler l'attention de la Chambre : sur les
preuves de l'existence des jésuites en France; sur les établissements qu'ils y ont formés; sur les mesures à prendre
contre eux, le tout accompagné d'une prétendue révéla-
tion de la discipline intérieure de leurs maisons. Roman
empreint de haine et d'imposture. Le très libéral et très
partial rapporteur conclut au double renvoi de la pétition
au ministre abbé Feutrier, quant à l'établissement en
France d'un ordre monastique non autorisé, et à M. de Vatimesnil, ministre de l'instruction publique, en ce qui touchait à l'admission illégale de cet ordre à la direction de
plusieurs établissements d'éducation publique. Nous récla-
mions l'ordre du jour, en protestant hautement en faveur
des jésuites, et contre la calomnieuse dénonciation d'un renégat qu'ils avaient comblé de leurs bienfaits, et contre les
ordonnances qui devaient menacer leurs établissements;
nous citions les libéraux, qui se gardaient bien de ne pas
solliciter pour leurs enfants l'entrée des collèges de
Saint-Acheul et de Montmorillon; nous citions M. de
Montlosier et l'abbé de Pradt, dont les neveux étaient,

---

1. François-Xavier-Joseph-David, comte de Sade, député de l'Aisne de
1827 à 1846; né en 1777, mort en 1846.
2. Auteur des *Mémoires d'un jeune jésuite, ou conjuration de Montrouge
développée par des faits* (Paris, 1828, in-8), ouvrage qui eut plusieurs éditions, et une traduction espagnole, faite en 1829 sur la quatrième.

par leur choix même, élevés à Billom; nous nous appuyions des paroles de l'abbé, dans son libelle contre les jésuites [1], où la force de la vérité a fait dire à cet indéfinissable écrivain, à la suite de leur éloge le plus pompeux, et comme religieux et comme corps enseignant : « O vous, « sous les yeux duquel passera ce tableau, gardez-vous « de croire qu'il soit le produit de l'imagination ou de « quelque sentiment personnel : la sincérité dicte mes « paroles. J'ai peint le jésuitisme tel qu'il apparaît à ma « pensée, et si j'ai quelque chose à me reprocher, c'est « d'avoir osé tracer un tableau aussi grand avec les « couleurs d'une palette aussi faible. » Et on remarquera encore que ledit abbé, étant évêque de Poitiers quand Bonaparte rappela les jésuites, fut leur introducteur et protecteur dans son diocèse, et présida à leur établissement à Montmorillon. « Lorsque tant de cris accusateurs « se font entendre, dit éloquemment M. de Conny, les « droits de la défense sont sacrés : vous ne repousserez « pas ma voix, et lorsque, d'accord avec vous (montrant « le côté gauche), le pouvoir vient de vous donner la vic- « toire, vous ne voudrez pas que l'histoire puisse dire de « vous : les vainqueurs ont refusé d'écouter les vaincus. « Si jamais le pouvoir, subjugué par les clameurs des « partis, concevait la pensée d'affliger des milliers de « familles en supprimant les collèges tenus par les jésuites, « je dirais aux ministres du Roi : Avant de frapper un tel « coup, je vous demande de nommer une commission « nombreuse, prise exclusivement parmi les adversaires « des jésuites ; qu'ils visitent leurs maisons, qu'ils inter- « rogent leurs élèves, ils apprendront la vérité tout en- « tière. »

---

1. *Du Jésuitisme ancien et moderne.* Paris, 1825, in-8. Une seconde édition, « revue et corrigée, » parut en 1826.

Dans ce discours, plein de force et de justesse, le pauvre
comte de Bemposta n'a vu que d'excellents sentiments,
qu'il ne partageait pas, et une phrase malsonnante : « Le
« pouvoir, a dit l'orateur, vous a donné la victoire, en
« s'adressant à un côté de cette Chambre. Messieurs (dit-il
« dramatiquement avec un maintien de matamore), je vous
« regarde tous, et je déclare que le pouvoir n'a entendu
« donner à aucun de vous la victoire ; et puis, d'après
« l'engagement que le Roi a pris devant la France, nous
« sommes entrés dans l'ordre légal, et nous avons voulu
« que toutes les classes de citoyens fussent soumises à l'or-
« dre légal ; et puis nous avons voulu, par la mesure que
« les pétitions rappellent, affermir la puissance du monar-
« que et maintenir l'ordre légal ; et nous sommes les minis-
« tres du Roi de France, de ce Roi qu'on a à si juste titre
« nommé *le bien-aimé !* » Hélas ! de concessions en concessions libérales, le bon M. Hyde, dont le cœur était à
droite et la tête à gauche, l'obséquieux évêque Feutrier
et le doucereux Martignac, si bien surnommé la *harpe
éolienne*, réalisaient sans mauvais vouloir, à la ruine du
monarque bien-aimé, la devise de ce roi des Espagnes
dont on livrait comme eux l'autorité pièce à pièce : un
fossé avec ces mots dérisoires : *plus on lui ôte, plus il est
grand.* Le double renvoi de la pétition dite Martial Marcet fut prononcé par la majorité de la Chambre, sur le
dire de maître Dupin, le même qui, six mois auparavant,
ayant été visiter Saint-Acheul, avait été édifié de ce qu'il
avait vu et entendu au point que, dans une cérémonie, il
avait demandé et obtenu de tenir à la procession un des
cordons du dais !

Cette persécution systématique et convenue contre les
jésuites, utiles auxiliaires du trône puisqu'ils élevaient
la jeunesse dans les meilleurs principes religieux et mo-

narchiques, fut suivie d'une attaque directe à la couronne
même. Et, pour qu'on ne se méprît pas sur l'intention, ce
fut l'émule des Corcelles et des Demarçay, le type de l'absurdité, de l'impudence et du mensonge, le Thersite en
cheveux gris du carbonarisme, Labbey-Pompières, qui se
mit en avant et vint ânonner à la tribune son inepte et
odieuse élucubration. Ce vieil extravagant, délirant de
jacobinisme, que les journaux anglais de sa couleur tricolore, se méprenant sur son nom de Labbey, appelaient
avec onction « ce respectable ecclésiastique l'abbé l'om-
pières, » donc proclama sa proposition d'accusation contre
les anciens ministres ; il la développa le 14 juin, conçue
en ces termes :

« J'accuse les anciens ministres de trahison envers le
« Roi, qu'ils ont isolé du peuple.

« Je les accuse de trahison envers le peuple, qu'ils ont
« privé de la confiance du Roi.

« Je les accuse de concussion, pour avoir perçu des
« taxes non votées, et dissipé les deniers de l'État. »

Il est oiseux de consigner ici comment ce mauvais orateur prétendait prouver les motifs qui appuyaient sa vaine
accusation. Le côté gauche appuyait les conclusions du
respectable ecclésiastique, lorsque M. de Montbel [1], au
nom de tout le côté droit, demanda la prise en considération de la proposition, pour que la vérité fût connue. Seulement, le ministre de l'intérieur attaqua la forme, et repro-
cha à l'imprudent factieux d'établir comme deux faits ac-
complis que les anciens ministres avaient isolé le Roi de
son peuple et privé le peuple de la confiance de son Roi,
et réciproquement. Ce vieux singe, qui avait marché sur

---

1. Guillaume-Isidore Baron, comte de Montbel, député de 1827 à 1830,
ministre des finances le 19 mai 1830 ; né en 1787, mort en 1861.

sa longe, dit qu'il n'avait entendu exprimer qu'une tentative et non un fait consommé. La proposition fut renvoyée dans les bureaux, et en sortit ainsi étriquée et absolument vague : « Je demande que la Chambre accuse les membres « du dernier ministère des crimes de trahison et de con « cussion. » Et, sur la demande faite derechef par M. de Montbel, la proposition fut presque unanimement prise en considération. Les bureaux choisirent une commission de neuf membres. Quatre royalistes : La Bourdonnaye, Montbel, Lamezan [1], vicomte du Tertre; trois membres de la gauche : Mauguin [2], Girod de l'Ain [3], Benjamin Constant; deux membres de la défection : Lalot et M. Agier. Ainsi, cinq hostiles envers l'ancienne administration. La majorité fit les honneurs du bureau au défectionnaire Lalot, qui donna une mince idée de son aptitude à présider et surtout à diriger une discussion. Benjamin Constant — je cite mon autorité — a dit qu'il n'en revenait pas d'avoir vu de près ce personnage emphatique et vaniteux; il croyait qu'il allait entendre un homme aussi brillant que profond : loin de là, toutes les fois qu'il a ouvert la bouche dans la commission, tout le monde est convenu qu'il aurait mieux fait de se taire. Il est demeuré historique qu'un membre, ayant chaud et soif, se plaignit de ne trouver qu'une carafe d'eau. M. le président temporaire sonna; un garçon de bureau parut. « Monsieur, dit d'un ton solennel le théâtral Lalot, ces messieurs désirent des rafraîchissements d'un ordre plus relevé. » Mon Dieu ! Monsieur le président, demandez à ce pauvre homme

---

1. Jean-Louis-Gabriel-Hugues-Léon, comte de Lamezan de Salin, député du Gers en 1827 ; né en 1787, mort en 1875.
2. François Mauguin, avocat, député de la Côte-d'Or de 1827 à 1851 ; né en 1785, mort en 1854.
3. Louis-Gaspard-Amédée Girod de l'Ain, député de 1827 à 1832; né en 1781, mort en 1847.

des verres d'eau sucrée, si vous voulez qu'il vous comprenne. Le Girod de l'Ain fut chargé de faire le rapport : *parturient montes ;* car sa conclusion fut que la majorité de la commission décidait qu'il n'y avait pas lieu à la Chambre d'admettre dès à présent l'accusation, mais qu'il ne s'ensuivait pas que la commission ne pût conclure à une instruction plus ample ; qu'ainsi elle proposait donc que la Chambre déclarât qu'il y a lieu à instruire sur l'accusation de trahison proposée contre les membres de l'ancien ministère. Montbel demanda que la discussion eût lieu pendant le budget, entre les dépenses et les recettes : c'était assurer le triomphe de l'ancienne administration contre l'injustice, l'ingratitude, l'absurdité et la calomnie. Cela ne faisait le compte ni de la gauche, ni du centre gauche, ni de la défection, ni des ministres du moment. Sur l'observation de la gauche qu'il y aurait de l'inconvénient à couper la délibération des deux lois qui composaient le budget, la Chambre adopta, malgré la droite, l'ajournement des débats après l'adoption du budget, ce qui équivalait à un ajournement indéfini, vu qu'alors la Chambre ne serait plus en nombre pour délibérer, et on le savait bien. Mais, comme il a été observé plus haut, le côté gauche, le centre gauche, la défection royaliste, les ministres de 1828, recueillirent le déplorable avantage de tenir l'ancienne administration dans un état de suspicion légale qui rendait son retour aux affaires aussi difficile que ses ennemis pouvaient le désirer.

Cependant, les ennemis que j'appellerai publics, les révolutionnaires habiles, alliés des royalistes qui ne se croyaient qu'ennemis du ministère Villèle, les révolutionnaires n'oubliaient pas une seule mesure utile à leur double but, qui n'était plus caché depuis que le ministère Martignac avait, pour première concession, renoncé à l'exercice de la police politique; et ce double but n'était rien moins que de nationaliser l'indifférence en matière de religion et de dynastie, c'est-à-dire le protestantisme et l'illégitimité. De là cette école spéciale, dite du Commerce, établie, sur ces principes et dans ce double esprit, hôtel de Sully, rue Saint-Antoine, sous le patronage et par les soins de MM. Laffitte, Casimir Périer, Ternaux, etc.; de là la Société dite de l'*enseignement élémentaire*, instituée pour assurer à la France, pour le présent, la jouissance de ses libertés légales, et fixer ses destinées pour l'avenir. Pour connaître les intentions des fondateurs, il suffit de nommer les députés directeurs de la Société, divisée à Paris en douze arrondissements :

Ier et IVe arrondissements : M. Dupont de l'Eure;

IIe arrondissement : M. Laffitte ;

IIIe et Ve arrondissements : M. Casimir Périer ;

VIe et VIIIe arrondissements : M. Benjamin Constant

VIIe et IXe arrondissements : M. le baron de Schonen ;

Xe arrondissement : M. Ternaux ;

XIe et XIIe arrondissements : M. Royer-Collard (pour jeter de la poudre aux yeux);

Extra muros : M. l'abbé baron Louis.

Journaux garants de la foi politique de la Société : le *Journal du Commerce*, le *Constitutionnel*, le *Courrier français*, le *Courrier des Tribunaux*, le *Journal des Débats*, la *France chrétienne*, rédigée et achetée par Benjamin Constant, la *Gazette des Tribunaux*, le *Globe*, la *Pandore*, plus un M. Cassin, agent de la Société et chargé des présentations. Il ne manquait certes que le drapeau tricolore au-dessus de la porte de ce pandémonium dit libéral, en attendant qu'il prît son vrai nom de révolutionnaire.

C'était bien le moins que, sous l'ordre légal, des résistances s'organisassent pour protéger moralement l'Église et le trône, si impunément menacés ; il se forma donc, publiquement et à bon droit, une Association pour la défense de la religion catholique en France. Le curieux, c'est que le *Courrier français* du 2 août 1828 jeta feu et flamme contre ce qu'il appelait la *moderne ligue*, à qui du moins il n'osa pas reprocher d'être contre le Roi ; mais l'odieux, c'est qu'en publiant les noms des membres du Conseil général, les rédacteurs du *Courrier* espéraient bien que ce serait, leur dieu aidant, une liste de proscription, *et quorum pars parva fui*, j'aurais répondu à l'appel. Voici les noms que ces misérables croyaient désigner au ridicule et à la haine, et qu'ils n'ont fait que recommander au respect et à la reconnaissance des gens de bien :

Le duc d'Havré-Croy [1], pair de France, président.
Le maréchal prince d'Hohenlohe, pair de France, vice-président.
Le vicomte Dambray, pair de France, vice-président.
Du Plessis-Grénédan, député, vice-président.
Le comte de la Rochejaquelein [2], pair de France, vice-président.

Membres du Conseil :

Le marquis de Bailly, pair de France.
Le marquis de Beauffort [3].
Berryer, avocat.
Vicomte de Bonald, pair de France.

---

1. Joseph-Anne-Auguste-Maximilien de Croy, duc d'Havré, lieutenant général, pair de France le 4 juin 1814 ; né en 1744, mort en 1839.
2. Auguste du Vergier, comte de la Rochejaquelein, *le Balafré*, maréchal de camp le 19 juillet 1818 ; né en 1783, mort en 1868. — Il n'était pas pair de France : le pair de France était son neveu Henri, marquis de la Rochejaquelein, né en 1805, pair de France le 17 août 1815, mais qui ne prit jamais séance à la Chambre des pairs.
3. Philippe-Ernest, marquis de Beauffort, né en 1782, mort en 1858.

Le marquis de Brion.

Le Brun, maire à Paris, ex-député.

L'abbé Caire, aumônier des pages.

Comte de Cassini [1], de l'Institut.

Cauchy [2], de l'Institut.

Le marquis de Conflans [3], pair de France.

Le chevalier de Courcelles [4], généalogiste du Roi.

Le marquis de Dampierre [5], pair de France.

L'abbé des Genettes [6], curé des Missions étrangères.

Espivent, conseiller à la cour royale.

Formon [7], député.

L'abbé Gerbet [8].

Le comte de Guébriant [9], pair de France.

D'Haranguier [10], conseiller à la cour royale.

De Haller.

Marquis de la Suze [11], pair de France.

L'abbé Laurentie, aumônier des pages.

---

1. Alexandre-Henri-Gabriel, comte de Cassini, président à la Cour royale, membre de l'Académie des sciences: né en 1781, mort en 1832.

2. Augustin-Louis Cauchy, membre de l'Académie des sciences. né en 1789, mort en 1857.

3. Louis-Gabriel, marquis de Conflans, pair de France le 5 novembre 1827: né en 1772, mort en 1849.

4. Jean-Baptiste-Pierre Jullien, dit le chevalier de Courcelles, né en 1759, mort en 1834.

5. Élie-Louis-Aymard, marquis de Dampierre, pair de France le 5 novembre 1827; né en 1787, mort en 1845.

6. Charles-Éléonore Dufriche des Genettes, curé des Missions étrangères en décembre 1819, curé de Notre-Dame des Victoires en 1836; né en 1778, mort en 1860.

7. Étienne-Joseph de Formon, député de la Loire-Inférieure de 1827 à 1830; né en 1784, mort en 1854.

8. Olympe-Philippe Gerbet, depuis vicaire général de Paris, et évêque de Perpignan en 1853; né en 1798, mort en 1864.

9. Sylvestre-Louis-Ange-Spiridion Budes, comte de Guébriant, pair de France le 5 novembre 1827; né en 1779, mort en 1845.

10. Jules d'Haranguier de Quincerot, juge et vice-président au Tribunal de la Seine, conseiller d'État en mars 1821, conseiller, puis président de chambre à la Cour royale de Paris.

11. Louis-François Chamillart, marquis de la Suze, pair de France le 17 août 1815; né en 1751, mort en 1839.

Laurentie [1], directeur de la *Quotidienne*.

L'abbé Magnin [2], curé de Saint-Germain l'Auxerrois.

Le marquis de Maleissye [3].

L'abbé de Mathiron, chanoine de Paris.

L'abbé Marduel, curé de Saint-Roch.

Le marquis de Montmorency [4].

L'abbé Perreau, vicaire général de la grande aumônerie.

Quatremère de Quincy, de l'Institut.

Le marquis de Rosambo [5], pair de France.

L'abbé Rudemare, curé des Blancs-Manteaux.

L'abbé de Salinis [6], aumônier du collège Henri IV.

L'abbé de Scorbiac [7], aumônier de l'Université.

Le comte d'Urre [8], pair de France.

Membres de la Direction :

L'abbé Perreau, directeur général; l'abbé des Genettes, l'abbé de Salinis, Laurentie, Cauchy.

1. Pierre-Sébastien Laurentie, professeur d'histoire à l'École polytechnique de 1818 à 1822, inspecteur général des études en 1823, directeur de la *Quotidienne*, puis de l'*Union*, auteur d'une *Histoire de France* et de nombreux ouvrages historiques, politiques et philosophiques; né en 1793, mort en 1876.

2. Charles-Étienne Magnin, d'abord directeur du petit séminaire d'Autun, curé de Saint-Germain l'Auxerrois en 1816; né en 1759, mort en 1843. — C'est lui qui apporta la sainte communion à la reine Marie-Antoinette dans la prison de la Conciergerie.

3. Antoine-Charles-Marie-Anne Tardieu, marquis de Maleissye, maréchal de camp, né en 1764, mort en 1851.

4. Eugène-Alexandre, marquis de Montmorency, puis duc de Laval en 1837, maréchal de camp; né en 1773, mort en 1851.

5. Louis le Pelletier, marquis de Rosanbo, pair de France le 17 août 1815; né en 1777, mort en 1856.

6. Louis-Antoine de Salinis, aumônier du lycée Henri IV, directeur du collège de Juilly en 1828 avec l'abbé de Scorbiac, évêque d'Amiens en 1847, archevêque d'Auch en 1856; né en 1798, mort en 1860.

7. Bruno-Casimir de Scorbiac, d'abord attaché aux missions de France, aumônier de l'Université, puis directeur du collège de Juilly en 1828; né en 1796, mort en 1846.

8. Antoine-Henri, comte d'Urre, pair de France le 5 novembre 1827; né en 1787, mort en 1848.

Et c'est à tous ces hommes, aussi respectables par leurs opinions religieuses que par leurs opinions monarchiques, placés aussi haut dans la confiance et la considération de tous les gens de bien et d'honneur, que les obscurs boutefeux du journalisme révolutionnaire opposent leurs coryphées, les Laffitte, Casimir Périer, Dupont de l'Eure, Benjamin Constant, de Schonen, l'abbé baron Louis, Ternaux, commissaires préposés à l'enseignement élémentaire ; les Laffitte, Casimir Périer, Ternaux, fondateurs et protecteurs de l'École du commerce, dont le professeur des études politiques pour les apprentis calicots, courtauds de boutique ou commis voyageurs, n'est rien moins, et à l'unanimité de voix des susdits actionnaires, que M. Adolphe Blanqui [1], non seulement très apte et très spécial, mais libéral, mais révolutionnaire, mais carbonaro, et qui a et remplira la mission de façonner la jeunesse commerçante à son image, au milieu de tous ces foyers de désordre allumés ouvertement, au milieu de tous ces éléments de révolte que l'on coordonne et que le ministère à concessions s'était ôté le pouvoir de dissiper par la suppression de la police politique. Il n'y avait que les ministres myopes et les royalistes de la défection, aveugles volontaires, qui fussent rassurés sur les Bourbons, sur la religion et sur la monarchie. Il est vrai qu'au mois de mars, dans la discussion sur la loi concernant les listes électorales, le véridique Sirieys de Marinhac dit naïvement : « Le Roi a beaucoup d'ennemis en France. » Toute la gauche se leva en masse et cria avec fureur : « A l'ordre ! à l'ordre ! le Roi n'a pas d'ennemis en France. » Aussi le doucereux ministre de l'intérieur, sur la foi de

---

1. Jérôme-Adolphe Blanqui, professeur au Conservatoire des arts et métiers, membre de l'Académie des sciences morales en 1838, député de 1846 à 1848 ; né en 1798, mort en 1854.

cette furibonde explosion d'attachement au Roi, jugea-t-il
à propos de dire : « Je crois comme vous, Messieurs, que
« le Roi n'a pas d'ennemis en France, parce qu'il ne peut
« pas en avoir ; je le crois, par amour même pour mon
« pays, car ce serait lui faire une grave injure, ce serait le
« calomnier que de le supposer ingrat pour toutes les
« vertus, pour tous les bienfaits qui doivent lui faire
« bénir le monarque. Si jamais on osait porter atteinte à ce
« trône, protecteur de nos libertés, aux droits de cette
« auguste famille qui nous les a données toutes, la France
« entière et cette Chambre se lèveraient pour les défen-
« dre. » A cette phrase à effet, la gauche même a répondu
sans grimacer : hommes à deux consciences, les déclarations d'amour ne leur coûtent pas plus que les serments
de fidélité. Pendant que le ministre Martignac répondait
ainsi de la Chambre élective et par induction de la France,
le ministre comte de Bemposta répondait en ces termes,
de lui-même et par politesse, de tous ses collègues. « Vous
« demandez quelle sera notre couleur : Messieurs, elle
« sera toujours blanche. » Et puis, dans la discussion
relative à l'emprunt de quatre millions de rente : « Le
« panache blanc, Messieurs, ne se laisse pas conduire ;
« mais on est sûr qu'il conduit toujours à l'honneur. »
Hélas ! ces nobles paroles étaient des mots vides de sens,
puisqu'elles étaient démenties par les actes quotidiens de
ce ministère rétrograde, qui ne prétendait que rentrer
dans ce que son néologisme appelait l'*ordre légal*. Ces
bons conseillers de la couronne, retranchés dans leur
ordre légal et dans leur conscience, et dans leur loyauté
et dans leur dévouement au Roi et au pays, ignoraient ou
dédaignaient les menaces libérales, assez clairement for-
mulées pour être comprises. La *Sentinelle de Bruxelles*,
sœur des frères et amis de Paris, les publiait ouverte-

ment. « Une fois la loi de la presse retirée, on pouvait
« céder au second vœu, qui demandait un changement de
« ministère ; puis au troisième, qui demande l'expulsion
« des jésuites ; puis les élections sur l'ancien pied ; puis
« revoir la Charte, puis enfin changer de dynastie. » Et,
pour que le plan soit infaillible :

> Peuples! levez vos fronts! Tyrans! baissez vos têtes!
> Vous, cessez de gémir; vous, cessez d'insulter!
>> L'avenir est gros de tempêtes
>> Que rien ne peut faire avorter.

Pour se faire mieux entendre, M. Barré, le professeur
d'Audenarde, ajoutait, en vile prose, qu'il conseillait à un
prince du sang de France, qu'il nommait par son nom,
d'usurper la couronne des Bourbons. Guillaume III a
détrôné son beau-père en 1688 ; il serait beau de l'imiter
en 1828. Les libéraux de Bruxelles sont les frères et amis
des libéraux de Paris; les articles de leurs journaux, pro-
ductions dégoûtantes d'esprits en putréfaction, se retrou-
vent, avec des précautions oratoires, dans les colonnes
du *Courrier* et du *Constitutionnel*, assez adroitement
pour que M. Séguier les acquitte, sauf à dire : « J'ai jugé
« comme je vote à la Chambre des pairs, politiquement,
« contre ma conscience. » Mais le nom, mystérieux en
France, de l'usurpateur éventuel, ministres de l'ordre
légal! M. Cauchois-Lemaire vous l'a dit brutalement
dans sa lettre au duc d'Orléans. C'est un conscrit qui,
comme Laffitte en 1817, a fait feu avant le commandement, n'est-ce pas ? Et, vive Dieu ! au lieu d'obéir aux
réclamations révolutionnaires, si vous voulez — et vous le
pouvez encore — prouver votre dévouement, votre loyauté,
en obéissant à votre conscience, prenez les vœux des ennemis du Roi en sens inverse : ce qu'ils blâment, il faut le
faire ; ce qu'ils approuvent, il faut l'éviter ; il faut vous

réjouir quand ils s'affligent et pleurer quand ils illuminent.
Avec votre ordre légal, vous ébranlez les autels, et vous
préparez l'écroulement du trône légitime. Tel était en
effet l'égarement des esprits qui avaient perdu cette double
direction conservatrice, que toutes les théories de gouvernement avaient accès aux Tuileries, toutes jusqu'à celles
de l'école américaine, et que Monsieur le Dauphin, qui
ne voulait pourtant pas se suicider lui-même, disait avec
une pitoyable tranquillité : « Roi, président d'une république, c'est toujours être souverain. » Holà, Monseigneur,
quidquid delirant reges plectuntur Achivi. La monarchie
était donc moralement atteinte, et dans l'héritier présomptif de la couronne : car, matériellement, le trône légitime
avait en 1828 tous les éléments de force et de vie, tous
les moyens actifs de prospérité industrielle, agricole et
commerciale. « La fortune de notre patrie a souvent défié
les prophètes les plus sinistres, » a dit M. de la Ferronnays en arrivant au ministère : « l'histoire des quinze
dernières années répond à ces alarmes. » Certes, c'était
un hommage éclatant, et non suspect, rendu aux sept
années de l'administration que trente-quatre députés,
traîtres à la vérité et à leur conscience, trente royalistes
défectionnaires, fidèles à leur haine et à leur ambition
déçues, ont fait qualifier *déplorable.*

La loi de finances est venue se joindre à la déclaration
du ministre des affaires étrangères à la Chambre des pairs,
pour faire justice de cette odieuse et absurde injure. Le
rapport de M. de la Bourdonnaye a prouvé que la commission avait reconnu que le fameux déficit de deux cents
millions dont Roy, le nouveau ministre des finances,
avait systématiquement fait tant de bruit, répété par tant
d'échos, n'existait pas, et se réduisait à 21,500,000 francs,
qui trouvaient une très légitime explication. Et quant à

l'ordre admirable établi par M. de Villèle dans la comptabilité, il suffit de lire le rapport, d'un bout à l'autre laudatif, fait à la Cour des comptes par Barbé-Marbois, qu'on n'accusera pas d'amitié politique pour l'ancien président du conseil.

Justice entière fut donc solennellement rendue au chef de l'ancienne administration. C'était sur lui que portaient toutes les calomnies et tous les ressentiments ; chaque ministre n'eut aucune peine à rendre hommage aux mérites de son devancier : Martignac à M. de Corbière ; Portalis à M. de Peyronnet ; M. de Caux à M. de Clermont-Tonnerre ; M. le comte de Bemposta à M. de Chabrol ; l'abbé Feutrier et le Vatimesnil à M. l'évêque d'Hermopolis. Que resta-t-il donc pour motiver l'injure de *système déplorable* imprimée au système et aux actes de l'ancienne administration ? Il resta le nom des faux accusateurs ; mais l'effet était produit. Et comme la farce était jouée, la toile tomba. Après l'adoption de la loi de finances, adoptée à une majorité de 256, la session de 1828 fut close le 18 août.

NOTES DE L'AUTEUR

Note A (voir page 203)

Voici la composition de la chapelle :

Le Père éternel : Piet — (à cause de ses ailes de pigeon poudrées à frimas et la longueur de ses discours).

Le Saint-Esprit : Féligonde (par antiphrase).

Saints à brevet : vicomte de Bonald, Florian de Kergorlay.

Le pape : Benoist (à cause de son nom).

Le général des Jésuites : Corblère.

Le général des capucins : Villèle (à cause de son accent nasillard).

Le général des ignorantins : Murard de Saint-Romain [1] (il débuta par une proposition sur l'enseignement public).

Le grand aumônier : le comte de Marcellus.

Chapelain ordinaire : Castelbajac.

Doyen du chapitre : M. de Saint-Géry.

Chanoines : Puymaurin, Cardonnel, J. de Foucault [2], Folleville [3].

Chanoine retraité : M. de Grosbois [4].

Confesseur : Lachèze-Murel [5] (pour la conformité du nom avec le P. La Chaise).

Prédicateur de l'Avent : Sosthènes de la Rochefoucauld (mouche du coche).

Prédicateur du carême : Labbey de la Roque [6] (jeu de mots).

Maître de plain-chant : M. de Trinquelague [7] (magistrat très posé).

Chantres : Hyde de Neuville, Pardessus.

Le Serpent (quand il préside, c'est le serpent à sonnette) : Bouville, vice-président (normand et très normand).

Le Basson : le marquis de Briges [8].

---

1. Benoît-Rose Murard de Saint-Romain, député de 1815 à 1816 ; né en 1772, mort en 1854.

2. Joseph-Jules, marquis de Foucauld, député de la Corrèze de 1815 à 1816 ; né en 1782, mort en 1821.

3. Louis-Jean-André de Folleville, ancien conseiller au Parlement de Rouen, député du Calvados de 1815 à 1821 ; né en 1765, mort en 1842.

4. Claude-Irénée-Marie-Nicolas Perreney, marquis de Grosbois, député en 1789 et de 1815 à 1816, pair de France le 5 novembre 1827 ; né en 1756, mort en 1840.

5. Pierre-Joseph de Lachèze-Murel, député de 1815 à 1816 ; né en 1744, mort en 1835.

6. Pierre-Élie-Marie Labbey de la Roque, député du Calvados de 1815 à 1816 ; né en 1753, mort en 1827.

7. Charles-François, baron de Trinquelague, député du Gard de 1815 à 1822 ; né en 1747, mort en 1837.

8. Barnabé-Louis-Gabriel-Charles, marquis de Briges, député de la Lozère de 1815 à 1816 ; né en 1784, mort en 1857.

Porte-croix : M. de Clermont-Mont-Saint-Jean [1] (très grand et très carré).

Acolytes : Chifflet, Chilhaud La Rigaudie (magistrats).

Enfants de chœur : le comte de Blangy, le marquis de Blosseville [2].

Distributeur d'eau bénite : baron de Vitrolles [3].

Distributeur de pain bénit : M. de la Pature [4] (jeu de mots).

Portechapes : comte de Coislin, comte du Botderu [5] (beaux-frères, les deux plus grands de nos collègues).

Suisses : Blondel d'Aubers [6], Coupigny (sans doute à cause de leurs queues).

Le bedeau : le chevalier Odoard [7].

L'organiste : Delamarre [8] (avocat au Havre).

Le souffleur : Clausel de Coussergue (un des rédacteurs de la Charte).

Le sonneur : Domingon de Bronsac [9] (allusion à son algarade à l'appel nominal dans la séance royale de 1815).

La crécelle : Cornet d'Incourt.

1. Jacques, marquis de Clermont-Mont-Saint-Jean, député en 1789 et de 1815 à 1816, maréchal de camp; né en 1752, mort en 1827.

2. Bénigne Poret, marquis de Blosseville, député de 1815 à 1816; né en 1768, mort en 1845.

3. Eugène-François-Auguste d'Arnaud, baron de Vitrolles, député des Basses-Alpes de 1815 à 1816, ministre d'État et membre du conseil privé le 19 septembre 1815, maréchal de camp le 7 janvier 1828, pair de France le 7 janvier 1830; né en 1774, mort en 1854.

4. Charles-Henri, chevalier de la Pasture, député de l'Eure de 1815 à 1816 et de 1820 à 1827; né en 1773, mort en 1854.

5. Hyacinthe-Antoine-Jean-Baptiste-Victor, comte du Botderu, député du Morbihan de 1815 à 1816 et de 1820 à 1827, maréchal de camp, pair de France le 5 novembre 1827; né en 1764, mort en 1834.

6. Louis-Marie-Joseph Blondel d'Aubers, conseiller à la Cour de cassation, député du Pas-de-Calais de 1815 à 1816 et de 1820 à 1821; né en 1765, mort en 1830.

7. Charles-Léonard, chevalier Odoard du Hazey, député de 1815 à 1816; né en 1774, mort en 1859.

8. Jacques-Armand Delamarre, député de la Seine-Inférieure de 1815 à 1816; né en 1757, mort en 1824.

9. François-Alpinien-Blaise Domingon de Bronsac, député de Tarn-et-Garonne de 1815 à 1816; né en 1791.

Rédacteur de l'*Ordo* : Étienne Feuillant 1 (ancien rédacteur d'un journal connu).

Grand pénitencier : D'Andigné de Maineuf (premier président de la cour royale d'Angers).

Grand inquisiteur : Reynaud de Tretz 2 (très grand et la terreur des Jacobins de Marseille).

Familiers de l'Inquisition : comte de Caumont 3, marquis de Forbin des Issarts 4.

Rapporteur du saint-office : H. de Sesmaisons (pour sa motion sur l'évasion de La Valette).

Entrepreneur des pompes funèbres : La Bourdonnaye (pour ses catégories).

Le fossoyeur : Duplessis-Grénédan (pour ses catégories).

Marguillier : le marquis de Puyvert 5.

Trésorier (sous caution) : Roux-Laboric (malice dont il riait lui-même).

Quêteur : le général Canuel.

Loueur de chaises : le vicomte Tabarié 6.

Pair ecclésiastique ayant fait la dédicace de la chapelle : M. le vicomte de Chateaubriand.

---

1. Étienne-Antoine Feuillant, député de Maine-et-Loire de 1815 à 1816; né en 1768, mort en 1840.

2. Charles-Jean-Baptiste-Jacques-Édouard, baron Reynaud de Tresse, député des Bouches-du-Rhône de 1815 à 1816; né en 1781, mort en 1863.

3. François-Philibert-Bertrand Nompar, comte de Caumont-Laforce, député de Tarn-et-Garonne de 1815 à 1818 et de 1824 à 1827, pair de France en 1839; né en 1772, mort en 1854.

4. Joseph-Charles-Louis-Henri, marquis de Forbin des Issarts, maréchal de camp, député de 1815 à 1816 et de 1820 à 1827, pair de France le 5 novembre 1827; né en 1775, mort en 1851.

5. Bernard-Emmanuel-Jacques Roux, marquis de Puyvert, maréchal de camp, député de 1815 à 1816, pair de France le 27 janvier 1830; né en 1755, mort en 1832.

6. Michel-Marie-Étienne-Victor, vicomte Tabarié, intendant militaire, député de 1815 à 1816; né en 1768, mort en 1839.

Note B (voir page 209)

M. le marquis, depuis duc de Rivière, était, avec le prince
de Polignac, l'ami de cœur du Roi, et son fidèle et dévoué
compagnon d'exil. Plusieurs fois Monsieur, comte d'Artois,
avait envoyé d'Angleterre le marquis de Rivière porter ses
ordres aux généraux vendéens, à ses risques et périls ; à l'un
de ces voyages dangereux, le prince avait donné son portrait
en médaillon à son brave serviteur, avec ces mots écrits derrière de sa main : *Ch.-Phil. de France, comte d'Artois, à son
féal ami le marquis de Rivière, 1796.* L'histoire de ce portrait est très remarquable, et j'en tiens le récit de M. de Rivière, en 1813. Impliqué en 1804 dans le procès de Georges, de
Pichegru et de Moreau, il fut arrêté, jugé et condamné à
mort, comme M. de Polignac. Bonaparte commua la peine capitale en détention indéfinie pour tous les trois. Réal, un des
préxaspes (*sic*) confidents du premier consul, lui dit que ce
grand acte de clémence faisait un très bon effet dans le public,
et qu'il était à même de faire, pour sa part, un grand plaisir à
M. de Rivière, qui était de lui rendre un portrait de M. le
comte d'Artois, trouvé dans les papiers qu'on avait saisis en
l'arrêtant. — « Un portrait du comte d'Artois ? dit Bonaparte,
apportez-le-moi. » Réal court le chercher. — « Est-il ressem-
blant ? » dit Bonaparte en le considérant. Sur la réponse
affirmative de son conseiller d'État, chef de police, qui avait
été nourri dans la maison du prince, Réal le père y ayant été
employé, le premier consul ne dit que ces mots : « Je le
garde, » et mit le portrait dans sa poche. En vain, à la
prière de Réal, qui voulut réparer sa faute involontaire, la
généreuse Joséphine promit de le chercher partout où son
mari pouvait l'avoir mis et oublié. Ici s'arrête le récit, que je
tiens de M. de Rivière lui-même.

LIVRE V

CHAPITRE PREMIER

Le nom de *déplorable* restait donc suspendu sur le
ministère Villèle, le seul monarchique, religieux et positif que la France ait vu depuis la Restauration ; le ministère Martignac n'aura, malgré ses forfanteries, que le nom
de *pitoyable.* Car il ne s'appellera pas le ministère à concessions : il n'en a pas conseillé une seule à la couronne
en la mettant au régime de l'ordre légal. « On nous accuse
« d'appeler la Révolution, on nous accuse d'aller de con-
« cessions en concessions. Certes, si concéder veut dire
« donner, octroyer, accorder, en vertu de son droit et de son
« pouvoir, les rois de France n'ont cessé d'aller de conces-
« sions en concessions. Mais, si l'on voulait entendre par
« ce mot de concession l'abandon d'une prérogative utile à
« la couronne, nous aimons à le déclarer, jamais le trône
« ne fera de pareilles concessions. » Ainsi, présenter une

loi d'élection qui assure tout son développement à l'influence révolutionnaire, avec un ferme propos d'ordonner aux agents du pouvoir royal de n'en exercer aucune; présenter une loi de presse qui prive le Roi de l'autorisation et de la censure, qui soumet le souverain au bon plaisir d'un tribunal par l'application ou non-application des peines; présenter la loi qui ôte à la royauté l'interprétation des lois, ce ne sont pas des sacrifices offerts aux exigences des factieux : c'est, dans le jargon de l'ordre légal, octroyer au peuple des grâces, des faveurs, des bienfaits. Les ministres du Roi ont consenti à toutes ces mesures, désarmement partiel et successif de la royauté, mais ils n'ont pas fait de concessions, ils n'en feront jamais; en effet, bientôt il n'en restera plus à faire. Aussi, au nom de l'ordre légal dont ils connaissent le dernier secret qu'ils sont impatients de dire et qu'ils diront, les frères et amis demandent, pour la session prochaine, l'organisation municipale, la recomposition libérale des conseils généraux et d'arrondissement, les justices de paix électives, la nomination de tous les fonctionnaires, le pouvoir royal en dehors ; enfin, pour qu'ils reconnaissent que la monarchie et les ministres du Roi entrent dans la bonne voie, dans l'esprit de l'ordre légal, il ne faudra pas que d'autres qu'eux et leurs amis soient revêtus du pouvoir, depuis les préfets jusqu'aux gardes champêtres, selon le vœu de M. Benjamin Constant dès 1818. Il est vrai de dire que les directeurs généraux et les préfets nommés par les ministres qui ne faisaient pas de concessions n'étaient pas à la hauteur du libéralisme carbonaro; ce n'étaient pas de ces immuables serviteurs sans peur et sans reproche, tels que le ministère Villèle les avait choisis pendant sept ans, sauf quelques erreurs; ce n'étaient encore que des affranchis de Decazes, tels qu'Angellier [1], Lascours [2], A. Talleyrand [3], Lezay-Marnésia [4], Fumeron d'Ardeuil [5], Feutrier [6], anciens préfets, ou de prétendus royalistes dits défectionnaires ; car il fallait que le ministère pitoyable, pour marcher tout en chancelant, soignât la coterie qui avait proclamé *déplorable* l'ancien ministère : ainsi l'habit de préfet fut mis sur le vicomte de Beaumont, sur le vicomte de Fussy, le comte de Preissac, sur le vicomte de Lézardière. Ce n'était pas le compte des révolutionnaires de toutes les nuances, mais, par galanterie, le ministère Martignac leur ménagea deux joies ineffables, et dont ils ont senti le prix : l'expédition de Morée et le voyage du Roi dans les provinces de l'Est. Ces deux parades à grand spectacle furent dédiées au libéralisme, dont il recueillit tous les fruits, en attendant mieux. La fameuse association philanthropique en faveur des Grecs, — fondée dans le temps par l'indispensable M. de Chateaubriand, MM. les ducs de Choiseul et Dalberg, et les Benjamin Delessert, Laffitte, A. Laborde, Lainé-Villevêque au pied de nez, A. Lameth, La Rochefoucauld dit Liancourt, Lasteyrie, Sébastiani, Staël, Ternaux, Villemain, sans oublier M. Cassin [7], l'agent

---

1. Angellier était préfet de l'Aude.

2. Jérôme-Annibal-Joseph Reynaud de Bologne, baron de Lascours, député au Conseil des Cinq-Cents, puis au Corps législatif, député du Gard de 1813 à 1822, préfet de la Drôme le 12 novembre 1828, puis des Ardennes le 10 décembre suivant ; né en 1761, mort en 1835.

3. Alexandre-Daniel, baron de Talleyrand-Périgord, député du Loiret de 1815 à 1822, préfet de la Nièvre en 1828, pair de France en 1838 ; né en 1776, mort en 1839.

4. Albert-Magdelaine-Claude, comte de Lezay-Marnézia, député du Lot de 1816 à 1820, préfet du Rhône de 1817 à 1822 ; puis de Loir-et-Cher en octobre 1828 ; né en 1772, mort sénateur du second empire en 1857.

5. Marie-Louis-Maurice Fumeron d'Ardeuil, préfet, puis conseiller d'État, député de 1834 à 1839 ; né en 1783, mort en 1870.

6. Alexandre-Jean, baron Feutrier, frère de l'évêque de Beauvais, préfet de Lot-et-Garonne, pair de France en 1835 ; né en 1787, mort en 1861.

7. Eugène Cassin, auteur d'un *Almanach philanthropique*, publié en 1826.

du comité comme il est l'agent de celui de l'instruction élémentaire, les deux sociétés marchant au même but, — l'association philanthropique en faveur des Grecs n'était depuis longtemps, aux yeux de tous les bons esprits, qu'une mystification que le libéralisme révolutionnant exploitait à son profit. L'héroïsme des chrétiens de la Grèce, que Pozzo di Borgo appelait avec raison des juifs qui font le signe de la croix, et, si l'on veut, la justice de leur cause, étaient ce qui touchait le moins les associés. Mais ils poussaient à un armement solennel, parce qu'il entrait dans leurs combinaisons. La monarchie avait eu sa guerre d'Espagne ; le libéralisme avait eu mal au cœur de ses carbonari : il lui fallait sa petite guerre de Morée. La campagne d'Espagne avait valu le bâton de maréchal de France au digne prince de Hohenlohe ; la campagne de Grèce devait valoir le bâton à un des féaux des frères et amis. Aussi le collège libéral avait destiné le commandement, non pas cette fois à Monsieur le Dauphin, mais à S. S. le marquis Maison : le Roi le voudrait, cela allait sans dire. Le ministère Martignac, Monsieur le Dauphin lui-même, et le Roi par conséquent, trouvèrent toutes ces compensations dans l'ordre légal. Vous pouvez lire l'expédition de Morée, où il n'y eut point même de perdu le petit doigt d'un vainqueur, dans le rapport officiel du général en chef lui-même. Le voici, traduit littéralement en chanson, comme il méritait de l'être.

L'Expédition de Morée

(Pot-pourri)

Air : *Chantez, dansez, amusez-vous.*

Amusez-vous, allez au bal,
Sautez, dansez, belle jeunesse.
Nous revenons au carnaval,

Tout Paris est dans l'allégresse ;
Allons, bastringue général :
La danse est dans l'ordre légal.

Je n'aimai jamais à sauter ;
Et pour égayer ma soirée,
Je vais m'amuser à chanter
L'expédition de Morée ;
Et puis j'enverrai ma chanson
A monsieur le marquis Maison.

Air : *Je le compare avec Louis* (des *Trois fermiers*).

Le *Courrier* beugle : Ordre du jour !
« La délivrance de la Grèce. »
Ce goujon de la grande espèce,
Chaque sot l'avale à son tour.
Des amis le club se rassemble,
Et le *Courrier* dit : Il me semble
Qu'il est bon (*bis*) de beugler ensemble.

Air *des Fraises*.

Le général des *Débats*
Met donc sa bandoulière :
Il crie aux marchands de bas,
Il crie aux marchands de draps :
La guerre, la guerre, la guerre !

Air : *A boire, à boire, à boire.*

La guerre, la guerre, la guerre !
La guerre par mer et par terre ;
La guerre est le cri des badauds,
Échos des faiseurs de journaux.

Air du vaudeville du *Sorcier*.

Dans la Chambre démagogique,
Soudain plus d'un nouveau Titan
Ressent l'étincelle électrique,
Tout comme Monsieur Gaëtan [1],
De nos ci-devant patriotes.

1. Frédéric-Gaëtan, marquis de la Rochefoucauld, député du Cher de 1827 à 1848 ; né en 1779, mort en 1863.

Ces singes qui font mal au cœur
Vont criant et sans faire peur :
Dussions-nous perdre nos culottes,
Dussions-nous manger du pain sec,
    Vive le Grec !
    Vive le Grec !

Air : *Eh ! mais oui-da !*

Pour délivrer l'Attique,
L'Attique et cætera,
L'opinion publique[1]
Veut qu'on aille, on ira :
Eh ! mais oui-da !
Comment Mahmoud va-t-il trouver tout ça ?

Air : *Vive le vin !*

Le rendez-vous est à Toulon.
On pourra passer l'Hellespont,
Voir l'Asie, aller jusqu'à Burse ;
D'abord le général Tiburce
Promet un chemin tout uni ;
Et puis l'Institut a fourni
Monsieur Guizot pour Quinte-Curce.

Air : *Qu'il pleuve, qu'il vente, qu'il neige.*

Qu'il pleuve, qu'il grêle, qu'il neige,
Le départ, il faut qu'on l'abrège ;
Que de chevaux ! que de ballots !
Que de shakos sont sur les flots !

Air : *Avec Iseult et les amours.*[2]

Sous les auspices du zéphir,
La flotte se met en voyage :
Chacun, bien sûr d'en revenir,
Sans pressentiment à bannir,
Dit gaiement : Il faut convenir
Que nous ne faisons qu'un voyage,

1. Les ministres de l'ordre légal disaient qu'ils suivaient pas à pas l'opinion publique.
2. Sébastiani.

O Grèce, qu'il tarde à nos cœurs
De saluer ton beau rivage !
Terre des belles, des sculpteurs,
Des peintres et des orateurs,
Nous qui sommes des amateurs,
Nous allons faire un doux voyage.

Air : *O filii et filiæ.*

Général de l'opinion,
Le chef de l'expédition
Est monsieur le marquis Maison,
    Et pour raison.

Air de *Marlborough.*

Maison s'en va-t-en guerre.
A qui Maison va-t-il la faire ?
Maison a touché terre,
Où porte-t-il ses pas ?
Où porte-t-il ses pas ?
Maison ne le dit pas.
Ce sont là des mystères,
De Maison ce sont les affaires
Dont les amis et frères
Diraient le mot tout bas.

Diraient le mot tout bas.
Ne demandez donc pas,
Quand Maison va-t-en guerre,
A qui Maison va-t-il la faire ?
Maison fera la guerre,
Ou ne la fera pas.

Ou ne la fera pas ;
Car arrivé là-bas,
Maison pour ne rien faire,
Rien qui puisse au Grand Turc déplaire.
Dira faisant la guerre :
Nous ne la faisons pas.

Air : *On va leur percer le flanc.*

Notre invincible armement
En plein plan, rian tan plan, tire lire plan *(forte)*,
Pense à son débarquement :

Ah ! que nous allons rire,
Rian tan plan, tire lire :
On dit : Messieurs, un moment (*historique*) ;
Rian tan plan, rian tan plan, tire lire p'.an (*piano*),
Notre invincible armement
Ne sait, ma foi, qu'en dire.

Air : *Réveillez-vous, belle endormie.*

C'est la voix des trois Excellences,
Le trio pacificateur,
Qui parle au nom des trois puissances (*hist.*),
Sauf à le dire au Grand Seigneur.

Air : *Ne dérangez pas le monde.*

La voix dit : Sur ce rivage (*hist.*)
Gardez-vous bien de rester ;
Car Ibrahim déménage
Et vous allez tout gâter ;
Que le diable vous confonde,
Notre homme fait ses paquets :
Ne dérangez pas son monde ;
Laissez chacun comme il est.

Air : *Ne voilà-t-il pas qu' j'aime.*

Maison dit : Cela n'y fait rien,
L'armée est en tenue ;
Vos Excellences voudront bien (*hist.*)
La passer en revue.

Air : *Vous voulez me faire chanter.*

Mais tout est calculé de près
Chez les hauts diplomates,
L'un en pantalon vint exprès (*hist.*),
L'autre presque en savates :
Sa Seigneurie aux compliments
En France accoutumée
Dit : Mais croirait-on que ces gens
Viennent voir mon armée ?

Air : *C'est le meilleur homme du monde.*

Il arrive un gros homme brun
Et qui relevait sa moustache.
C'est Ibrahim, a dit quelqu'un
Qui du grand cercle se détache ;
On le présente au général ;
Ibrahim salue à la ronde,
Et chacun dit : Il n'est pas mal,
Il a l'air d'un homme du monde.

Air du *Portrait du diable.*

Il marchait, le fier infidèle,
  Droit comme un pin,
Il avait de l'ange rebelle
  Le regard fin :
Et sa dure et noire prunelle
  Disait enfin
Qu'il était bien ce qui s'appelle
  Un fier lapin.

Air : *Lampons, camarades, lampons.*

Au banquet, le verre en main,
On vit le prince africain
S'exécuter des premiers,
Disant : Je bois aux guerriers ;
Puis en sablant le champagne,
Le tokai, les vins d'Espagne,
Il dit : Buvons, camarades, buvons.

Air du trio de l'*Amant statue.*

  En militaire,
Adieu, dit-il, braves Français :
Veuille Allah la paix (*bis*) ou la guerre ;
Amis de loin (*bis*) comme de près,
Adieu vous dis, braves Français,
  En militaire.

Air : *J'lui casserai la gueule et la mâchoire.*

Sitôt qu'à la voile il a mis
Le général dit : Mes amis,

A présent, marchons à la gloire :
Nos soldats prennent leurs fusils [1],
Mais les ennemis, où sont-ils ?
  Nom d'un chien,
  Qu'ils s' tiennent bien ;
On cass'ra leur gueule et leur mâchoire.

Air : *Réveillez-vous, belle endormie.*

Pour le coup la fièvre héroïque
Saisit le général Maison ;
Voilà le corps diplomatique
Qui revient lui parler raison.

Air du *Mirliton.*

Vous venez, mon capitaine,
Comme ami de la maison ;
Notre onguent miton mitaine
Est ici mieux de saison
Que vos mousquetons, mousquetons, capitaine,
Que vos mousquetons, don don.

Air de la *Soirée orageuse.*

Ces bons Turcs sont chacun chez eux (*hist.*).
Faites avancer votre armée ;
Ce n'est que de leurs pot-au-feu
Que vous pourrez voir la fumée :
Dans les combats vous ne ferez,
Soyez-en sûrs, aucunes pertes ;
Car, Messieurs, vous n'enfoncerez
Partout que des portes ouvertes.

Air : *Ciel ! l'univers va-t-il donc se dissoudre ?*

Pourquoi donner le signal de la guerre ?
Il est donné sous les murs de Coron :
Voilà qu'une vivandière
Reçoit sur son chapeau rond
Un coup de pierre !
Dieux ! quel affront !

1. Voyez le rapport officiel.

Maison de bas en haut
Ne voit personne ;
Mais il ordonne
Marche en colonne,
Et : Montez à l'assaut.

Air du *Pas redoublé.*

Les colonels font vivement
Avancer leurs cohortes.
Tous les Turcs, fort tranquillement,
Fumaient devant leurs portes.
Tiburce, la flamberge au vent,
A dit : Sonnez, trompettes ;
Et vous, grenadiers, en avant ;
Croisez la baïonnette !

Air de la *Croisée.*

Un chasseur (ils n'ont peur de rien)
Escaladait une croisée ;
Un Turc lui dit en bon chrétien :
Monsieur, la brèche est plus aisée ;
Il courut lui donner la main
Pour qu'il n'attrapât point d'entorse.
A l'ordre on mit le lendemain :
Coron fut pris de force.

Air : *Que ne suis-je la fougère !*

Ainsi le Turc sanguinaire,
Que tel veut voir étouffé,
Offrait à l'armée entière
Et sa pipe et son café :
Mais c'est un ami funeste,
Je ne l'ai pas contesté ;
Il peut vous donner la peste
Avec l'hospitalité.

Air : *Si des galants de la ville.*

Il fallut donc hors la ville
Tenir l'armée au bivouac,
Quoiqu'il ne fût pas facile
Que chacun eût même un sac,

Pour qu'on ne fît rien qui vaille
Dans cette expédition,
Le foin, l'avoine et la paille
Durent venir de Toulon.
Quoiqu'il ne fût pas facile
Que chacun eût même un sac,
Il fallut bien hors la ville
Tenir l'armée au bivouac.

Air : *Femmes, voulez-vous éprouver.*

Hommes, voulez-vous éprouver
Ce qu'on sent à la belle étoile
Quand on y couche sans trouver
Le plus petit morceau de toile ?
Nos gens criaient, jusqu'aux tambours,
En pestant après la nature ·
Sol des beaux-arts et des amours,
Que la terre classique est dure !

Air : *Avec les jeux dans le village.*

Le soldat, sans voir un village,
Sentant un appétit urgent,
Cherchait des vivres, du fourrage
Sans en trouver pour son argent ;
Il rencontrait, sur son passage,
Ruisseaux, bosquets, mais point de pain,
Et je ne connais pas d'ombrage
Qui mette à l'abri de la faim.

Air : *Connaissez-vous tous les on dit ?*

On dit que la voix du soldat
Est souvent très sensée.
L'armée appelait Catinat
Le père la Pensée :
Le marquis Maison
Eut donc son surnom,
Nom presque élégiaque :
C'est avec raison
Qu'on nomma Maison
Le père la Baraque (*hist.*).

Air : *A la façon de Barbari.*

La maison du cher général (*hist.*)
Fut faite avec les planches
Qui devaient faire un hôpital
Qu'on fit avec des branches :
Il fut bien logé, Dieu merci,
Là-bas comme ici,
Presque comme ici ;
Et nos malades, grâce à lui, biribi,
A la façon de Barbari, mon ami.

Air : *De tous les capucins du monde.*

Une unique et seule fontaine
Aux fiévreux suffisait à peine (*hist.*) ;
Leur bon voisin le général,
D'une humanité sans seconde,
Mit un poste et son caporal
Pour en éloigner tout le monde.

Maison s'en réserva l'usage
Pour ses chevaux et son ménage.
C'est mal, monsieur le général ;
Vous permettrez qu'on vous réponde
Qu'on sait quand on est libéral
Que l'eau coule pour tout le monde.

Air : *Où allez-vous, monsieur l'abbé ?.*

Puis on dit : ce n'est pas pour rien
Que le Grec est un mauvais chien ;
Car du camp sans escorte.... Eh bien ?
Quand on passait la porte....
Vous m'entendez bien.

Air : *Nous nous marierons dimanche.*

Oui, le Grec là-bas
Ne s'informe pas
Si votre cocarde est blanche ;
Et pour ses amis
Ou ses ennemis
Porte un poignard dans sa manche.

Enfant du sol,
C'est vers le vol
Qu'il penche;
Et comme à Sparte
Il avait carte
Blanche.
Sur tout son prochain
Le Grec met la main,
Un lundi comme un dimanche.

Air : *Sous le nom de l'amitié.*

Pour lui c'est par amitié
Que nous faisons la guerre ;
Ne nous étonnons guère,
Pour prix de cette amitié,
Si Mahmoud au derrière
Nous donne un coup de pié,
A moitié par pitié,
Le tout de bonne amitié.

Air : *Allez-vous-en, gens de la noce.*

Ainsi finira la croisade
Qu'on nomme avec juste raison
Une libérale cacade :
Car Monsieur le marquis Maison,
Terminant sa belle ambassade,
Prit son chapeau, puis dit ces mots :
Allons-nous-en, mes camarades,
Car on tient de mauvais propos.

Air de la *Piété filiale : Jeunes enfants, cueilles des fleurs.*

Pour prix de ces exploits fameux
Qui figureront dans l'histoire,
La Grèce nous fait les doux yeux.
Les frais resteront pour mémoire.
Il faut payer le général,
Toute peine vaut son salaire ;
Et dans ce parfait libéral
Le plus fin des Grecs voit un frère.

Air de la *Piété filiale : Mes chers enfants, unissez-vous*

> Ces bons enfants ils ont dit tous :
> Au noble pair il faut qu'on pense,
> Car s'il a bien mérité de la France,
> Il n'a pas moins bien mérité de nous.
> A sa couronne triomphale
> Ajoutons donc quelques fleurons ;
> Et sur l'offrande en or nous écrirons :
> « Récompense nationale. »

Air : *Monsieur le prévôt des marchand* .

> Dans ses armes on va donc voir
> Deux petits canons en sautoir,
> Tous deux armés de leurs canules,
> Et, par vœu de la nation,
> Devise en lettres majuscules :
> « C'est pour l'évacuation. »

Air : *Que Pantin sera conten*

> Que Maison sera content
> D'avoir cette récompense !
> Maison sera-t-il content ?
> Il n'en a pas l'air pourtant.
> J'y vois mal apparemment,
> Je me trompe assurément ;
> Car en arrivant en France
> Maison sait ce qui l'attend.
> Oui, Maison sera content
> S'il est maréchal de France [1]
> Et Maison sera content.
> Messieurs, le bâton l'attend.
> Quoi, le bâton ! dira-t-on ;
> Mais son appétit est donc
> Encor plus grand que sa pans ?
> Messieurs, je ne dis pas non :
> Mais moi j'irai tout de bon
> Voir passer Son Excellence,

1. La promenade militaire de Morée finit en novembre ; le 2 février suivant, le général en chef fut fait maréchal de France !!!

Malgré le qu'en dira-t-on,
A cheval sur son bâton.

Air : *Monseigneur, vous ne voyez rien (Annette et Lubin).*

(Allocution à Monsieur le Dauphin)

Monseigneur, vous ne voyez rien
De ce que cela signifie.
Monseigneur, regardez bien,
Car c'est vous que l'on mystifie ;
Craignez pour plus d'une raison
Les libéraux et leur maison ;
Ce sont, ce sont bien
Des Français qui ne valent rien.

Mais comme il faut être chrétien,
Ne vous mettez pas en colère ;
Contre eux pourtant vous aurez bien
Quelque petite chose à faire ;
Monsieur Pincé, pour trois raisons,
Les logerait dans vos prisons
Où l'on est si bien.
Mais Monseigneur n'en fera rien.

Tandis que, le 17 août, avait commencé la parade dite expédition de Morée, représentation au bénéfice moral du libéralisme, les ministres à concessions trouvèrent qu'ils lui seraient agréables en conseillant au Roi un voyage dans les provinces de l'Est, c'est-à-dire dans tous les bourgs pourris, les domaines politiques et industriels des manufacturiers les plus révolutionnaires. Le Roi n'avait pas d'ennemis en France, et le Roi avait visité en 1827 les industrieuses, agricoles, religieuses et royalistes provinces du Nord. On se promettait bien que le prince ni son fils ne s'apercevraient pas que le voyage de 1828 serait, dans l'intention des ordonnateurs de fêtes, la parodie du voyage de 1827, mais qu'il aurait toutes les apparences du respect, du dévouement et de l'amour les plus sincères, et que les fausses démonstrations porteraient leurs fruits plus tard.

Le Roi, accompagné de Monsieur le Dauphin, du ministre de l'intérieur, et de quelques officiers de sa maison, alla de Châlons-sur-Marne à Verdun, à Metz, et enfin à Saverne.

Partout les populations tout entières accouraient pour porter à Sa Majesté le tribut de leur amour et de leur dévouement : les cités et les villages même étaient ornés d'arcs de triomphe, les rues jonchées de fleurs, remplies d'une population ivre de joie, avide de contempler les traits d'un souverain dont la bonté gracieuse trouvait toujours dans son cœur de quoi répondre à tant d'amour. Ce n'avait été de Paris à Saverne qu'une suite de fêtes : il ne tenait qu'à Charles X de se croire revenu à Lille et à Cambrai. L'Alsace, qu'on avait dit avoir des répugnances contre les Bourbons, semblait avoir mis dehors toutes ses richesses, toute son industrie, toutes ses prospérités, pour témoigner dignement au souverain les sentiments qu'inspirait sa présence. Tout y annonçait la joie et le bonheur, l'amour et le dévouement : partout les groupes innombrables d'habitants dans le costume de fête du pays, des jeunes filles couronnées de fleurs, vêtues comme leurs aïeules, offraient le spectacle enchanteur d'une population aisée, laborieuse et dévouée. C'est au milieu de ce cortège, sur une route qu'on pourrait littéralement appeler un chemin de fleurs, que le Roi arriva, le 7 septembre, à Strasbourg. Le prince reprit la route de la capitale, y rapportant la plus grande satisfaction et les souvenirs les plus touchants d'un voyage que l'opinion libérale a célébré comme un triomphe pour elle [1].

Sans doute le prince a pu croire aux naïfs sentiments de respect et d'amour que lui manifestaient les masses;

1. *Annuaire* de Lesur, 1828. — On a publié, en 1828, le *Voyage du Roi dans les départements de l'Est et au camp de Lunéville* (Paris, de l'Imprimerie royale, in-8 de 213 p.).

mais les masses sont menées et ne mènent pas. Les révolutionnaires, au contraire, ont dû célébrer ce voyage
comme un triomphe pour eux : le but de leurs arrière-
pensées sera atteint, et la France pourra, malheureusement pour elle, ne pas tarder à le connaître. Un jour
viendra peut-être, ce qu'à Dieu ne plaise ! où les adula-
teurs de 1828, de Belfort à Colmar, à Mulhausen, à Strasbourg, diront impudemment dans un de leurs journaux
officiels : « Lorsque nous jurions fidélité à Charles X et
« obéissance à la Charte, lorsque nous étourdissions ce
« monarque de nos protestations d'amour, lorsque nous
« couvrions pour lui nos routes d'arcs de triomphe, lorsque
« nous rassemblions les populations sur son passage pour
« le saluer de mille acclamations, lorsque nous semions
« l'adulation sur ses pas, tout cela n'était qu'une feinte,
« à l'aide de laquelle nous cherchions à nous dérober aux
« chaînes dans lesquelles il s'efforçait de nous enchaîner.
« Détrompez-vous, pairs, députés, magistrats, simples
« citoyens, nous avons joué une comédie de quinze ans ! »
Et peut-être, entre le voyage et ces étranges et impudents
aveux, n'y aura-t-il qu'un an et quelques mois d'intervalle.

Ce ne sont pas les nouvelles nominations de députés
qui promettaient d'arrêter le cours des événements : les
Jacqueminot, les Simmer, les Chardel, les Lamarque,
Humann, Voyer d'Argenson, Daunou, assuraient des auxiliaires au côté gauche de la Chambre élective. Le ministère Martignac perdit en ce moment son plus noble
appui, par la retraite de M. de la Ferronnays, pour cause
de santé. Le Portalis lui succéda aux affaires étrangères;
il changea sa simarre et son mortier contre un chapeau à
plume et un habit brodé, sans que cela dût rien changer à
la face des choses; seulement on a dit en riant que le
petit homme grandissait puisqu'on le mettait en culottes.

Une métamorphose plus merveilleuse fut celle de Bourdeau [1], directeur général de l'enregistrement, en garde des sceaux, ministre de la justice. La condition de spécialité et capacité ne se trouvait pas dans le directeur général de l'enregistrement et des domaines, pas plus quand il y était arrivé ex-procureur général d'une Cour royale du second ordre; mais, d'un procureur général à Limoges, devenir de plein saut garde des sceaux, l'enjambée était un peu forte, même pour un ci-devant royaliste, aujourd'hui de la défection. Le mortier et la simarre de M. de Peyronnet empêchaient de dormir le Thémistocle limousin, qui n'était pas pourtant de toupet à dire : « Frappe, mais écoute. » (Voyez la note ci-dessous en ce qui regarde la proposition Barthélemy.) Mais M. de Peyronnet, indépendamment de son mérite relativement incomparable au très mince mérite de M. Bourdeau, était déjà dans la sphère élevée de la magistrature, comme procureur général à la Haute cour de justice dans le procès des conspirateurs du 19 août, lorsqu'en décembre 1821 il fut nommé garde des sceaux. Barbé-Marbois, Pasquier excepté, de Serre, Peyronnet, Portalis avaient été précédemment de hauts fonctionnaires ; mais le choix de M. Bourdeau était par trop obscur et par trop bourgeois, même dans l'ordre légal. Mais il était député, et de la défection encore, et je dois me souvenir qu'en 1821 M. Roy, ministre, me disait, dans son cabinet, qu'un député, un député pur et simple, pouvait être nommé à tout. D'après cette explication, au lieu de s'étonner de voir le petit Bourdeau en simarre, la magistrature, le barreau, le public, ont dû être aussi satisfaits que Son Excellence elle-même.

1. Voir note A, à la fin du chapitre.

Il est vrai de dire que Son Excellence M. Bourdeau n'avait été, au premier moment, qu'un quasi-garde des sceaux, sous le nom de sous-secrétaire d'État à la justice, pour préparer à l'événement, c'est-à-dire à l'avènement; comme Son Excellence M. Portalis n'avait été d'abord qu'un quasi-ministre des affaires étrangères, un ministre par intérim; mais M. le prince de Laval [1] avait refusé le fardeau. Et le ministre Portalis, en pied cette fois, et le garde des sceaux Bourdeau, déguisé sous le large cordon de la Légion en sautoir, furent révélés au public. La harpe éolienne Martignac, pour prêter son nom au ministère, lui donnait des sons doux, mais point d'accord, point de système, point d'influence parlementaire qui ne lui coûtât une concession, pour espérer une majorité au jour le jour quand la session de 1829 allait s'ouvrir. Les fanfaronnades de tribune d'Hyde, comte de Bemposta, ne rassuraient aucun de ses collègues, pas même M. Roy, qui était un ministre positif, puisqu'il était aux finances. Aussi tous les conseillers de la couronne approuvèrent-ils une tentative de remaniement de cabinet. M. le prince de Polignac [2] fit incognito à Paris un voyage qui fut la nouvelle du jour : c'était de l'aveu de Monsieur le Dauphin, de Martignac, de Portalis, et surtout de M. le comte Roy, qui avait une immense fortune et territoriale à conserver. Ils voyaient la presse possédant une puissance démagogique, les élections entre les mains des factieux, ces nouveaux ligueurs unis pour renverser, mais leur division, le lende-

1. Anne-Adrien-Pierre de Montmorency-Laval, prince, puis duc de Laval, maréchal de camp, pair de France, ministre d'État le 9 janvier 1822, ambassadeur à Rome la même année; né en 1768, mort en 1837.

2. Augustin-Jules-Armand-Marie, prince de Polignac, pair de France le 17 août 1815, ambassadeur à Londres en 1823, ministre des affaires étrangères le 8 août 1829 et président du conseil le 17 novembre suivant; né en 1780, mort en 1847.

main du triomphe, amenant des désordres inévitables où les plus riches étaient les plus exposés. Roy, l'ultramillionnaire en terres, en châteaux, en forêts, Roy eut peur, et appelait de son vœu M. de Polignac. L'Angleterre et l'Autriche témoignaient dans leurs journaux, *le Courrier* et *l'Observateur autrichien*, qu'elles n'étaient pas désintéressées dans ce revirement de système du mal au bien en France dont la nomination de M. de Polignac serait l'insigne visible : il ne s'agissait que de s'entendre, dans la recomposition d'un ministère, sur ceux des ministres actuels qui resteraient ou sortiraient. On ne s'entendit pas, ce qui était aisé à prévoir; M. de Polignac repartit, après une apparition à la Chambre des pairs et une très noble profession de foi politique, et les conseillers de la couronne, sous la raison de Martignac, restèrent dans la pitoyable position du *statu quo*. Le parti, ou plutôt la faction révolutionnaire, grâce à la loi sur les listes électorales qui portait ses fruits, s'était renforcé des noms antilégitimistes de Lachèze, de Thomas [1], de Tribert [2], d'Hernoux [3], de Bosc [4], de Legendre [5], et des généraux Lamarque et Clauzel, qui s'étaient fait trop bien connaître dans les Cent-jours. On ne peut pas nier cependant quelques libéraux de convertis ; il en est jusqu'à un que je pourrais compter : M. Cottu, de la Cour royale, d'abord affranchi

---

1. Joseph-Antoine Thomas, député des Bouches-du-Rhône de 1829 à 1831 ; né en 1776, mort en 1839.

2. Pierre-Louis Tribert, député des Deux-Sèvres de 1829 à 1848 ; né en 1781, mort en 1853.

3. Étienne-Nicolas-Philibert Hernoux, député de la Côte-d'Or de 1817 à 1824 et de 1829 à 1837 ; né en 1777, mort en 1861.

4. Paul-Jean-Antoine Bosc, député de l'Aude le 28 décembre 1828; né en 1770, mort en 1851.

5. Alexandre-Joseph Legendre, député de l'Ain le 29 septembre 1829, continua à siéger à la Chambre des députés après 1830 ; né en 1782, mort en 1861.

de Decazes, ensuite caudataire de M. Séguier, et, comme lui, politiquement antijésuite, revenait à résipiscence : son premier acte de contrition, qui fut, il faut le dire à sa louange, suivi de beaucoup d'autres, se fit à Bordeaux, et se répéta à Lyon. Et voici comme : ce n'est point un conte, c'est un fait historique.

M. Cottu ou les restrictions

Monsieur Cottu, sans médisance,
Cité parmi les libéraux
Les plus fameux et les plus chauds,
En Angleterre comme en France,
Chez les jésuites de Bordeaux
Fait élever de préférence
Ou jouvencel ou jouvenceaux,
Car le chiffre est sans conséquence ;
C'est son marmot ou ses marmots.
Il disait donc : Père Desplaces
(Père Desplaces, c'est le nom
Du digne chef de la maison) ;
Il lui disait : Je vous rends grâces
De la belle éducation,
Des bons soins, de l'attention,
Que vous donnez aux miens, mon Père
Ma reconnaissance est entière,
Vous êtes mes meilleurs amis :
Je suis parmi vos ennemis
Dans notre Cour, par bienséance ;
C'est affaire de circonstance.
Penser de vous ce que j'en dis,
Non, sur ma part de paradis,
Père, honni soit qui mal en pense !
Chez nos bons Pères de la foi,
Quand vous irez, venez chez moi :
Ne descendez pas chez un autre,
Oui, que ma maison soit la vôtre,
Je serai content comme un roi.
— Monsieur, vous êtes trop aimable
Mais de Bordeaux je ne sors pas.
Vous allez à Lyon de ce pas :

S'il pouvait vous être agréable
D'y rencontrer fort bonne table,
Fort bons vins du Rhône, entre nous,
Et des gens d'esprit comme vous,
Si vous vouliez me le permettre,
Je vous donnerais une lettre ;
A Lyon j'ai mon frère curé :
C'est dit et fait du meilleur gré.

Cottu voit la ville où le Rhône,
Du mont Adule descendu,
Vient, après qu'on l'a cru perdu,
Recevoir dans son lit la Saône....
Bref à Lyon notre homme est rendu.
Il remet la lettre de change ;
L'abbé Desplaces, le curé,
De son hôte s'est emparé,
Et voici comment il s'en venge.
Car enfin si monsieur Cottu
Porta dans son cœur un jésuite,
Pourquoi diable en dit-il ensuite
Du mal à bouche que veux-tu ?
Le curé met tout par écuelle,
D'un banquet il fait les honneurs.
Les convives sont bons railleurs ;
De la *Gazette universelle*
On y voit tous les rédacteurs.
Le conseiller et les convives
Pour l'esprit étaient tous au pas :
Fins et bons propos, gaieté vive,
Le sel français ne manqua pas.
Mais l'abbé particularise.
Voici qu'il met sur le tapis
Les jésuites et, pour le pis,
Voilà qu'il les caractérise,
Et le conseiller entre en crise.
Quand arrivèrent les santés,
Il fallut boire le calice.
Le curé dit avec malice :
Monsieur Cottu, vous consentez ?
A la santé de ces bons Pères,
Les bons jésuites enseignants,
Élevant si bien nos enfants !
Sur ce point la cause est commune,

Allons, monsieur Cottu, portez !
Faisant bon cœur contre fortune,
Enfin il s'est exécuté.
Va, dit-il, pour une santé !
A ces bons Pères j'en porte une.
Messieurs, qu'il soit fait mention
Que c'est avec restriction.
Accordé. La grande victoire
Consistait à l'avoir fait boire
A la santé, bon gré, mal gré,
Du soi-disant corps abhorré.
Monsieur Cottu n'en fut pas quitte.
Par ses paroles il fut pris :
Le curé frère du jésuite
Se lève en homme bien appris,
Et puis d'une voix théâtrale
Qu'accompagne un profond salut :
A la santé, monsieur Cottu,
Dit-il, de votre Cour royale !
Qu'il n'en soit pas fait mention,
Car c'est avec restriction.
Le conseiller fut fait au même.
Il est beau joueur, au surplus,
Et ce n'est pas un Nicodème.
Mais on dit que monsieur Cottu
Jura, quoiqu'un peu tard, qu'on ne l'y prendrait plus.

Mais, sérieusement parlant, le quasi-converti ne tarda pas à faire une abjuration entière, et à rompre avec la faction. Il ne tarda pas à le prouver par ses écrits, ses actes publics et des paroles solennelles, d'autant plus instructives qu'il connaissait mieux les conspirateurs de la Chambre et du dehors, ayant été dans leurs rangs et dans les conciliabules des chefs. « On ne sait pas comme moi, a-t-il dit et redit, ce qu'il y a de sang dans les pensées de plusieurs, et de crimes dans les vœux de tous. » En effet, sans être initié dans leurs mystères, on sait qu'un de leurs coryphées, le général Foy, disait, dès 1825, à Toulouse, au général Vavasseur [1], qu'il ne persuadait pas : « Il faut des

1. Le baron Levavasseur, maréchal de camp le 11 avril 1823.

bouleversements pour que les supériorités se classent. »
Et, quand leur part est faite, elles s'arrêtent et résistent à
leur tour aux supériorités en mécompte qui veulent aussi
faire leur part.

NOTE DE L'AUTEUR [1]

(Voir page 253)

Voici les antécédents de l'honnête Limousin. Ce brave
homme était, avant la Restauration, avocat à Limoges. Une
vieille dame riche le consulta sur les moyens d'assurer sa
fortune à ses parents, qui étaient émigrés. Bourdeau lui déclara
que le moyen le plus sûr était qu'elle lui laissât son bien en
fidéicommis ; la dame mourut, et il hérita. Tout le public le
blâma de s'être enrichi des dépouilles des légitimes héritiers,
lui, étranger, et qui, jusque-là, avait passé pour un homme délicat : il resta silencieusement en état de suspicion. Les temps
devinrent meilleurs, les parents émigrés reparurent : Bourdeau leur rendit compte comme un tuteur et leur restitua toute
la fortune. Dans les Cent-jours, se trouvant par circonstance
à la table du général commandant, on tira des boîtes, car il
n'y a pas de canons à Limoges, pour quelque bulletin triom-
phant, la veille de Waterloo. L'honnête Bourdeau fit un haut-
le-corps. « Vous avez peur, Monsieur ? dit le général. —
« Non, répondit-il, mais j'ai honte. » Avec de tels antécédents,
Bourdeau, nommé député de la Haute-Vienne en 1815, fut reçu
par les royalistes avec amitié et considération. Il vota et pensa
longtemps comme nous, et pensa même mieux que ne le per-
mettait son caractère. Lors de la proposition de M. Barthé-

---

1. Dans cette note, l'auteur se répète : voir t. I, p. 268-270.

lemy, soutenue à la Chambre élective, et qui nous valut la fournée des soixante pairs de M. Decazes, Bourdeau, emporté par le zèle, déclara devant nous, chez M. Lainé, qu'il voudrait avoir trois places de procureur général à perdre, et qu'il voterait, au prix coûtant, pour la proposition du noble pair. Nous l'engagions avec éloges à plus de circonspection, vu qu'il était fonctionnaire amovible. *Risum teneatis, amici :* le garde des sceaux de Serre qui, par erreur, était alors dans les eaux de Decazes, dit laconiquement à notre brave collègue : « Vous parlez d'or en faveur de la proposition que nous com-« battons; si vous ne parlez pas, si vous ne votez pas contre, « — et vous montrerez votre boule noire au secrétaire officiel « (le prince Amédée de Broglie), — vous serez destitué. » Et Bourdeau parla, et Bourdeau vota contre la proposition Barthélemy. J'ai dû dire à ce royaliste défectionnaire toutes ces vérités, parce que, dans son opposition hostile, la mauvaise foi venait au secours de son ambition vaniteuse et de son animosité méprisable. Bourdeau, en 1828, lors de la vérification des pouvoirs, ne craignit pas de se joindre aux dénonciateurs qui élevaient une difficulté oiseuse contre l'élection de son collègue de députation Moulnier-Buisson, député depuis 1815, le plus estimable et le plus modeste des hommes, et son ami à lui-même avant sa défection; mais il était du côté droit de la Chambre, et c'était une voix que Bourdeau le défectionnaire concourait à ôter ou à suspendre. La honte et l'odieux de sa mauvaise foi et de sa lâcheté lui demeurèrent, car l'honnête Moulnier se retira devant l'ombre d'un soupçon et se soumit à une élection nouvelle; un mois après, il fut réélu à la presque unanimité.

CHAPITRE II

Telle était la disposition des esprits quand la session
législative s'ouvrit, le 28 janvier 1829. Le 27 avait eu lieu
la séance royale, où le Roi avait débité le discours d'usage,
fait et refait en Conseil, et rédigé mollement, en définitive,
par Martignac, dit la harpe éolienne. Il n'y eut de remarquable et de remarqué que l'annonce d'un projet de loi
sur l'organisation municipale et départementale, avec la
timide promesse que le pouvoir royal y conserverait la
plénitude de force et d'action dont l'ordre public a besoin.
Les hommes sages et dévoués ne virent dans les projets
annoncés que de nouvelles et funestes concessions faites
à l'esprit démocratique, qu'il fallait combattre et non
pas flatter. J'ai vu seulement qu'en partant le Roi salua
l'élite réunie de la France et de l'Europe, que Sa Majesté
laissa tomber son chapeau, et que S. A. R. Mgr le duc
d'Orléans s'empressa de le ramasser, et le lui remit très
respectueusement, un genou en terre. Je livre ce souvenir
aux observateurs superstitieux. Des signes sinistres plus

positifs se manifestèrent dans la formation du bureau de
la Chambre : sur 267 votants, la gauche, le centre gauche
et la défection réunies nommèrent candidats à la présidence Royer-Collard, Casimir Périer, Sébastiani et Berbis, par dérision, à 146 voix ; M. Ravez et M. de la Bourdonnaye n'eurent que 90 voix, force numérique et com-
pacte du côté droit. Les vice-présidents sortirent d'emblée
de la triple alliance : Dupont de l'Eure (gauche), Saint-
Aulaire, Girod de l'Ain (centre gauche), Cambon, défectionnaire. Les secrétaires furent : Lastours et Châteaufort [1], royalistes : choix de courtoisie ; Pas de Beaulieu [2],
qui depuis...., et Beaumont (de la défection). On remar-
qua que, dans la discussion de l'adresse, qui ne trouva
d'opposants que dans les 90 du côté droit, Conny, L'É-
pine [3], Béraud [4], Pina [5], se sont fait un honneur inutile
par leur profession de foi politique et religieuse, et leur
adhésion solennelle à nos principes ; mais, pour compensation, Benjamin Constant, et le général Lamarque, et le
général La Fayette ont fait impudemment l'éloge de leur
belle conduite aux Cent-jours, impudemment et impunément : M. de Peyronnet n'était plus là, et, parmi les ministres du Roi, lequel avait droit de leur jeter la pierre ? Était-
ce Portalis, le fédéré d'Angers ? Était-ce Roy, membre de
la Chambre des Cent-jours ? Était-ce Martignac qui, officier de la garde nationale de Bordeaux, avait, le 12 mars,

1. Henri-Louis-Charles Bouteiller de Châteaufort, député de la Sarthe
de 1827 à 1830 ; né en 1782, mort en 1839.
2. Jean-Baptiste-Pierre Pas de Beaulieu, député du Nord le 17 novembre
1827 ; né en 1787, mort en 1858.
3. Marie-Philippe-Ferdinand-Joseph, baron de l'Épine, député du Nord
le 24 novembre 1827 ; né en 1784, mort en 1868.
4. Pierre Béraud des Rondars, député de l'Allier de 1824 à 1830 ; né en
1783, mort en 1850.
5. Jean-François-Calixte, marquis de Pina de Saint-Didier, député de
l'Isère en 1827 ; né en 1779, mort en 1842.

fait croiser la baïonnette contre MM. Lynch [1], Lur-Saluces, Lainé, Ravez, Peyronnet, La Rochejaquelein [2], annonçant le duc d'Angoulême au cri de *vive le Roi?* Il n'y avait, dans cette troupe choisie, que M. Hyde de Neuville ; mais il aurait cru sortir de l'ordre légal, mais les couleurs blanches et le panache blanc de ses discours n'étaient donc déjà plus que de ridicules forfanteries?

Le premier engagement parlementaire fut provoqué par Eusèbe Salverte, un des tirailleurs de la gauche, qui renouvela la proposition concernant l'accusation contre l'ancienne administration, prétendant que c'était faute de temps qu'elle n'avait été suivie. Il n'y avait plus d'à-propos : la mine avait joué et fait son effet; on n'avait plus d'intérêt à la recharger. « La proposition est-elle appuyée ? dit le président. — Oui, » répondit une seule voix. On procéda donc dans les formes, et l'ordre du jour, ou la question préalable, fut adopté à la presque unanimité. Le désordre était dans le camp libéral ; il n'y avait plus d'harmonie. Mais Labbey-Pompières, le respectable ecclésiastique père putatif de la proposition mère, avait son dernier mot à dire : pour nos tristes menus plaisirs, il monta à la tribune pour déclarer que le scandaleux résultat que venait d'avoir la proposition de l'honorable E. Salverte, qui n'était que le renouvellement de celle dont il était l'auteur, le forçait, non pas de retirer, mais d'ajourner sa proposition modèle. On lui prouva qu'il ne pouvait qu'y persister ou la retirer. Benjamin le sophiste se battit les flancs pour soutenir l'ajournement; l'avocat Dupin argumenta dans le même sens, avec une telle mauvaise foi qu'il fut hué même par son parti ; La Bourdon-

---

1. Jean-Baptiste comte Lynch, maire de Bordeaux en 1808, pair de France le 17 septembre 1815 ; né en 1749, mort en 1835.
2. Le général de la Rochejaquelein, nommé plus haut, t. I, p. 168.

naye et M. Ravez soutinrent que le seul droit de l'auteur
d'une proposition est, d'après le règlement, de la retirer
avec le consentement de la Chambre; M. de Montbel,
moralement aux yeux le fondé de pouvoir du chef de
l'ancien ministère, représenta avec autorité qu'il y aurait déni de justice à ne pas se prononcer nettement,
et que tous les intérêts exigeaient qu'une menace d'accusation ne planât pas indéfiniment sur la tête des anciens
ministres. Le vieux radical, forcé d'en finir, balbutia
qu'il ne retirait pas sa proposition, mais qu'il l'ajournait; sur la réclamation presque générale, en vrai saltimbanque, il dit qu'il la retirait et l'ajournait; enfin il
articula, forcé et contraint, les mots consacrés : « Je re-
tire la proposition, » et le scandale eut son terme pour ce
jour-là.

Mais le point saillant, l'intérêt capital qui domina la
session, ce fut la loi d'administration départementale et
communale, dont les débats s'ouvrirent le 30 mars 1829.
Deux commissions furent nommées : les commissaires
pour la loi communale furent Humblot-Conté [1], Duvergier de Hauranne [2], Chauvelin, Dupin aîné, Pelet de la
Lozère, Moyne [3], tous du côté ou du centre gauche ; Villemorge [4], Lastours, du Marhallach [5], du côté et du centre
droit. Dupin l'aîné fut le rapporteur. Les commissaires
pour la loi départementale furent Rouillé-Fontaine, La Vil-

---

1. Arnould Humblot-Conté, député de Saône-et-Loire de 1820 à 1824 et de
1827 à 1831 ; né en 1776, mort en 1845.
2. Jean-Marie Duvergier de Hauranne, député de la Seine-Inférieure ; né
en 1771, mort en 1831.
3. Jean-Pierre-Claude-Nicolas Moyne-Pétiot, député de Saône-et-Loire de
1828 à 1830 ; né en 1783, mort en 1853.
4. Prégent, chevalier Brillet de Villemorge, député de Maine-et-Loire de
1824 à 1830; né en 1770, mort en 1848.
5. Jean-Félix du Marhallach, député du Finistère de 1815 à 1822 et de
1827 à 1830 ; né en 1772, mort en 1858.

lebrune [1], Saint-Aulaire, Gautier, Dumeillet, Rambuteau [2], tous du centre gauche ; Dupont de l'Eure, Méchin, Sébastiani, de la gauche ; Sébastiani, rapporteur. Ainsi l'on voit que, dans cette commission de dix-huit, la grande majorité était acquise au libéralisme révolutionnaire : le malencontreux projet du ministre était jugé d'avance. Toutes les opinions l'attaquèrent, et les royalistes comme les révolutionnaires se trouvèrent inscrits contre, par des motifs cependant tout opposés. Le côté droit réprouvait sans ménagement et les principes du discours et les bases du projet : l'introduction du principe de l'élection populaire dans l'administration était une grave atteinte à l'autorité royale; la gauche battait en brèche le projet pour faire entrer dans la loi la royauté, nominalement, mais de fait et en masse, le plus de petits blancs possible, c'est-à-dire de peuple libéral et radical. Aussi vit-on se succéder, dans l'attaque de la loi, M. de Formon et Tircuit de Corcelles, Marchal et M. de Salaberry, de Schonen et M. de la Bourdonnaye, Viennet et M. de Conny, Labbey-Pompières et M. Ravez, Daunou et M. de Montbel, Bignon et M. de la Boulaye [3]. La lutte générale s'engagea contre l'ensemble de la loi : le malheureux Martignac se trouvait seul contre tous. Un petit inconsidéré, député novice et libéral, Donatien de Sesmaisons [4], disciple de l'avocat Isambert, se présenta pourtant pour soutenir

1. Joseph-François-Xavier-Pierre-Jacques Le Saige de la Villebrune, député d'Ille-et-Vilaine de 1828 à 1830 ; né en 1754, mort en 1833.

2. Claude-Philibert Barthelot, comte de Rambuteau, député de Saône-et-Loire en 1827, plus tard préfet de la Seine et pair de France ; né en 1781, mort en 1869.

3. Jean-Baptiste-Antoine-Georgette Dubuisson, vicomte de la Boulaye, député de l'Ain de 1827 à 1830 ; né en 1781, mort en 1856.

4. Claude-Louis-Gabriel-Donatien, comte de Sesmaisons, député de la Loire-Inférieure de 1827 à 1830, pair de France le 6 septembre 1830 ; né en 1781, mort en 1842.

la loi ministérielle, mais vierge, et sans amendements
qui en altérassent le mérite ; et le ministre avait déclaré
que la couronne ne consentirait à aucun. La première
question fut celle de priorité dans la discussion : c'était
sur la loi communale que l'on avait paru le moins
loin de s'entendre, mais les habiles de la gauche, qui le
furent très peu dans cette occasion majeure, craignirent
que, la loi passée, le ministère ne retirât la loi départementale, à laquelle le parti révolutionnaire tenait bien
davantage, et avec raison, dans ses projets de démolition.
C'est donc à cette loi, que leurs amendements achevaient
de rendre fatale au pouvoir royal et à la monarchie, c'est
à la loi départementale que la gauche et le centre gauche
firent accorder la priorité de discussion. L'ordre le plus
méthodique était de passer du simple au composé, et,
avant de constituer l'ensemble, on devait créer les éléments. C'est ce que M. le ministre fit observer, mais vai-
nement. La raison de parti n'était pas là : les révolutionnaires étaient impatients de recueillir tous les fruits de la
loi, selon le rapport de Sébastiani, leur avoué ; la droite
était impatiente d'en venir aux mains dans un champ
clos sans fausses portes, et où le ministère de l'ordre légal
fût forcé de montrer sa couleur blanche autrement qu'en
paroles, et de choisir enfin entre la révolution et la monarchie.

Dans la discussion générale, M. de Formon parla le premier, et parla bien. Entre lui et moi, le radical Marchal [1]
déblatéra démagogiquement. J'arrivai après lui, et ne
parlai pas la même langue : mes paroles furent monarchiques ; je ne dis pas qu'elles ont été remarquables, mais
elles ont été remarquées.

1. Pierre-François Marchal, député de la Meurthe en 1827 ; né en 1785,
mort en 1864.

Cette loi, dit M. de Salaberry [1], sera une charte nouvelle, car elle détruit la charte constitutionnelle en brisant l'article 14, où sont proclamées solennellement toutes les attributions que le Roi s'est réservées en la donnant (la nomination à tous les emplois d'administration publique [2]); c'est l'irruption de la démocratie dans le domaine royal, c'est la lutte inégale de deux principes ennemis : l'autorité du prince et la souveraineté du peuple, que le projet établit et consacre.... Ainsi deux chartes, deux pouvoirs partout; partout les élus de la nation en regard avec les délégués du Roi. Ainsi, le premier effet de la loi, que d'autres que nous appellent *un immense bienfait*, sera de mettre aux yeux du peuple l'autorité royale en état de suspicion, et tous les délégués, tous les élus du Roi seront des suspects. Ce sera le premier acte de restauration de la révolution dite française; nous ne saurions rien en dire de pire et de plus vrai que son nom.... Que des Français crédules répètent, sur la foi des docteurs modernes : tout est nouveau sous le soleil, les hommes ne sont plus les mêmes; le sage de l'Orient leur répond : Si on te dit qu'une montagne a changé de place, crois-le si tu veux; si l'on te dit qu'un homme mauvais a changé de principes, parce qu'il a changé de chemin, garde-toi de le croire. Nourris de ce précepte et forts de notre expérience, ce ne sont donc ni la passion ni l'esprit de parti qui nous font voir, comme on nous en accuse, les révolutionnaires et la révolution partout; nous les voyons où ils sont, nous la voyons où elle est. Nous la voyons personnifiée dans les comités directeurs; nous la voyons, avec tous ses symptômes, dans cette effrayante profusion de livres, de maximes, de chansons impies et séditieuses; nous la voyons dans les leçons publiques de matérialisme, dans ces cours où, pour l'instruction de la jeunesse, on défigure la philosophie et l'histoire; nous la voyons dans les manifestes consignés dans ses journaux. Dotée de la loi qu'on vous pro-

---

1. *Annuaire de Lesur*, 1829, p. 75.
2. Voir note A, à la fin du chapitre.

pose, nantie de ce qu'elle appelle elle-même un immense bienfait, pensez-vous qu'elle s'arrête là? Laissons aller, disent ses
chefs, pour modérer des impatiences; tels et tels ministres du
Roi font nos affaires mieux que nous-mêmes. Les élections
des députés aujourd'hui, et demain l'administration; l'omnipotence électorale et l'omnipotence administrative concédées
à ceux qui s'intitulent le parti national, la puissance démocratique ne laissera plus qu'un vain nom au pouvoir royal, à la
charte constitutionnelle, aux libertés publiques.

Nous avions bien prévu, répondit directement à ce discours
la harpe éolienne, que nous étions réservés au malheur de
nous entendre accusés d'abandonner les droits de la couronne, d'affaiblir l'autorité royale : notre pressentiment ne
s'est que trop réalisé, et vous avez entendu ces paroles
amères qu'il nous a bien fallu entendre; ainsi, en proclamant
le principe de l'élection, c'est la souveraineté du peuple que
nous avons organisée; nous avons sacrifié les prérogatives
de la couronne, sa sûreté, son existence; nous proposons de
violer la charte pour dépouiller la royauté; nous avons proposé au nom du Roi un projet de loi révolutionnaire [1].

En effet, les royalistes ne reprochaient pas autre chose
au projet ministériel. Or, dans la loi départementale, la
Révolution, qui allait au pas de course, demandait impé-
rieusement, par le rapporteur Sébastiani, la suppression
des conseils d'arrondissement. Le président mit donc
aux voix cet amendement de la commission. Le débat
fut entre la gauche et le centre gauche, contre le centre
droit; la droite presque entière resta impassible spectatrice. M. Royer-Collard prononça que l'amendement était
adopté. Le sort du projet de loi tout entier tenait à ce
vote; on n'en pouvait plus douter depuis les déclarations
réitérées des ministres. Ainsi le côté gauche frappait à

1. *Annuaire de Lesur*, p. 78.

mort le projet ministériel ; les royalistes le laissaient tomber. La fatuité triomphante du Sébastiani, la joie aveugle de la faction qui ne s'apercevait pas qu'elle se suicidait, contrastait très curieusement, aux yeux des observateurs, avec l'immobile sécurité de la droite, qui s'abstenait de rire. Au banc des ministres, on se consulta quelques instants ; puis, simultanément, Martignac et Portalis prirent leurs chapeaux, et s'en allèrent côte à côte, avec une assurance remarquée. Leur sortie subite fit cesser l'enivrement des vainqueurs, comme magiquement. L'agitation, l'inquiétude vague, circulaient dans leurs rangs, selon qu'ils avaient plus ou moins de perspicacité. Pour payer d'assurance aux yeux du public, on discuta, on adopta quelques paragraphes de l'article premier de la loi, conformément aux propositions de la commission, la droite toujours passive spectatrice de ce qui se faisait. Au milieu d'un développement d'amendement de M. Daunou, de révolutionnaire mémoire, les deux ministres rentrèrent. M. de Martignac interrompit l'orateur, et demanda la parole : *conticuere omnes intentique ora tenebant.* J'avouerai que nous ne croyions pas que les factieux seraient servis si chaud. Ce quasi-royaliste leur avait pourtant dit, au milieu de cette longue et scandaleuse lutte : « Nous marchons à l'anarchie. » Il monta donc à la tribune, et donna lecture à la Chambre d'une ordonnance royale, rendue à l'instant même, en vertu de laquelle les deux projets de loi sur l'organisation départementale et communale étaient retirés ; et puis ils s'en furent : le banc des ministres resta vide. On aurait payé pour voir le tableau qu'offrait la Chambre dans ce moment : la joie maligne de la droite, l'explosion de dépit des honorables de la gauche, la stupeur des centres ; l'irascible Casimir Périer appelant Sébastiani un imbécile, Benjamin Constant,

Dupin, Méchin lui reprochant d'avoir tout perdu par sa précipitation à vouloir tout gagner à la fois et emporter de haute lutte ses collèges d'arrondissement; lui, le nez au vent et la parole emphatique, disant avec fatuité. « On « ne m'a pas soutenu ; la droite a mis loyauté et ensem- « ble : j'y passerais, s'il ne me fallait pas traverser le « centre. » M. le président Royer-Collard, le maître des sentences, a prononcé son oracle à son tour : dans cette grande occasion, il dit : « La gauche a dit et fait mal; la « droite a dit et fait bien. »

Il n'y eut plus rien de remarquable, avant la discussion du budget, que l'incident dans le projet de la loi sur la dotation de la Chambre des pairs, où M. l'avocat Dupin, le singe ondoyé par l'abbé de Pradt, fit sa déclaration d'amour pour le Roi : « Veuillez comprendre, dit-il, de la « tribune, à M. de Martignac, veuillez comprendre ceci : « c'est que nous aimons le Roi autant que vous ; que nous « sommes aussi fidèles, aussi dévoués que vous à la dy- « nastie ; nous vous disputerons toujours le plaisir de « vous dire plus royalistes que nous. » Ces paroles sont mémorables : l'inexorable *Moniteur* les a consignées pour l'admiration des niais.

Quant à la discussion du budget, elle fut remarquable par le scandale systématique produit au sujet de la salle à manger de l'hôtel du ministère de la justice. La com- mission refusait l'allocation de 179,865 francs pour frais de construction, réparations et fournitures faites à l'hôtel en 1826 et 1827, et voulait qu'ils restassent à la charge de M. de Peyronnet. Une mauvaise foi insigne, une animo- sité tracassière, une ignoble chicane poussaient les Pel- letier d'Aulnay [1], les Marchal, les Agier, les Dupin, à

---

1. Louis-Honoré-Félix, baron Le Pelletier d'Aunay, député de Seine- et-Oise en novembre 1827 ; né en 1782, mort en 1855.

compromettre l'ancien garde des sceaux. Une ordonnance
royale du 21 décembre 1827 avait accordé à M. le garde
des sceaux un crédit de 244,855 francs, pour deux dépenses distinctes : 65,000 francs pour frais d'indemnité, en
vertu d'une transaction à l'occasion d'un bâtiment destiné
aux bureaux du ministère, et 179,855 francs pour dépenses
faites en réparations et distributions du second étage de
l'hôtel, et pour la construction de cette fameuse salle à
manger. Il y avait, au dire de la commission et de ses
souteneurs, concussion et trahison. C'est ainsi que, dans
le procès capital du maréchal de Marillac, il n'était question que de paille, de plâtre et de chaux. Mais, dans cette
dépense qu'on rejetait par amendement, les défenseurs
de M. de Peyronnet prouvaient qu'il y avait tout au plus
défaut de forme, irrégularité dans la manière dont il avait
procédé; qu'il aurait facilement payé sur le crédit alloué
qui avait mis même 268,000 francs entre ses mains; que
ce crédit était resté sans emploi, et que M. de Peyronnet n'avait pas pu régulariser et ordonnancer ces dépenses, faites avant que les mémoires aient été fournis et
arrêtés, ce qui n'avait eu lieu qu'après sa sortie du ministère, le 4 janvier 1828. Il n'importe : l'amendement inique
et haineux, qui laissait aux tribunaux à juger s'il paierait
ou ne paierait pas de ses deniers les 179,000 francs,
passa à la Chambre des députés. La Chambre des pairs
eut la pudeur et l'équité de rejeter ce scandaleux amendement, et M. de Peyronnet, au grand regret de ses ennemis de la Chambre basse, ne paya point la *splendide* salle
à manger de l'hôtel du ministère de la justice ; et le budget de 1827, recettes et dépenses, fut adopté à une très
forte majorité. L'assentiment de la Chambre des pairs
suivit de près, sauf le rejet de l'amendement contre la
salle à manger, dont il n'a été que trop parlé, et dont on

ne parla plus que pour en rire. L'amendement alla rejoin-
dre l'acte d'accusation de Labbey-Pompières, pour signaler, avec la loi départementale et communale, les trois
actes ridicules les plus saillants de la session.

Quelques faits, quelques mots anecdotiques, plus ou
moins mal rapportés dans les journaux qui n'écoutaient
qu'aux portes, trouveront place ici pour les amateurs plus
ou moins sérieux. *Ridendo dicere verum quid vetat?*

Ainsi l'histoire recueillera le mot prophétique de M. de
Martignac : « Nous marchons à l'anarchie, » que répéta
sous son autorité le marquis de Villefranche [1] à la Chambre
des pairs. Les curieux ont appris et répété, sur des dires
équivoques, la conversation familière du Roi avec le bureau de la Chambre, quand il apporta à Sa Majesté la loi
sur la dotation de la Chambre des pairs. Le Roi regrettait
la dépense forcée où la longueur des sessions entraînait
les députés : « Monsieur Royer-Collard, les 100,000 fr.
« qui vous sont alloués, comme président de la Chambre,
« suffisent-ils ? — Oui, Sire, malgré les frais de repré-
« sentation, la session ne durant pas toute l'année. —
« Monsieur Pas de Beaulieu, quelle peut être la dépense
« d'un député pendant son séjour à Paris ? — Sire, avec
« de l'ordre et de l'économie, 500 fr. par mois peuvent
« suffire. — J'en ai connu, dit le Roi, à qui je donnais
« 1,000 fr. par mois, et qui n'étaient pas encore contents. »
Le bon prince mettait au pluriel ce qui n'était qu'au singulier, dans la personne d'Agier, qu'il appela en 1825
un ingrat et un drôle devant le bureau de la Chambre,
dont M. de Curzay faisait partie. Mais, tel est le danger
de répéter ce que le prince dit souvent ainsi d'épanche-

---

1. Louis-Joseph-Guy-Hercule-Dominique Tulle, marquis de Villefranche,
maréchal de camp, député de l'Yonne de 1818 à 1823, pair de France le
23 décembre 1823; né en 1768, mort en 1847.

ment et de confiance, que, par l'indiscrétion on ne sait de
qui, le public se crut fondé à dire que beaucoup des députés étaient payés par le Roi. On accusa Châteaufort
d'avoir divulgué ces particularités ; Pas de Beaulieu, in-
culpé faussement à son tour, dit alors à qui a voulu l'entendre, et nommément à moi, que la commère était
M. Royer-Collard.

Enfin le dénouement de l'année législative 1829 fut la
présentation du budget provisoire de 1830, dont Roy, le
ministre des finances, avait menacé. Ainsi le ministère dit
Martignac faisait rétrograder la prospérité financière, et
faisait retomber la France dans le malheureux provisoire
dont la sage et prévoyante administration de M. de Villèle nous avait tirés en 1823, au moyen d'une double session. Les factieux rabâchèrent, avec plus ou moins de
scandale et une violence croissante, ce qu'ils avaient dit,
un mois avant, sur le budget de 1829, et le budget provisoire de 1830 fut adopté à la presque unanimité ; et la
session de 1829 fut bien et dûment close le 31 juillet 1829.

NOTE DE L'AUTEUR

(Voir page 267)

Emplois d'administration publique et emplois de l'administration publique, il y a entre ces deux expressions une différence majeure et incontestable : les emplois d'administration
publique comprennent tous les emplois salariés et les emplois
gratuits et onéreux, tels que ceux de maires de ville, de membres des conseils généraux et d'arrondissement, etc., et c'était,

dans la circonstance, de ceux-là qu'il s'agissait. M. de Martignac, pour motiver et excuser ce qu'il ne fallait pas appeler,
selon lui, une concession, mais un immense bienfait, eut la
mauvaise foi d'avancer que j'étais dans l'erreur, et que la
charte portait textuellement : « Emplois de l'administration
publique. » Ce n'était qu'une subtilité de procureur, qui devait
passer pour une preuve aux yeux des niais de la Chambre.
Le livret auquel il croyait bien que ses auditeurs auraient re-
cours sur-le-champ ne fait point autorité, et porte, en effet,
par l'inadvertance de l'imprimeur, « emplois de l'administration publique ; » mais les termes formels « d'administration
publique, » selon l'esprit et la lettre de la charte, sont établis
authentiquement dans le *Bulletin des lois* et le *Moniteur* de
l'époque, dans les archives des deux Chambres, dans l'*Almanach royal* de 1814 et 1815, et dans le *Manuel de la pairie.*
Quand le Martignac me fit cette allégation incidentelle, je
l'avais déjà assez embarrassé par mes reproches puissants :
je ne voulus pas lui répondre que l'erreur n'était pas de mon
côté, mais du sien, et volontairement. Une particularité qui
trouve ici sa place, c'est que, quelques jours avant, pour
m'épargner les recherches que je devais faire pour appuyer
mon dire, je demandai à M. Royer-Collard, notre président,
où était un exemplaire type de la charte. « Je ne vous entends
« pas, me dit-il. — Hélas ! lui dis-je, voilà quinze ans que nous
« avons le malheur de ne pas nous entendre. Je vous demande
« où il y a un exemplaire type, textuel, authentique de la
« charte, parce que je crois que notre livret est fautif. — Ah !
« me dit-il, un exemplaire exact ? je ne l'ai pas là, mais je l'ai
« chez moi, dans la rue d'Enfer ; je voudrais bien être dans
« ma rue d'Enfer. — Mais, Monsieur le président, vous êtes
« sur le chemin : dans votre fauteuil, n'êtes-vous pas déjà
« dans le purgatoire ? — A propos, me dit-il en riant, pour-
« quoi donc est-ce que je ne vous vois pas plus souvent ? —
« Où, Monsieur le président, dans la rue d'Enfer ? — Non, me
« dit-il, à la place Vendôme, à la présidence de la Chambre.
« — A la place Vendôme ? oh ! vous voyez trop mauvaise com-

« pagnie. — Comment donc? — Oui, je veux dire trop d'ho-
« norables qui ne sont pas de mon opinion. — Ainsi, me dit-il
« en souriant, je ne suis pas de votre opinion? — Parbleu, lui
« dis-je, je ne suis pas de la vôtre. » Il est possible, cependant, qu'entre cet homme estimable et nous il y eût plutôt
une différence d'avis qu'une différence d'opinion, si, au lieu
de ses discours, on avait pu connaître ses pensées. Il faut se
rappeler ce que le cardinal de Retz dit dans ses *Mémoires* :
« Nous appelions parlementairement M. de la Rochefoucauld
« un poltron, mais c'était au fond l'homme le plus brave. »

CHAPITRE III

Disparition du ministère Martignac et ministère du 8 août. — Sa profession de foi politique. — Colère rentrée du *Constitutionnel;* fureur du *Journal des Débats.* — Amovibles fonctionnaires qui s'en vont avant d'être chassés. — M. Mangin nommé préfet de police. — Stagnation inattendue du ministère du 8 août. — Voyage triomphal de M. de la Fayette à Clermont, à Lyon et à Grenoble. — Les associations pour le refus de l'impôt se constituent. — Caractère du ministère du 8 août. — Le prince de Polignac, président du Conseil. — Retraite de M. de la Bourdonnaye. — Indécision et silence du gouvernement du Roi. — Association bretonne. — Connivences du premier président Séguier. — Quasi-impunité de la *Sentinelle des Deux-Sèvres.* — Acquittement scandaleux du journaliste des *Débats.* — Désordre moral dans l'armée : assassinat du colonel d'Aultanne; sous-officier de service insulté par un de ses soldats.

On était à peu près sûr de ne pas revoir le ministère Martignac. En effet, le *Moniteur* du 9 août apprit au public, qui s'y attendait, les ordonnances de la veille, qui promettaient beaucoup, sauf à tenir. Comment les amis du bon ordre et de la monarchie légitime n'auraient-ils pas repris espoir et confiance, en voyant le ministère à concessions faire place à un ministère religieux, monarchique et consciencieux? Celui auquel le prince de Polignac, le plus intime ami du Roi, le plus loyal, attachait son nom ; un ministère dont la profession de foi était : « Plus de concessions, plus de réaction; guerre aux fac- « tions qui voudraient troubler l'État; paix aux opinions « inoffensives; tolérance pour tout ce qui respectera « l'ordre public et les lois; attachement aux institutions; « liberté entière dans l'ordre moral et intellectuel, mais « répression inflexible et légale des excès et de la licence; « sécurité au dedans et dignité au dehors. » Les circulaires des autres ministres étaient empreintes du même esprit de modération et de fermeté, de dévouement et d'honneur, et c'est avec juste raison que M. l'archevêque de Toulouse, le cardinal de Clermont-Tonnerre, disait dans son mandement : « Ils sont véritablement dignes de « la confiance du monarque et des espérances des chré- « tiens, ces ministres si bassement outragés par des « hommes qui ne veulent ni monarchie ni christianisme. « Nous n'en doutons pas, ces nouveaux dépositaires du « pouvoir auront la gloire de replacer la patrie sur ses « véritables bases; nous en prenons à témoin les sinistres « présages des esclaves de l'incrédulité, qui déjà s'annon- « cent comme ne pouvant supporter une patrie où le trône « et l'autel se prêtent un mutuel appui. »

Les ministres qui étaient le plus honorés de l'animad- version révolutionnaire étaient le prince de Polignac, La Bourdonnaye, M. de Bourmont. « Puisque nous étions destinés à subir le ministère de l'extrême droite, disait le *Constitutionnel* du 10 août, il vaut mieux que ce soit plus tôt que plus tard. »

Le même jour, le Méphistophélès folliculaire Bertin de Vaux disait dans les *Débats :*

Le voilà donc encore une fois brisé ce lien d'amour et de confiance qui unissait le peuple au monarque! Voilà encore une fois la Cour avec ses vieilles rancunes, l'émigration avec ses préjugés, le sacerdoce avec sa haine de la liberté, qui viennent se jeter entre la France et son Roi! Ce qu'elle a con- quis par quarante ans de travaux et de malheurs, on le lui ôte ; ce qu'elle repousse de toute la puissance de sa volonté, de toute l'énergie de ses vœux, on le lui impose violemment.... Malheureuse France! malheureux Roi!

Et, le 15 août, l'homme lige de M. de Chateaubriand disait sous sa dictée : « Coblentz, Waterloo, 1815, voilà

« les trois principes, les trois personnages du minis-
« tère.... Pressez, tordez ce ministère, il n'en dégoutte
« qu'humiliation, malheurs et danger. »

Il est vrai que le patron de ce misérable n'avait pas été
supplié d'être le chef du ministère du 8 août, ni même
admis à en faire partie, bien loin de là. Les ministres
étaient donc : aux affaires étrangères M. de Polignac,
M. de la Bourdonnaye à l'intérieur, M. de Montbel aux
affaires ecclésiastiques et à l'instruction publique, M. de
Chabrol aux finances, M. de Bourmont à la guerre,
M. Courvoisier [1], converti, au ministère de la justice,
M. d'Haussez [2] à la marine. On avait eu la précipitation
inconséquente de nommer M. de Rigny sans être sûr
de son acceptation, et il était absent. A son arrivée, il
fut circonvenu, il hésita : « Il ne consentira pas, disaient
les journaux de la faction, à protéger de pareils collègues de sa bonne renommée, à les mettre à l'abri sous
les lauriers de Navarin. » Cela est poétique assurément,
mais, pour dire la vérité en vile prose, c'est qu'il avait
été nommé par ordonnance, et qu'il remit sa démission
aux pieds du Roi par la seule et unique raison que le mil-
lionnaire abbé baron Louis, son oncle, du libéralisme le
plus cynique et le plus hostile, le menaça de le déshériter
s'il acceptait. Il est également vrai qu'avant de le nommer
il aurait fallu s'assurer de l'acceptation, ou plutôt ne pas
choisir un homme sans opinion, et qui n'avait pour lui
que le hasard de Navarin, où il a fait ce qu'aurait fait
tout officier de la marine française, ni plus ni moins.

Cependant, plusieurs fonctionnaires hostiles, hauts et

1. Jean-Joseph-Antoine Courvoisier, député du Doubs de 1816 à 1824, ministre de la justice du 8 août 1829 au 19 mai 1830; né en 1775, mort en 1835.
2. Charles Le Mercher de Longpré, baron d'Haussez, député de la Seine-
Inférieure de 1815 à 1816, puis des Landes de 1827 à 1830, ministre de la marine le 23 août 1829; né en 1778, mort en 1854.

moyens, que le ministère à concessions avait placés comme exigences, se firent justice à eux-mêmes. L'illustre vicomte, qui avait daigné accepter l'ambassade de Rome, accourut remettre lui-même sa démission au Roi : la démission seule fut reçue. Ses caudataires, les Bertin de Vaux, Agier, Salvandy, les A. Laborde, Villemain, Hely d'Oissel [1], Froidefond de Bellisle [2], sortirent du Conseil d'État avant qu'on les en priât, et sans laisser un seul regret aux hommes positifs attachés aux principes moraux et monarchiques. M. Debelleyme [3] quitta la préfecture de police; le défectionnaire Preissac celle du Gard, et l'orléaniste Nau de Champlouis [4] la préfecture des Vosges. L'honnête Rives fut fait conseiller d'État et directeur du personnel au ministère de l'intérieur; Trouvé [5] fut chef du cabinet; et le baron Clouet [6] directeur de l'administration de la guerre. Enfin, le choix qui parut d'abord le mieux approprié aux circonstances, ce fut celui de Mangin [7], comme feu Marchangy, la bête noire, le croquemitaine des révolutionnaires. M. Mangin, procureur général à

1. Abdon-Patrocle-Frédéric, baron Hely d'Oissel, député de la Seine-Inférieure en 1827; né en 1777, mort en 1833.

2. Antoine-Xavier-Catherine Froidefond de Bellisle, maître des requêtes puis conseiller d'État en service extraordinaire, député de la Dordogne en 1827; né en 1775, mort en 1862.

3. Louis-Maurice Debelleyme, vice-président du tribunal de la Seine, procureur du Roi le 12 juillet 1826, préfet de police le 17 janvier 1828, nommé député de la Dordogne le 4 juillet 1829; né en 1787, mort en 1862.

4. Claude-Élisabeth, baron Nau de Champlouis, maître des requêtes, préfet des Vosges sous le ministère Martignac, député des Vosges le 23 juin 1830; né en 1786, mort en 1850.

5. Charles-Joseph, baron Trouvé, membre du Tribunat, préfet de l'Aude, maître des requêtes en service extraordinaire le 20 août 1829; né en 1768, mort en 1860.

6. Maréchal de camp depuis le 3 octobre 1823.

7. Jean-Henri Mangin, procureur du Roi à Metz en 1815, directeur des affaires civiles au ministère de la justice en 1818, procureur général à la Cour royale de Poitiers en mars 1821, conseiller à la Cour de cassation en 1826, préfet de police en 1829; né en 1786, mort en 1835.

Poitiers dans le procès des conspirateurs de La Rochelle,
correspondants de la conspiration de Belfort, — que les
chefs, depuis La Fayette et d'Argenson jusqu'aux Nantil
et aux Carrel, espéraient bien rendre générale en France,
où le Roi n'a pas d'ennemis, s'il faut en croire les jure-
ments des honorables carbonari de la Chambre basse —
M. Mangin, procureur général à Poitiers, était, le 8 août
1829, conseiller à la Cour de cassation, place inamovible,
place lucrative et retraite la plus honorable des chefs de
corps de la magistrature. Il n'y avait certes que du dévouement au courageux serviteur du Roi qui se rejetait
ainsi spontanément, aux risques et périls de sa fortune et
de sa vie, dans les hasards douteux d'une lutte inégale.
Son nom seul était déjà le plus utile épouvantail : les factieux étaient interdits et terrorifiés de l'apparition d'un
surveillant comme le préfet de police Mangin, sous un
ministre de l'intérieur comme La Bourdonnaye. Mais, dès
le premier mois, il fallait agir, et l'on n'agit pas. La direction de la police générale, supprimée par concession, devait être réorganisée fortement et donner l'impulsion aux
délégués du Roi dans les provinces. On se borna à répondre très monarchiquement aux renseignements qu'ils donnaient ou ne donnaient pas, selon leur zèle et capacité,
tandis qu'il fallait provoquer et indiquer les renseignements qu'on exigeait d'eux. La confiance diminua à mesure que les semaines s'écoulèrent sans aucune manifes-
tation d'actes de vigueur ; les factieux de plume ou d'épée,
civils ou militaires, conclurent d'une si fatale inaction que
le système du nouveau ministère n'était pas un système
arrêté d'avance, un système de légitime défense, mais non
pas de légitime attaque comme le salut de la monarchie
le voulait, un système de temporisation et d'hésitation,
qui se bornerait à parer les coups au lieu d'en porter, et

sans relâche, jusqu'à ce que les révolutionnaires eussent mis bas les armes et se fussent rendus à discrétion. Aussi ce fut l'arme au bras que le ministère royaliste du 8 août, qui devait avoir l'œil ouvert sur la ville et les provinces, vit la promenade civique et la marche triomphale du citoyen La Fayette, dont les frères et amis auraient volontiers traîné la voiture depuis Clermont jusqu'à Lyon et Grenoble, à travers la terre classique et fraternelle de ce Dauphiné où les bourgs de Vizille et de La Mure sont si révolutionnairement remarquables. Le fameux marquis, d'ovations en ovations, voulut bien ne pas traverser Paris *in fiocchi*, où il était reçu de même; il arriva le 8 septembre à sa maison féodale de La Grange, *incognito*, en bon bourgeois. Mais le ministère du 8 août n'avait pas encore pris son aplomb; il n'avait pas encore d'ensemble. Il n'en avait pas encore le 11 septembre, quand parut, dans le *Journal du Commerce*, le séditieux prospectus de l'association pour le refus de l'impôt, qui ne tarda à se constituer à Pontivy, et à s'intituler Association bretonne. Un mois après apparut l'Association de la Meurthe, telle autre enfin, soussignée par un avocat sans cause qui proclamait le refus de son impôt, et il fut prouvé que ce Lucullus des contribuables payait un petit écu. Enfin, les journaux de la faction publièrent les noms des membres souscripteurs de l'Association de Paris, tous ses honorables députés en tête de cette honorable liste. Le ministère public poursuivit devant les tribunaux, qui punirent paternellement, pour excitation à la haine et au mépris du gouvernement du Roi, qui le *Journal du Commerce* et le *Courrier français* à un mois d'emprisonnement et cinq cents francs d'amende, qui le *Courrier de la Moselle* à un mois et cent cinquante francs d'amende, non pas même dans la personne des souscripteurs, mais dans celle des misérables éditeurs respon-

sables, boucs émissaires officiels. C'était trop ou trop peu;
mais, quand les tribunaux auraient blâmé les coupables,
ce qu'on ne fit pas à Metz, car la jurisprudence variait
selon la portée de jugement ou de fidélité de l'inamovible
magistrature, le blâme n'eût pas empêché les tribuns du
peuple français de mener leur fiacre. Les avertissements
le plus insolemment donnés ne manquaient donc pas à
un ministère flasque et désuni, où l'énergie des uns était
paralysée par la timidité des autres. Le fougueux général
Donnadieu disait au catégorique La Bourdonnaye : « Qu'at-
« tendez-vous donc ? Est-ce là ce que vous nous aviez pro-
« mis ? je ne vous reconnais pas. » Et l'homme aux catégories de 1815 lui répondait avec humeur : « Mon cher
« général, on voit différemment de près que de loin, au-
« trement quand on est dans la maison que quand on
« n'était que dans la rue. » Jugez des autres ! Chacun,
dans ses attributions, pouvait être fort bien choisi ; mais,
pour que l'attelage tire ensemble et mène droit le char
de l'État, il faut un chef aux conseillers de la couronne,
pour donner une direction uniforme, ferme, une marche
régulière dans un système convenu ; à des hommes d'État
les mieux intentionnés, il faut, en un mot, un président du
Conseil ; or, il n'y en eut point, et il semblerait qu'on était
convenu qu'il n'y en aurait pas. La Bourdonnaye n'avait
accepté de faire partie du Conseil qu'à cette condition. Il
était aisé de deviner son arrière-pensée : il espérait que,
vu la médiocrité de la majorité de ses collègues, aptes
chacun à leur spécialité, sa position parlementaire de chef
de l'opinion royaliste, sa supériorité dans les discussions,
sa réputation d'énergie et d'opiniâtreté militerait contre
le nom, la considération à l'étranger et la faveur attachés
au prince de Polignac, le seul dont il eût à craindre la
concurrence pour la présidence du Conseil. C'est une

question de savoir si La Bourdonnaye, qui ne pouvait et
ne voulait aller que seul, avait un système arrêté, et s'il
l'eût suivi ou pu suivre quand même il eût été chef du
Conseil ; il est permis d'en douter. Comme ministre de
l'intérieur, il n'a rien fait que des circulaires qui ne sont
pas des actes ; comme conseiller de la couronne, il n'a
développé aucun plan, n'a étonné ses collègues par aucunes
vues étendues, par aucune conception forte dont il ait
provoqué la prompte et urgente exécution, comme on
l'attendait de son caractère apparent et de sa capacité pré-
sumée. Peut-être attendait-il qu'il fût chef, pour parler et
donner l'ultimatum de sa politique ; encore est-il qu'il se
montra indécis comme les autres, et que le gouvernement
du Roi resta stationnaire, faute d'une pensée dirigeante.

Une telle situation était impossible à maintenir : aussi,
dans le mois de novembre, il se passa une scène d'intérieur aussi remarquable qu'affligeante dans ses résultats.
Le Conseil se tenait chez M. Courvoisier, qui dit, *ex
abrupto :* « Voilà plusieurs fois que nous avons parlé va-
« guement de l'utilité, de la nécessité qu'il y ait un pré-
« sident du Conseil; nous en avons le temps aujourd'hui :
« nous devrions peut-être nous occuper de le choisir. »
Chacun donna à son tour son assentiment ; M. de Polignac se défendit de voter ; La Bourdonnaye refusa, en
déclarant qu'il ne faisait plus de ce moment partie du
Conseil. « Chaque ministre, m'a dit l'un d'entre eux, l'en-
« gagea à rester, avec les plus vives instances, lui deman-
« dant avec amitié s'il avait quelques sujets de mécon-
« tentement, s'il avait à se plaindre de quelqu'un de ses
« collègues, lui représentant le fâcheux effet de sa retraite
« quand le Conseil avait tant besoin d'union et d'accord
« devant l'ennemi commun. » M. de la Bourdonnaye fut
inflexible, et se retira. Voilà ce que je sais de science cer-

taine. Je ne vais pas jusqu'à assurer qu'il ait dit : « Quand
« je joue ma tête, je veux tenir les cartes ; » s'il ne l'a pas
dit, il l'a pensé. Le 17 novembre, une ordonnance, contre-
signée Courvoisier, nomma le prince de Polignac président du Conseil. La retraite de La Bourdonnaye décon-
certa les hommes qui espéraient que des actes de vigueur
n'étaient qu'ajournés. Une nouvelle distribution des portefeuilles n'ajoutait pas un élément de force, pas un moyen
d'influence au ministère dans la Chambre basse, où
La Bourdonnaye avait l'appui du parti royaliste, dont
les rangs se seraient épaissis. M. de Montbel passa du
ministère des affaires ecclésiastiques et de l'instruction
publique au ministère de l'intérieur, et M. Guernon de
Ranville [1] lui succéda. Le Conseil eut un chef et n'en
marcha pas davantage. L'espérance sortit du cœur des
gens de bien ; les craintes des hommes mauvais se dissipèrent, et l'indécision du ministère communiqua l'atonie
administrative du centre aux extrémités. Le système ministériel était le système muet et expectant, tandis que,
pour agir, il n'y avait déjà que trop de temps de perdu,
tandis qu'il fallait prouver que le principe d'action était
l'esprit du cabinet qui s'était associé La Bourdonnaye, et
alors, lui absent, il n'y avait qu'un homme de moins. Il
fallait suivre, en sens inverse, la maxime d'Auguste, et
dire non pas : « Assez tôt si assez bien, » mais « assez bien
si assez tôt ; » il fallait pratiquer ce que, avec le droit et
la force unis, on pouvait savoir : que le mouvement et le
feu conviennent à une nation de salamandres, qui veut
toujours être tenue en haleine, être excitée par les plus

1. Martial-Côme-Annibal-Perpétue-Magloire, comte de Guernon-Ranville,
procureur général, ministre des cultes et grand maître de l'Université le
18 novembre 1829, nommé député le 2 mars 1830 par le collège du département de Maine-et-Loire ; né en 1787, mort en 1866.

petits actes de force, pourvu qu'ils soient continus. La nation française, la nation parleuse n'attend pas, ne combine pas : les plus hommes de bien n'ont d'idées que par communication ; les conjectures en font un peuple de commères ; les gouvernants qui balancent ne gagnent rien ; le succès et la gloire sont aux gouvernants qui osent. Cette disposition nationale des esprits en France rendait donc une calamité politique cette indécision qui continua d'être le caractère du gouvernement du Roi. Le Conseil ayant un chef immobile et muet, cette indécision amena l'absence d'impulsion et d'activité que devaient recevoir dans les provinces l'administration et le ministère public. Il en résulta, chez les fonctionnaires les plus zélés, l'étonnement et l'inaction, et, chez les douteux, l'indifférence à servir et jusqu'à la pensée de trahir si l'alternative se présentait. La cause de ce désordre était dans le gouvernement lui-même : il n'avait que l'unité nominale parce qu'il avait un chef dans la personne de M. de Polignac, mais chaque ministre était entravé dans l'exercice libre de ses attributions. Au ministère de la guerre, il y avait trois volontés : le ministre, Monsieur le Dauphin, et comme l'héritier présomptif de la couronne ne pouvait pas être en contact direct avec l'armée, M. de Champagny était l'intermédiaire. Le ministre était donc exposé à être compromis, soit qu'il accordât, soit qu'il refusât, par l'effet d'une décision contraire de la part du prince ou par le veto suspensif du président du Conseil. Lui-même, ministre des affaires étrangères, était dominé par les règles que sa bureaucratie avait faites à son usage et profit. A ma connaissance, le comte Faustin de la Ferté-Sénecterre [1] demanda inutilement d'être reçu surnuméraire

1. Augustin-Marie-Faustin Thibaut de la Carte, comte de la Ferté-Sénecterre.

dans la diplomatie. Ce jeune homme était d'une famille
de cordons bleus, de ducs, de maréchaux de France : voilà
pour la naissance ; il savait plusieurs langues, était plein
de connaissances et instruit dans le droit public de l'Europe. M. de Damas, et ensuite M. de Polignac, donnèrent
pour motif d'exclusion que tous les cadres étaient rem-
plis. Et par qui, grand Dieu ? par tous les imberbes spé-
ciaux protégés ou parents des d'Hauterive [1], des Rayneval [2], des Fleury de l'école impériale ; et leur ignorance
était si complète qu'on ne put pas trouver, dans cette
élite de bureaucratie, un idoine à remplir une mission
diplomatique des plus minimes dont M. de Polignac voulait le charger, et que ce fut pour remédier à cette pénu-
rie de capacités que le ministre releva l'École des chartes, que le ministère Martignac avait laissée tomber. Au
ministère de l'intérieur, quand l'honnête et fidèle Montbel,
aidé du bon Sirieys de Mayrinhac, avait réparé par un
travail consciencieux les faiblesses complaisantes de son
prédécesseur aux concessions, et qu'il présentait au Conseil assemblé quelques changements de mauvais préfets,
ces mauvais serviteurs, dont l'homme de la monarchie
avait fait justice, trouvaient des avocats et des protecteurs,
tantôt dans d'Haussez, le ministre de la marine, tantôt
dans le prési!ent du Conseil par recommandation d'en-
tourage, tantôt dans Monsieur le Dauphin, qui avait l'heureux instinct de repousser presque tous les fidèles, mais
d'aller au-devant de tous les traîtres. Le garde des sceaux,
ministre de la justice, Courvoisier, homme religieux,

---

1. Alexandre-Maurice Blanc de Lanaute, comte d'Hauterive, diplomate;
né en 1754, mort en 1830.

2. François-Joseph-Maximilien Gérard, comte de Rayneval, premier secrétaire d'ambassade à Londres en 1814, ambassadeur en Prusse et en Suisse,
puis à Vienne; né en 1778, mort en 1838.

converti monarchiquement, n'en conservait pas moins des
réminiscences de l'esprit doctrinaire, et dans toutes les
questions de choses et de personnes, s'il ne s'abstenait
pas, il hésitait. Aussi, dans toutes les causes qui intéres-
saient la religion, la monarchie, la personne même du
Roi, la jurisprudence dans l'application des peines était
livrée à l'interprétation des juges sur leur fidélité ou leur
scepticisme politique, et à l'argumentation captieuse des
Bernard de Rennes [1], des Odilon Barrot, des Mauguin,
Mérilhou, Isambert, des Dupin, tous avocats révolutionnaires, qui s'empressaient de défendre les prévenus, presque partout avec succès ; grâce aux droits étranges reconnus à l'indépendance de l'avocat, les débats étaient toujours plus scandaleux, la publicité y aidant, que le procès
lui-même. Il n'y avait pas d'assertions, de sophismes,
d'axiomes séditieux, hostiles à la religion, au bon ordre,
au gouvernement du Roi, que les avocats factieux ne se
permissent impunément dans l'intérêt de leurs clients.
Le prospectus de l'Association bretonne, qui n'était rien
moins qu'un manifeste de révolte, fut acquitté à Rouen
dans la personne de ses éditeurs ; ce même prospectus ne
valut à Paris que la peine minime d'un mois de prison et
cinq cents francs d'amende, à Bert et à La Pelouse, gé-
rants du *Journal du Commerce* et du *Courrier français*.
Le ministère public ne parvenait pas à faire respecter le
droit des gens : le 2 décembre, Bert, Chevassus, Chatelain,
enfants perdus du journalisme révolutionnaire, furent,
par les soins de maître Barthe et de maître Mérilhou,
renvoyés de la plainte en diffamation formée contre eux
par le prince de Castel-Cicala, ambassadeur de Naples,

---

1. Louis-Rose-Désiré Bernard, dit Bernard de Rennes, avocat, nommé
député à Lannion et à Rennes le 23 juin 1830 ; né en 1788, mort en 1858.

au sujet de l'extradition du Napolitain Galotti. Mais patience! avec de telles atteintes portées au droit public et aux pouvoirs légaux, le jour pourra venir où de tels avocats et de tels clients auront mis utilement pour eux sur leurs états de services, et ces poursuites impuissantes, et leurs triomphes scandaleux : ainsi, c'est à trois mois de prison et à six cents francs d'amende que le tribunal de Paris, je ne dis pas la Cour royale, a fait l'effort de condamner le même Chatelain, coutumier de méfaits politiques, pour avoir publiquement tourné en dérision la religion de l'État; et, le 3 décembre, la Cour royale d'Aix condamna solennellement le misérable *Aviso* de Marseille, dans la personne du misérable avocat Rousseau-Marquési, son gérant responsable, à la somme et prison pareilles, pour avoir été l'écho, avec commentaires, ironies et sarcasmes, dudit *Courrier français*, sous la raison Chatelain et Cⁱᵉ. Ce malencontreux avocat, gérant de l'*Aviso*, joue vraiment de malheur. Le Chatelain du *Courrier français*, condamné à Paris à la police correctionnelle, en appela à la Cour royale : le 18 août, c'était le président Amy, c'est tout dire, qui présidait; Chatelain, d'après le conseil de Mérilhou, son avocat, se laissa condamner par défaut; mais il reparut le 17 décembre, le fameux Mérilhou à ses côtés. M. le président Séguier était là, les chambres présidées par lui qui était dans le secret, les chambres constituées selon le roulement arrêté et disposé par lui à la fin d'août, c'est-à-dire composées des vieux niais à sa dévotion ou de malins qui, comme lui, votaient politiquement contre leur conscience : il n'est pas besoin de dire que Chatelain fut acquitté. Une amende minime et quelques semaines de prison, voilà la punition dérisoire dont la justice royale était armée contre l'impiété, l'insolence outrageante et calomniatrice de

la presse révolutionnaire. Cette lie d'écrivassiers quotidiens injuriait et calomniait sans relâche, presque sûre
de l'impunité, et certaine que la calomnie est comme le
charbon, et que, si elle ne brûle pas, elle noircit. Certes,
sous le double caractère de la fureur, de l'insolence et du
mensonge, aucun folliculaire ne s'est prononcé avec plus
d'acharnement contre le ministère choisi par le Roi le
18 août, que la *Sentinelle des Deux-Sèvres*. Un misérable
saute-ruisseau, sorti d'une étude obscure, distillant sans
conviction son fiel putréfié sous l'inspiration et la gouverne d'Agier le renégat, et le prénom sans autorité de
Clerc Lasalle, fut traduit en prévention devant le tribunal
de Niort, pour outrages et diffamations envers tels ministres du Roi, si haut placés qu'il n'avait jamais pu ni les
juger ni les connaître. Le tribunal ne vit qu'une excitation à la haine et au mépris du gouvernement, reproche
banal et que les avocats réduisaient à n'être qu'une opinion comme une autre, et sans doute bientôt meilleure
qu'une autre. La pudeur força les juges à condamner ledit
Clerc Lasalle à un mois de prison et à trois cents francs
d'amende, sous la réserve de sa part de ses titres à la
bienveillance de qui de droit, dans de meilleurs temps.
On observera pour mémoire que maître Barbette, de
même poil, acabit et clique que Clerc Lasalle, corédac-
teur comme lui de la *Sentinelle des Deux-Sèvres*, fut
condamné selon le même tarif, amende et prison, pour
outrages envers le préfet, comte Armand de Beaumont,
et pour excitation selon la formule.

Pendant que ces petits combats judiciaires, où la Révolution prenait acte de sa force, se livraient en province,
sans autre avantage pour le pouvoir que de ne pas
s'avouer vaincu, la Cour royale de Paris décida, le
24 décembre, la question contre la monarchie, le Roi et

ses ministres, en arborant la couleur révolutionnaire et
en donnant gain de cause au séditieux Bertin de Vaux,
qui n'était jusqu'à ce jour qu'en prévention pour son article à l'appui du refus éventuel de l'impôt et qui finissait par cet hypocrite cri d'alarme : « Malheureuse France,
malheureux Roi ! » L'avocat Dupin prouva à Messieurs
qu'après lui M. Bertin de Vaux avait toujours été et était
le serviteur le plus dévoué et le plus respectueux de la
cause royale, du Roi et de sa dynastie, qui avaient toujours été l'objet de son respect, de son amour et presque
de son culte. Et la Cour royale déchargea Bertin aîné des
condamnations prononcées contre lui, et aux cris de *Vive
le Roi!!!*

C'est au milieu de cette irritation des esprits, divisés
en défenseurs des droits du trône et en prétendus défenseurs des libertés publiques, que les hommes sages
voyaient avec inquiétude les symptômes du désordre
moral se manifester partout et jusque dans l'armée. A
Poitiers, dans la caserne des chasseurs, un maréchal des
logis avait, séditieusement et sans excuse d'ivresse, crié :
Vive l'empereur! Ses camarades les sous-officiers en
avaient fait justice, et l'avaient chassé. Le lieutenant général Despinoy [1] jugea qu'il y avait manque à la discipline,
puisqu'on ne lui avait pas fait un rapport préalable; il
voulait que le coupable fût réintégré, sauf à le punir ensuite ; il blâmait le zèle ardent des soldats, la prudence
du colonel, qui avait fermé les yeux sur le défaut de
forme de ce châtiment domestique qui méritait des éloges avec quelques observations. Il ne fallut rien moins
que l'intervention du ministre de la guerre pour calmer

---

1. Hyacinthe-François-Joseph, comte Despinoy, lieutenant général, commandant la 1re division militaire (Paris); né en 1764, mort en 1848.

Despinoy, qui voulait que la discipline fût prise à la lettre.

. J'étais allé chez le comte de Bourmont pour l'avertir de ce malentendu, de la part de notre ami commun, le maréchal de camp Malartic [1], commandant à Poitiers, lorsqu'au milieu du déjeuner une affreuse nouvelle télégraphique, qui intéressait bien plus gravement la discipline militaire, tomba comme un coup de foudre : un sergent du 3ᵉ de ligne venait d'assassiner d'un coup de fusil, à la parade, son colonel, le baron d'Aultanne, un des meilleurs et des plus anciens officiers de l'armée, et des plus royalistes, fort aimé cependant, soit dit en passant, de Monsieur le Dauphin ; le crime s'était commis à Toulon.

Un autre, moins tragique mais non moins symptomatique, venait, quelque temps auparavant, d'avoir lieu à Lyon. Un soldat voulut entrer au spectacle ; le factionnaire, soldat comme lui, lui opposa sa consigne ; le soldat insulta de paroles son camarade, qui appela le poste. Le caporal admonesta le militaire provocateur ; celui-ci le souffleta. Le sous-officier eut la modération de ne pas lui passer son sabre au travers du corps, et le mit au corps de garde. Toute la canaille libérale prit fait et cause pour le soldat coupable : il fallut l'intervention d'un détachement tout armé pour que la justice eût son cours.

Ainsi les liens de l'obéissance étaient relâchés de toutes parts. Une attente vague et défiante occupait les amis de la monarchie et du Roi ; une attente mieux fondée préoccupait tous ses nombreux ennemis. C'est ainsi qu'au gré de tous la session législative de 1830 s'ouvrit le 3 mars.

1. Le comte de Malartic de Montricoux, maréchal de camp le 4 juin 1814, commandant la 2ᵉ subdivision de la 12ᵉ division militaire, à Poitiers.

.

CHAPITRE IV

La question vitale fut posée par le Roi à la séance royale, dans la péroraison du discours de la couronne :

« Messieurs, le premier besoin de mon cœur est de voir
« la France, heureuse et respectée, développer toutes les
« richesses de son sol et de son industrie, et jouir en
« paix des institutions dont j'ai la ferme volonté de conso-
« lider le bienfait. La Charte a placé les libertés publi-
« ques sous la sauvegarde des droits de ma couronne.
« Ces droits sont sacrés; mon devoir envers mon peuple
« est de les transmettre intacts à mes successeurs. Pairs
« de France! Députés des départements! Je ne doute pas
« de votre concours pour opérer le bien que je veux faire.
« Vous repousserez avec mépris les perfides insinuations
« que la malveillance cherche à propager. Si de coupa-
« bles manœuvres suscitaient à mon gouvernement des
« obstacles que je ne peux pas, que je ne veux pas (en se

« reprenant) prévoir, je trouverais la force de les sur-
« monter dans ma résolution de maintenir la paix publi-
« que, dans la juste confiance des Français, et dans l'amour
« qu'ils ont toujours montré pour leur Roi. »

La Chambre des pairs répondit dans son adresse au
discours du Roi, et, pour la première fois, elle s'écarta de
l'usage obséquieux de le paraphraser paragraphalement
avec une réserve insignifiante : il se glissa dans la réponse
une velléité d'opposer une profession d'attachement à la
Charte, en regard de la phrase royale qui pouvait paraître menaçante aux malveillants. Ce fut M. Siméon qui fut
rapporteur de cette adresse assez équivoque. Ce devait
être M. de Lally-Tollendal, et la couleur eût été plus décidée et vraiment blanche, selon Hyde de Neuville ; mais
M. de Lally eut subitement une attaque, dont il mourut le
11 mars. Ce fut un malheur, parce qu'il était revenu parlementairement au royalisme positif et au langage franc.
La cause de son retour au vrai eut, dit-on, un motif qui
serait bien des temps modernes : une dotation de pair à
12,000 francs vint à vaquer par décès, sans survivance
ou hérédité ; il paraîtrait que M. de Lally, qui n'était pas
riche et n'en avait que dix, demanda le supplément de
deux mille francs à M. Portalis, alors garde des sceaux,
et pair aussi : Son Excellence promit à Sa Seigneurie de
ne pas donner ce supplément à d'autres qu'à lui. Ce fut dans
le sens de l'oracle de Delphes, car le petit bas des fesses
pair Portalis se donna le supplément à lui-même. Pour
avoir plus de renseignements, on peut demander à un
des notaires de Paris le mieux famé, et qui est leur ami
commun. Quoi qu'il en soit, chez M. de Lally, *manet alta
mente repostum judicium Paridis.*

Dans cette discussion de l'adresse des pairs, pour compensation à M. le Lally, qu'on n'entendit pas, le patron de

Bertin de Vaux se donna le plaisir de dire *je*, paragraphe par paragraphe, dans des allocutions hostiles, empreintes de fiel et inspirées par l'implacable dépit de son ambition rentrée; il ne refusa ni l'artifice à ses paroles, ni les mensonges à sa bouche. « Je l'avoue, dit-il, c'est à mon corps « défendant et après de longues hésitations que je suis « monté à cette tribune ; il m'a fallu six mois entiers de « provocations, il a fallu m'entendre traiter d'apostat et « de renégat, par ordre ou par permission, pour qu'enfin « je me crusse obligé de m'expliquer. Au reste, je par- « donne de grand cœur à ceux qui m'ont prodigué les ou- « trages. Je désire quatre choses pour mon pays : la reli- « gion sur les autels de saint Louis, la légitimité sur le « trône de Henri IV, la liberté et l'honneur pour tous les « Français. Je n'ai point douté que les ministres du jour « n'eussent l'intention de maintenir ces quatre choses ; « mais j'ai pensé, dès le premier instant, que, par la na- « ture même de la composition du Conseil, ils inquiéte- « raient les intérêts publics. » Et puis, sans avoir l'air d'y toucher, le noble vicomte débite sciemment un gros mensonge sur le projet de l'expédition d'Alger, dont il croit le succès impossible, mais dont il assure qu'on a demandé la permission préalable à l'Angleterre. Aux pa- roles du renégat, de l'apostat, comme il se plaint d'être appelé, je n'oppose qu'un fait, pour l'instruction des hon- nêtes dupes que son charlatanisme a faites, et c'est pour achever de peindre un génie satanique, qui n'est ni réné- gat ni apostat, car il est et a toujours été, sans croyances et sans conviction, l'orgueil incarné. Écoutez!

Vers ce temps, le noble comte de la Ferronnays, re- venu de ses erreurs politiques et remis dans la vraie voie pendant le séjour qu'il avait fait en Italie, revit, dès son arrivée, son ami M. de Chateaubriand, et lui déclara avec

franchise et repentir que c'était pour l'avoir cru et écouté
qu'il avait donné dans le libéralisme ; que ses yeux étaient
dessillés, et qu'il ne professait plus que la religion de
ses devoirs et la foi jurée aux Bourbons, sans restriction mentale et sans sophismes ; il pressa, en vrai gentilhomme français, son ancien ami d'imiter aujourd'hui
l'exemple qu'il lui donnait au nom de l'honneur et de la
raison. M. de Chateaubriand perdit toute son éloquence à
le ramener à ce qu'il appelait son système, ses doctrines
religieuses et monarchiques : M. de la Ferronnays le com-
battit victorieusement, mais employa en vain tous les
langages pour arracher cet esprit rebelle à son impénitence. Il est de toute vérité qu'il alla jusqu'à lui dire que
s'il ne fallait que de l'or pour satisfaire ses profusions, sa
seconde nature, il se faisait fort de lui faire accorder deux
millions avant deux mois. Le faux royaliste fut ébranlé,
mais se contenta de dire qu'il était trop avancé pour recu-
ler : « Non, non, dit-il enfin, avec le désespoir d'un ré-
« prouvé subjugué par Satan, je sais, je sens que je me
« jette dans un abîme ; mais j'en entraînerai bien d'autres
« avec moi. » (*Hist.*) Sans doute il a pu avoir la fatuité de
dire : « La monarchie tomberait qu'avec ma plume je la
« relèverais avant six mois, » à condition qu'ayant l'omnipotence d'un autocrate libéral, il pût dire, sous un roi de
nom : la monarchie, c'est moi. *O cœcas hominum mentes!*
Tel est, non pas le *génie*, mais le *démon* du christianisme,
marqué au front des lettres infernales : CHATEAUBRIAND.

On voit qu'à la Chambre des pairs, malgré l'adjonction
des soixante-quinze de M. de Villèle, l'esprit monarchique était très conditionnel ; mais, dans la Chambre
basse, l'esprit révolutionnaire domina avec impudence.
Dès le début de la session, le bureau fut composé de
haute lutte de Casimir Périer, Royer-Collard ; au second

scrutin, Lalot sortit seul; au troisième, Sébastiani et l'important Agier. Voilà les cinq candidats à la présidence;
c'était la défection admise, par pitié, à marcher derrière
la Révolution. Royer-Collard fut choisi pour président; le
gouvernement se crut heureux de rencontrer, parmi ces
noms politiquement si scandaleux, un nom classique,
quasi hostile, et certainement en neutralité armée. La
commission dite de l'adresse fut toute hostile : Preissac
et Gautier, défection ; Étienne, Kératry, Dupont de l'Eure,
Sébastiani, extrême gauche ; Le Pelletier d'Aunay, de
Sade, l'avocat Dupin, centre gauche. Le point important
de l'adresse, et par suite le sujet de la lutte parlementaire,
était la dernière phrase du discours du trône, où le Roi
réclamait le concours des Chambres, et déclarait y compter. L'adresse, après les débats les plus vifs, fut votée à
une majorité de quarante voix. Quarante voix proclamè-
rent que la prérogative royale devait fléchir devant la
Révolution ! L'Épine, Conny, Montbel, Guernon de Ranville, Berryer, La Boulaye parlèrent, monarchiquement
et constitutionnellement, avec autant d'énergie et d'éloquence que de raison ; mais nul ne fit plus d'effet que
M. Pas de Beaulieu, jusqu'alors sans place marquée dans
les rangs de la Chambre. Il dit, dans une courte allocution pleine de franchise et de courage, ces mots remarquables : « Rallions-nous autour de ces rois qui, depuis
« huit cents ans, ont commandé à nos pères et gouverne-
« ront nos fils. La Providence veille sur eux. Rallions-
« nous autour de ce trône d'où est émanée la Charte, et
« d'où seul peuvent découler les développements de nos
« institutions, la prospérité et la gloire du pays. Loin de
« toucher à la prérogative royale, fortifions-la au con-
« traire ; il est plus que temps. Non, la France ne veut pas
« que le Roi rende son épée. »

A l'appui de cette militaire et chevaleresque déclaration, il se tenait en très haut lieu de fort bons propos. « Quand il en sera temps, disait le Roi, je monterai à « cheval. » Et encore : « Je ne veux pas descendre du « trône comme mon frère. » Il ne s'agissait donc que de mettre les actes en harmonie avec les paroles. Le 1er janvier, le Roi avait reçu sèchement la Cour royale et le Séguier, son indigne chef. Madame la Dauphine avait donné un témoignage de sa vertueuse indignation à ces modernes frondeurs, en répondant à leurs profonds saluts ces mots sévères et mérités : « Passez, Messieurs ! » Le 12 mars, à la réception annuelle des Bordelais, toute la famille royale accueillit la députation avec des distinctions et des préférences remarquées. Martignac s'y tint modestement sur le second plan ; le transfuge Gautier eut le front de se présenter : un regard de Madame la Dauphine, accompagné du reproche de trahison le plus direct, le couvrit de confusion, et ne le renvoya que plus coupable : membre de la commission de l'adresse, il aurait renchéri de haine et d'insolence sur ses collègues les plus déhontés. Les factieux de la commission, approuvés par leurs 212 complices formant les fameux 221, ont osé dire au mieux intentionné des monarques, par l'organe de l'indéfinissable Royer-Collard, le président, ces paroles historiques, manifeste de révolte ouverte et proclamée : « La « Charte consacre comme un droit l'intervention du « pays dans la délibération des intérêts publics : cette « intervention fait du concours permanent des vues po- « litiques de votre gouvernement avec les vœux de votre « peuple la condition indispensable de la marche régu- « lière des affaires publiques. Sire, notre loyauté, notre « dévouement, nous condamnent à vous dire que ce con- « cours n'existe pas. » Ce scandale se passa aux Tuileries

le 18 mars. Le Roi répondit avec fermeté : « J'avais droit
« de compter sur le concours des deux Chambres pour
« accomplir tout le bien que je méditais ; mon cœur s'af-
« flige de voir les députés des départements déclarer que
« de leur part ce concours n'existe pas. Messieurs, j'ai
« annoncé mes résolutions dans mon discours d'ouverture
« de la session ; ces résolutions sont immuables : l'intérêt
« de mon peuple me défend de m'en écarter. Mes minis-
« tres vous feront connaître mes intentions. »

Et le lendemain, 19 mars, le ministre de l'intérieur
Montbel remit au président Royer-Collard une procla-
mation du Roi qui prorogeait la session de 1830 au mois
de septembre prochain. Le côté droit cria hautement:
Vive le Roi! Quelques voix de la gauche vociférèrent sans
explosion: *Vive la Charte!* Une voix cria, dans la tribune
publique : *Vive la constitution !* Les royalistes répondirent:
A bas les factieux ! Et, amis de la monarchie comme ennemis publics, se séparèrent dans le désordre de la plus
vive agitation, tous s'attendant qu'un avenir prochain
était gros d'événements. Le tout est de soutenir son dire.

Ce ne fut pas, à cette époque, le fort de quelques notabilités du parti royaliste, chez qui on n'aurait pas dû
trouver légèreté, inconséquence et faiblesse. Pour être un
incident sans grande portée, il ne cesse pas d'être remarquable, par les noms de ceux qu'il a compromis d'une
étrange manière. Un homme à imagination et à creuses
idées, dont la plume faisait depuis longtemps autant de
chemin que la tête, honnête homme, royaliste et religieux, métaphysicien nébuleux, théologien, publiciste,
avocat, prolixe et loquace, et qui pis est, inévitable, avait
eu la malencontreuse idée de griffonner un *Mémoire à
consulter* [1], adressé au Conseil du Roi et dédié au prési-

1. Antoine Madrolle, docteur en droit, publiciste, auteur de nombreux

dent, prince de Polignac, sans assurément qu'il s'en
doutât. Cette élucubration ou rêverie renfermait au moins
trois ou quatre systèmes électoraux, d'intention très monarchiques, mais très peu constitutionnels, et pleins d'ir-
révérences envers Messieurs de la Cour royale notamment. Ce personnage, que je connaissais sous de très
estimables rapports, m'apporta son manuscrit pour le
lire. Il revint au bout de quelques jours, me disant qu'il
était pressé de le faire imprimer. Je lui observai que l'ouvrage était, selon la Charte, d'une orthodoxie douteuse. Il
me montra trois approbations très laudatives de MM. de
Frenilly, de Vaublanc et de Castelbajac, en me priant
instamment de joindre par écrit mon jugement au leur.
Après m'y être longtemps refusé par modestie, je cédai,
et je mis quelques lignes sur un chiffon de papier, sans
date ni signature, et qu'il emporta en me remerciant
beaucoup. Je reçus, peu de jours après, l'œuvre imprimée, avec les solennelles approbations de ces Messieurs,
plus la mienne, signée, datée comme les autres. Il n'importe ; mais voici le curieux : c'est que le *Mémoire à
consulter* fut poursuivi par le ministère public. Dès que
MM. de Vaublanc, de Frenilly et de Castelbajac en eurent l'éveil, ils écrivirent dans les journaux qu'ils désa-
vouaient leurs témoignages et leurs signatures. Madrolle
vint me faire des doléances, en me remerciant de n'avoir
pas imité leur exemple. Je lui reprochai en riant de m'a-
voir imprimé tout vif, sans m'avoir averti, mais que mon
habitude n'était pas d'abandonner mes amis, même dans
leurs imprudences, et je signai et je datai l'original, qui

---

ouvrages politiques, publia, de concert avec l'avocat Henrion, un écrit
intitulé : *Mémoire au conseil du Roi sur la véritable situation de la France
et sur l'urgence d'un gouvernement contraire à la Révolution* ; né en 1792,
il mourut en 1861.

ne l'était pas, en cas qu'on lui demandât en justice de le
produire. Le plus curieux reste à savoir : Madrolle me
montra trois lettres de ces trois messieurs, contenant
leurs excuses du désaveu qu'ils s'étaient crus obligés de
publier dans les journaux. Madrolle voulait à toute force
envoyer leurs lettres au *Constitutionnel* et au *Courrier*,
ce qui eût fait rire Labbey-Pompières lui-même. A force
d'instances, j'obtins qu'il ne se donnerait pas ce plaisir,
et qu'il n'élèverait pas ce scandale, qui en resta là.

Une étourderie, d'un caractère bien plus grave, et bien
plus difficile à croire, m'eut pour témoin et pour acteur,
le mercredi 24 mars. M. Rocher [1], qui était du Conseil
d'État et avait la confiance des ministres, me rencontra
sortant le soir du ministère de l'intérieur : « Le premier
« président de la cour royale d'Orléans vient de mourir ;
« M. de Lavau est nommé à sa place. » Jeudi, vendredi,
samedi se passent, sans que l'ordonnance soit dans le
Moniteur ; mais le dimanche soir, au jeu du Roi, j'allai
aux Tuileries, sur invitation d'usage. Avant que le prince
fît son whist, il parcourait les salons, entre une double et
triple haie d'hommes et de femmes. Charles X, qui avait
une perspicacité d'affabilité et la plus prévenante bienveillance, m'aperçut sur la seconde ligne ; il s'arrêta, et
venant droit à moi, en me faisant signe de la tête : « J'ai
« nommé, me dit-il, votre gendre premier président à
« Orléans, et avec plaisir : vous le verrez ce soir dans la
« gazette. » Le lendemain, silence dans le *Moniteur ;*
ainsi le mardi, ainsi le mercredi, ainsi les jours suivants.
Le bon petit président de la Place n'était pas mort, mais
on l'avait cru tel à Orléans. L'erreur du ministère venait

---

1. Joseph Rocher, conseiller à la Cour de Lyon, maître des requêtes au
Conseil d'État, secrétaire général du ministère de la Justice, conseiller à la
Cour de cassation en mai 1830 ; né en 1794, mort en 1864.

de ce que, le voyant à toute extrémité, son neveu Champvallin, président, avait mis trop d'empressement à demander la place de son oncle; tel conseiller, celle du
président Champvallin; tel, qui était en expectative, celle
du conseiller postulant. Encore est-il que le ministre
Courvoisier aurait dû attendre que le procureur général
lui eût envoyé officiellement la nouvelle de la mort du
titulaire, avant de nommer à sa place; car le Roi ne se
trompait pas et ne voulait pas me tromper : il avait signé
la nomination le matin; elle fut non avenue, mais le gouvernement dut s'accuser d'une inconcevable étourderie.

Ce ne fut pas du moins sans réflexion qu'il fit rendre
au Roi l'ordonnance du 16 mai, annonçant la dissolution
de la Chambre et sa prochaine convocation au 3 août. Ce
ne fut pas sans opposition dans le Conseil. Cette mesure
alarma la timidité politique de M. Courvoisier et de
M. de Chabrol : ils se retirèrent. Les sceaux furent donnés
à M. de Chantelauze, l'intérieur à M. de Peyronnet, les
finances à M. de Montbel. Un nouveau département fut
créé, sous le nom de ministère des travaux publics, et
donné au baron Capelle [1]. Un fait remarquable, et qui
passa inaperçu au milieu des préoccupations involon-
taires sur les événements imminents d'une péripétie ou
crise intérieure, ce fut le rapport consciencieux et conso-
lant sur l'état des finances de l'État, adressé au Roi par
M. de Chabrol, le 15 mai, en remettant son portefeuille
au vertueux et intègre M. de Montbel. Le budget des dépenses s'élevait, pour 1831, à 983,185,597 fr., celui des
recettes à 986,201,158 fr.; ainsi 3,015,561 fr. d'excédent
disponible. Que devenait donc, pour la seconde fois, ce

---

1. Guillaume-Antoine-Benoît, baron Capelle, conseiller d'État, préfet de
Seine-et-Oise; né en 1775, mort en 1843.

déficit que M. Roy prétendait si bien prouvé? Les feuilles
libérales n'en ont pas moins persisté à le maintenir.

Cependant le Roi avait dit, dans son discours : « J'ai
« dû suspendre un temps mon juste ressentiment contre
« une puissance barbaresque ; mais je ne puis laisser plus
« longtemps impunie l'insulte faite à mon pavillon. La
« réparation éclatante que je veux obtenir, en satisfaisant
« à l'honneur de la France, tournera, avec l'aide du Tout-
« Puissant, au profit de la chrétienté. » En exécution des
paroles royales, 40,000 hommes se rassemblèrent à Toulon ; M. le comte de Bourmont, ministre de la guerre,
fut nommé chef de l'expédition et général de l'armée de
terre ; le loup de mer Duperré, excellent marin, fut le
commandant de la flotte chargée du transport des troupes
et du matériel. L'expédition n'était pas approuvée de lui,
et son dissentiment n'avait rien que de plausible : beaucoup de marins et de militaires le partageaient, sans qu'on
ait le droit de l'attribuer légèrement à des motifs secrets
et se rattachant aux intérêts révolutionnaires. Il refusa
d'abord le commandement que le ministre de la marine
lui offrit au nom du Roi ; mais, sur l'assurance qui lui fut
donnée que, s'il ne se décidait pas sous vingt-quatre
heures, un autre serait mis à sa place, il se ravisa et
accepta. On doit cette justice au baron d'Haussez qu'il
mit une fermeté, une activité, une intelligence vraiment
admirables à préparer, en ce qui le concernait, tous les
détails de l'expédition. Les gens du métier les mieux intentionnés soutenaient qu'il faudrait au moins quatre
mois de préparatifs : en deux mois tout fut prêt. On vit
arriver comme par enchantement les innombrables bâtiments de transport, bateaux à bœufs, bateaux de charge
de toute grandeur, nolisés à Gênes, à Livourne, dans tous
les ports de l'Italie. Il y allait de l'intérêt direct de tous

les commerçants qui naviguent sur la Méditerranée ; il y
allait de la gloire et de l'affranchissement de tous les sujets de l'Espagne, de l'État romain, du royaume de Naples, et surtout de la France, soumis à payer des tributs
annuels, honteux et arbitraires, à un dey d'Alger. Mais,
ce qu'on aura peine à croire, et ce qui met à nu la turpi-
tude et la perversité des tartufes patriotes, des charlatans
libéraux, c'est que la presse périodique révolutionnaire,
non seulement réprouvait l'armement, non seulement faisait des vœux pour que l'expédition échouât, mais avait
l'impudeur et la perfidie d'instruire jour par jour, par la
bouche de l'*Aviso de Provence*, la régence d'Alger des
forces navales et militaires dirigées contre elle, des progrès que faisaient les préparatifs, du jour fixé pour le
départ, et du point certain de débarquement, à Sidi-Fer-
ruch ; et ce crime libéral si patent ne fut ni poursuivi ni
puni dans la personne de ces indignes Français !

Cependant Mme la duchesse de Berry avait été à Perpignan chercher le roi et la reine de Naples, qui venaient
de conduire leur fille Marie-Christine au roi d'Espagne
Ferdinand VII. La princesse avait mené ses parents à
Chambord, ce don malencontreux remis peu de jours
avant au Roi pour son petit-fils le duc de Bordeaux :
produit si lent et si entravé des souscriptions d'un nombre
donné de bons Français. Le ministère métis qui avait
précédé le ministère Villèle y avait apporté le plus d'obstacles qu'il avait pu ; le ministère royaliste n'y avait pas
attaché assez d'importance ; enfin, ce qu'il y avait de
noble, de national et de monarchique dans la pensée de
sauver de la destruction ce château royal, premier monument de la renaissance des arts en France et de la
magnificence de François Ier, en l'offrant au jeune prince
héritier du trône, l'enfant du miracle et l'espoir de la

France, cette pensée toute française avait été sans valeur aux yeux de l'égoïsme et de la cupidité des courtisans, qui n'ont vu dans le revenu présent ou présumable de ce royal domaine rien à donner à leurs importunités, rien de ce que, dans le langage de Cour, on appelait une guenille [1].

Une circonstance remarquable de ce voyage, ce fut, pendant le séjour du roi et de la reine de Naples à l'hôtel d'Angleterre à Blois, la visite que le prince de Talleyrand vint faire au roi des Deux-Siciles. M. le duc de Blacas [2], premier gentilhomme de la Chambre, accompagnait partout le prince étranger : il l'avertit de l'arrivée inopinée du personnage. Le roi se refusait à voir celui qu'aux Tuileries on appelait le *diable boiteux;* M. de Blacas observa qu'étant grand chambellan de France, et venant exprès de Valençay, de dix lieues, il était convenable de le recevoir : « Eh bien! je le recevrai à l'heure « de mon dîner. » Le diable boiteux introduit, le roi ne lui dit pas autre chose, sinon : « Monsieur de Talleyrand, « vous arrivez de votre campagne — elle est près d'ici, — « vous allez y retourner. Voici l'heure de mon dîner ; je « vais me mettre à table ; je vous engage à aller en faire « autant » (*hist.*, d'après le témoin). Le Talleyrand avait fait sa visite, c'est tout ce qu'il voulait. Il avait fait sa visite ; il s'en rapporta au public pour supposer ce que l'entretien avec un homme comme lui et la tête couronnée avait eu, non pas de froid, de sec et d'insignifiant, mais d'affectueux, de profond et d'important pour la France, l'Italie et même l'Europe !

Le 31 mai, le duc d'Orléans donna à la famille royale,

---

1. Voir note A, à la fin du chapitre.
2. Pierre-Louis-Jean-Casimir d'Aulps, duc de Blacas, pair de France le 17 août 1815, membre de l'Institut ; né en 1770, mort en 1839.

au roi de Naples son beau-frère, à la reine, mère de la duchesse de Berry, une fête dans le Palais-Royal, qui fut
une magnifique cohue, où pas un de ses féaux, grands,
moyens et petits, ne manqua à l'appel. Le Roi put s'en
apercevoir et y compter plus d'ennemis que d'amis : bien
loin de se le persuader, il croyait tout ce rassemblement
animé des mêmes sentiments que lui. Toujours Français,
on entendit ce noble prince dire, en se réjouissant du
beau temps : « Ma flotte a un vent bien favorable. » Un
peuple, qui n'était pas le sien, inondait le Palais-Royal,
jardins, cours et galeries ; cette tumultueuse foule de
jeunes et de vieux libéraux, d'émeutiers et de filous,
avait fait de ce lieu public le théâtre du désordre le plus
insolent et le plus scandaleux. La foule, qu'on avait
exprès livrée à elle-même, s'est d'abord amusée à jeter
les lampions dans le bassin ; elle a franchi les grillages,
arraché les arbustes et les fleurs, enfin des piles de
chaises ont été entassées, et on y a mis le feu, au milieu
de rires frénétiques et de vociférations semblables aux
cris d'une horde de sauvages. Ce qu'il y a de certain, c'est
que le roi de Naples, prince de bon sens, qui avait eu en
France des yeux pour voir et des oreilles pour entendre,
ne se fit pas la même illusion que les Bourbons de la
branche aînée sur le duc d'Orléans et sur ses pratiques.
En retournant dans ses États, un mois après cette fête soi-
disant de famille, et repassant à Turin, il dit au roi régnant alors, en résumant ce qu'il avait vu à Paris : « Nous
« pouvons dire que notre beau-frère *è un gran birbante.* »
Le roi de Sardaigne et le roi de Naples étaient beaux-
frères du duc d'Orléans [1].

Cependant la dissolution de la Chambre élective et la

1. Voir note B, à la fin du chapitre.

convocation des collèges en juin, l'avènement de M. de
Peyronnet, homme de talent et de caractère, au ministère
de l'intérieur, l'expédition d'Alger, qui avait beaucoup de
chances de succès, donnaient aux factieux des inquié-
tudes de toute nature. On avait triomphé de toutes leurs
manœuvres pour entraver, décréditer l'entreprise, et la
flotte était en mer. L'enthousiasme presque général avait
salué l'embarquement; les vœux de la France commerçante, de la France royaliste, de la France ennemie des
troubles, accompagnaient le comte de Bourmont. Une dé-
fiance, sans doute injuste, s'attachait, chez beaucoup de
bons Français, au nom de Duperré; aussi lui a-t-on re-
proché d'avoir passé en vue d'Alger et même de Sidi-
Ferruch, et d'avoir rétrogradé jusqu'à Palma; mais la
marche de l'immense convoi qu'il avait à conduire était
inégale, et il était indispensable de le rallier pour que le
débarquement fût complet. Tout ce qu'il est permis de
croire, c'est qu'il partageait les vœux du libéralisme
français, du moins pour les lenteurs des opérations, afin
que le succès, s'il fallait le subir, n'influençât pas monarchiquement sur les élections, fixées à la fin de juin. Les
révolutionnaires, pour qui cette chanceuse épreuve était
une question de vie ou de mort, puisque le gant avait été
jeté par eux à la monarchie avec le refus de concours
souscrit par la faction des 221, ne se refusaient aucune
manœuvre, souterraine ou patente, pour arriver à leur
coupable but. Le comité directeur de Paris, qui avait ses
associations organisées dans tous les arrondissements
électoraux de la France, avait mis en mouvement ses missionnaires de robe courte, tous en crédit auprès des électeurs de campagne : huissiers, notaires, médecins, avocats
ou avoués. Les petits blancs des bourgs et des villes, en
majorité dans les petits collèges, offraient même, dans les

grands, une minorité turbulente et hostile. La force légitime du gouvernement, qui consistait dans ses fonctionnaires, était devenue précaire par l'ascendant que la presse périodique avait pris sur les hommes faibles ou intéressés dont les journaux et les écrits révolutionnaires éveillaient sans relâche l'ambition, la jalousie, la cupidité et le stupide orgueil. Il ne fut donc que trop naturel que les semences fructifiassent, et les élections de juin 1830 ramenèrent à la Chambre élective les fameux 221, qui menaçaient la monarchie d'une majorité factieuse. La conspiration était flagrante; toutes ses notabilités de fabrique étaient signalées depuis longtemps, et n'étaient pas sans inquiétude. Aussi les attaques ouvertes de la faction se commettaient par la voie de la presse, sous la direction d'un comité consultatif d'avocats qui ne laissaient aller la licence que jusqu'aux limites au delà desquelles les plus déhontés auraient été forcés d'abandonner la défense. Toutes les doctrines impies, séditieuses, étaient, depuis longtemps, non pas soutenables, mais triomphantes, en Cour royale. Il ne s'agissait que de s'observer sur les mots, mais, dans l'ombre, il n'y avait pas d'attentat contre l'ordre et la tranquillité publique que les comités directeurs de Paris n'organisassent, n'autorisassent, ne soudoyassent, quelque indéterminé que fût le but, quelque indéfinissable que parût l'intention. Le conseiller Cottu, qui avait trop longtemps pratiqué nos soi-disant libéraux, venait de dire, en les quittant avec dégoût, en les reniant avec horreur : « On ne sait pas comme moi ce qu'il y a de « sang dans la pensée de plusieurs de ces hommes-là. » Semer la calomnie n'allait guère au delà du peuple des villes, semer le trouble par l'effroi était d'un effet bien plus général : il atteignait chaque individu des populations des campagnes. Le génie satanique de plusieurs,

parmi lesquels je nommerai Méchin, inventa donc à cette
époque les incendies politiques. Le confectionnement,
l'emmagasinement de mèches combustibles, en cas et en
temps utiles, était depuis longtemps à la disposition de la
direction générale des carbonari. Il faut nommer par
leurs noms ces rose-croix des libéraux, dussent s'en
étonner les innombrables libéraux niais : *stultorum infi-*
nitus est numerus. Pour semer le trouble, ces projec-
tiles, du plus utile et plus urgent emploi dans la circonstance, sortirent de l'arsenal secret des carbonari, pour
servir les hautes pensées de messieurs du comité directeur. Aussi, à cette époque, à la veille des élections, au
milieu des irritations les plus vives, des incendies, qu'on
ne pouvait attribuer au hasard, éclatèrent successivement
et continuèrent d'abord dans une des provinces les plus
populeuses, et pour cause, dans l'ancienne Normandie,
dans les départements de la Manche et du Calvados.
C'étaient des granges vides et isolées qui étaient la proie
des flammes. On espérait avec raison que, pour surveiller ces invisibles méfaits, la force militaire serait portée
du centre à la circonférence, et que les soulèvements
qu'on provoquerait au premier à-propos rencontreraient
moins de résistance. Et déjà même plusieurs compagnies
des grenadiers à cheval de la garde avaient été envoyées
à Caen, à la grande satisfaction de la direction des incendies. Une réminiscence révolutionnaire, qui datait de
1789, avait fait mettre en action cette conception de terreur panique. On se souvenait qu'à la seule annonce d'arrivée de brigands que personne n'a jamais vus, tous les
hameaux et les bourgs du royaume coururent aux armes,
chacun pour sa sûreté qu'il crut menacée ; et sans autre
loi que celle de la peur, des millions d'hommes, bien ou
mal armés, couvrirent le sol français en moins d'une se-

maine : il ne manqua plus à cette armée qu'un nom et des chefs. Une fois les populations sur pied, spontanément les gardes nationales étaient reformées au grand complet, et les ennemis, la calomnie libérale se chargeait en temps et lieu de les désigner à la fureur populaire : c'étaient les royalistes, les ministres du Roi, et le Roi, qui auraient été les incendiaires ; et plus l'accusation eût été absurde, mieux le peuple l'aurait crue. Ce qui est certain, c'est que beaucoup d'individus obscurs, servantes ou bergères, présumés incendiaires, furent arrêtés et jugés, tous silencieux comme Louvel, et sans doute subjugués par les mêmes moyens, ce que les débats de Caen permettent de croire : pas un aveu ni une déposition n'accusa un royaliste. Mais ce qui a beaucoup de poids à mes yeux, et ce qui se rattache à mon opinion fixée sur les incendies comme moyen politique révolutionnaire, c'est la déposition qui compromit et fit arrêter un homme attaché au comte de Grouchy, et commensal dans son château de La Ferrière, près de Vire. Cette observation n'est que dans ma conviction : je la livre à l'examen. Il est du moins étonnant, ou plutôt il ne l'est pas, qu'après les événements de juillet 1830, on n'ait donné aucune suite à la déposition qui inculpait ce particulier. Il me reste à dire que, dans les mois qui ont précédé le mois d'août 1830, cent quatre-vingt-huit incendies ont terrorifié la Normandie, tandis que, depuis très longtemps, on eût eu de la peine à en compter six ou huit. Ils ont cessé le 1er août : d'où je me crois fondé à conclure qu'à cette époque les vainqueurs de la monarchie légitime n'en avaient plus besoin [1].

1. Le manuscrit autographe du comte de Salaberry se termine ici.

NOTES DE L'AUTEUR

(Voir note A, page 304)

Tel gent de cour, qui regardait la liste civile comme un fonds commun, trouvait commode et simple de faire demander, on sait par qui, à Louis XVIII, ce qu'on appelait discrètement *une guenille* : c'étaient quelque cent mille francs ou cinquante mille écus. A Charles X, ses bons et chers amis les lui demandaient à lui-même, et il octroyait la guenille. Il aurait fait beau voir qu'il refusât le duc de Gramont [1] ! Une seule preuve suffira. Quand Louis XVIII mourut, Charles X alla occuper l'appartement royal. M. de Béthisy était alors gouverneur des Tuileries. Le Roi lui demanda une chambre ou deux pour avoir sous la main Antoine, son porte-arquebuse. M. de Béthisy lui dit qu'il ne voyait pas de logement libre, le pavillon Marsan allant être occupé par la maison du duc de Bordeaux, que l'on formait. « Mais, dit M. de Béthisy, le « duc de Gramont a aux Tuileries un logement comme capi- « taine des gardes quand il est de service, un autre comme « duc de Gramont, et de plus son hôtel à Paris. Dans le loge- « ment de faveur qu'il a au château, il pourrait céder quel- « ques chambres pour placer le porte-arquebuse de Votre « Majesté. — Eh bien ! lui dit le trop bon Roi, charge-toi donc « de lui en parler, car moi je sais bien ce qu'il me répon- « drait ! » Il est vrai que, de ses quatre capitaines des gardes, le Roi et la monarchie ne pouvaient compter que sur le prince de Solre [2].

1. Antoine-Louis-Marie, duc de Gramont, lieutenant général, pair de France le 4 juin 1814 ; né en 1755, mort en 1836.
2. Emmanuel-Marie-Maximilien de Croy, nommé plus haut, p. 100.

(Voir note B, page 305)

Telles étaient les bontés du Roi et de sa famille pour ce parent, premier prince du sang de France, qu'à son instante prière Charles X chargea M. de Blacas, son ambassadeur à Naples, de proposer le mariage de la princesse Marie d'Orléans avec le prince royal des Deux-Siciles. Dans le vœu de sa mission, le duc de Blacas parla au roi de Naples, qui n'y mit pas d'opposition, mais il en rencontra chez son fils. Le roi engagea le duc à parler lui-même au jeune prince, qui répondit vaguement qu'il ne voulait pas se marier. L'ambassadeur insista, et lui fit sentir respectueusement qu'il devait au chef de la famille de Bourbon un refus motivé. Enfin, le jeune prince, forcé en quelque sorte de s'expliquer, dit énergiquement : « Non, jamais je n'épouserai la petite-fille d'un régicide. » De retour à Paris, le duc de Blacas transmit la réponse au Roi : « Comment! il a dit cela, répondit Charles X. « Ma foi, rendez la réponse au père, je ne m'en charge pas. » L'ambassadeur commença par faire la communication à Mme la duchesse d'Orléans : la princesse se récria assez pour que le duc négociateur lui dit, avec toutes les précautions oratoires convenables : « Permettez-moi, Madame, de vous « rappeler que, quand on vous a proposé le prince votre mari, « vous ne l'avez pas accepté sans hésitation; je vais achever « ma mission auprès de M. le duc d'Orléans. — Non, non, lui « dit la princesse, ne lui en parlez pas : je m'en charge » *(hist.).*

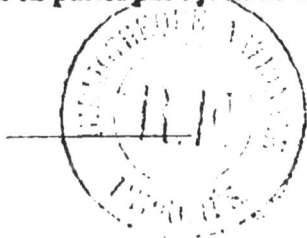

TABLE DES NOMS

ERRATA

T. I, page 11, note 2, au lieu de : le 10 octobre *1811*, lisez : *1816*.

T. II, page 146, ligne 5, au lieu de : *Fouquier*, lisez *Fouquet*.

TABLE DES MATIÈRES

LIVRE V

BESANÇON. — IMP. ET STÉRÉOT. DE PAUL JACQUIN.

PUBLICATIONS DE LA SOCIÉTÉ D'HISTOIRE CONTEMPORAINE

En vente à la librairie A. PICARD ET FILS, rue Bonaparte, 82,
au prix de 8 fr. le volume :

Correspondance du marquis et de la marquise de Raigecourt avec le marquis et la marquise de Bombelles pendant l'émigration, 1790-1800, publiée par M. MAXIME DE LA ROCHETERIE, 1 vol. 1892.

Captivité et derniers moments de Louis XVI. Récits originaux et Documents officiels, publiés par le marquis DE BEAUCOURT, 2 vol. 1892.

Lettres de Marie-Antoinette. Recueil des lettres authentiques de la Reine, publié par MM. MAXIME DE LA ROCHETERIE et le marquis DE BEAUCOURT, 2 vol. 1895-1896.

Mémoires de Michelot Moulin sur la chouannerie normande, publiés par le vicomte L. RIOULT DE NEUVILLE, 1 vol. 1893.

Mémoires de famille de l'abbé Lambert, dernier confesseur du duc de Penthièvre, aumônier de la duchesse douairière d'Orléans, 1791-1799, publiés par M. GASTON DE BEAUSÉJOUR, 1 vol. 1894.

Journal d'Adrien Duquesnoy, député du tiers état de Bar-le-Duc, sur l'Assemblée constituante, 3 mai 1789-3 avril 1790, publié par M. ROBERT DE CRÉVECŒUR, 2 vol. 1894.

L'invasion austro-prussienne (1792-1794). Documents publiés par M. LÉONCE PINGAUD, 1 vol. avec héliogravure et carte. 1895.

18 fructidor. Documents pour la plupart inédits, recueillis et publiés par M. VICTOR PIERRE, 1 vol. 1895.

La déportation ecclésiastique sous le Directoire. Documents inédits publiés par M. VICTOR PIERRE, 1 vol. 1896.

Mémoires du comte Ferrand (1787-1824), publiés par M. le vicomte DE BROC, 1 vol. avec héliogravure. 1897.

Collectes à travers l'Europe pour les prêtres français déportés en Suisse, 1794-1797. Relation inédite, publiée par M. l'abbé L. JÉRÔME. 1 vol. 1897.

Mémoires de l'abbé Baston, chanoine de Rouen, publiés d'après le manuscrit original, par M. l'abbé Julien LOTH et M. Ch. VERGER, 3 volumes avec héliogravure. 1897-1899.

Souvenirs du comte de Semallé, page de Louis XVI, publiés par son petit-fils, 1 vol. avec héliogravure. 1898. *épuisé.*

Louis XVIII et les Cent-Jours à Gand, recueil de documents inédits, publiés par MM. ÉDOUARD ROMBERG et ALBERT MALET, tome Ier. 1898.

Mémoires du comte de Moré (1758-1837), publiés par M. GEOFFROY DE GRANDMAISON et le comte DE PONTGIBAUD, 1 v. 5 héliograv. 1898.

Mémoires de Pons de l'Hérault aux puissances alliées, publié par M. LÉON-G. PÉLISSIER, 1 vol. avec héliogravure. 1899.

Correspondance de Le Coz, évêque constitutionnel d'Ille-et-Vilaine, publiée par le P. ROUSSEL, de l'Oratoire, 1 vol. avec héliogravure. 1900.

Souvenirs politiques du comte de Salaberry (1821-1830), publiés par le comte DE SALABERRY. T. I, avec héliogravure. 1900.

La cotisation annuelle est de 20 fr. Pour les nouveaux sociétaires, le prix des volumes antérieurement parus est de 5 fr. 50 le volume.

Adresser les adhésions au siège de la Société, rue Saint-Simon, 5, à Paris.

BESANÇON. — IMPRIMERIE DE PAUL JACQUIN.